望江柏拉图研究论丛
顾问　Luc Brisson
主编　梁中和

Platonopolis
Platonic Political Philosophy in Late Antiquity

柏拉图式政制
古代晚期柏拉图主义政治哲学

［爱尔兰］多米尼克·奥米拉（Dominic J. O'Meara）　著
彭译莹　译　　梁中和　校

华东师范大学出版社
上海

华东师范大学出版社六点分社　策划

国家社会科学基金一般项目：
普罗克洛的"柏拉图对话评注"翻译与研究（编号21BZX014）
阶段性成果

"望江柏拉图研究论丛"出版说明

顾问:Luc Brisson

主编:梁中和

  公元前 387 年柏拉图(428/427BC-348/347BC)创建学园从事教学,培养出亚里士多德、斯彪西波、色诺克拉底等著名学者,后来经历老学园柏拉图主义、中期柏拉图主义到新柏拉图主义兴起,众多杰出的学者在学园和柏拉图主义感召下接受哲学教育,一直持续到公元 529 年基督教帝王为统一思想而关闭学园,历经 900 载。

  此后柏拉图学园传统在西方中断了近千年,文艺复兴最重要的柏拉图主义者斐奇诺在美第奇家族的支持下,于 1462 年恢复了关闭已久的柏拉图学园,他将美第奇家族赐给他的卡尔基庄园布置得像柏拉图的老学园一样,莽特维奇(Montevecchio)的石松林就相当于柏拉图老学园的普拉塔努斯(Platanus)树林,而泰兹勒(Terzolle)河就相当于老学园的开菲斯(Cephissus)河。在学员们聚会的大厅墙面上镌刻着各种格言,比如"万物来自善归于善"(A bono in bonum omnia dirigentur)、"切勿过度,免于劳碌,喜乐当下"(Fuge excessum, fuge negotia, laetus in praesens),大厅里还有一尊柏拉图的塑像,像前点着长明灯。

斐奇诺效仿柏拉图,在自己家中接待友人,被接待者被称为"学员"(Academici),他们的导师被称为"学园首席"(Princeps Academicorum),他们聚会之所叫作卡尔基学园。随着斐奇诺名声日隆,他被称作"再世柏拉图"。后来随着学园中的导师增多,学员也逐渐分化成了斐奇诺派(Ficiniani)、皮科派(Pichiani)和萨沃纳若拉派(Savonaroliani)等小团体。斐奇诺还成立了"柏拉图兄弟会"(fratres in Platone),其成员也就是"柏拉图的家人"(Platonica familia),他们相互问候的话语是"因柏拉图之名祝好"(Salus in Platone)。入会的条件是博学、道德高尚、和斐奇诺保持友谊。斐奇诺在一封给友人的信中说他的兄弟会有80个弟子和朋友。

2010年7月,我们在成都望江楼公园发起了"望江柏拉图学园",望江楼是唐代遗迹,紧邻锦江,就像老学园旁有开菲斯河;园中还有茂密的竹林宛若老学园的普拉塔努斯树林,公园免费对外开放,人们在里面漫步、纳凉、品茗都十分适宜。我们正是在这里,开始了系统地对柏拉图对话的研读和讨论。10年来,前后有100余名学员在这里学习、交流,后来有些远赴重洋,有些在国内诸多著名高校继续相关研究,他们的学科背景和研究所涉及的学术领域包括哲学、数学、文学、历史、法律、宗教、艺术,等等,他们中有很多人在经历了柏拉图思想的教育后踏上了继续探寻真理与意义的道路。

目前,望江柏拉图学园的主要活动包括:每年举行柏拉图诞辰与逝世(11月7日)纪念活动;柏拉图对话的阅读与解释;柏拉图主义著作集体翻译与解读;柏拉图式对话训练;组织与柏拉图对话相关主题的讨论;相关影视作品放映和赏析;面向四川大学本科学生开设阅读柏拉图经典对话的文化素质公选课。学园组织的系列讲座和论坛有:ΦIΛIA 讲座(学界同仁来学园的免费交流讲座);ΣΟΦΙΑ 系列专题讲座(邀请学者来学园做的系列专题讲座);

ΑΛΗΘΕΙΑ古希腊哲学论坛（定期召开的全国小型专业学术论坛）；ΦΙΛΑΝΘΡΩΠΙΑ文艺复兴思想论坛（不定期召开的全国小型专业学术论坛）；ΠΑΙΔΕΙΑ系列专题讲座（针对特定人群开设的哲学教育讲座）；ΙΔΕΑ哲学通识论坛（不定期举行的哲学主题沙龙）。（详见学园官网http://site.douban.com/106694/）

本论丛是继学园主编"斐奇诺集"之后新开辟的译文和著作集，为的是发表和翻译国内外柏拉图研究方面的经典或前沿著作，为更广大的人群，从不同方面、不同领域接触和了解柏拉图思想，为柏拉图思想在中国的传播做出一点努力，也希望人们通过柏拉图的思想，爱上思考，爱上智慧。

因此，我们也同时欢迎和邀请学界和社会上所有感兴趣的专家、学友，同我们一起撰写、翻译和推荐优秀的著作、译作，我们会酌情考察、采纳乃至出版。

成都·望江柏拉图学园

2019年11月7日

目 录

前言 / 1
缩略语 / 1

导 论 部 分

第一章 政治哲学的两种功能 / 3
1. 传统的观点 / 3
2. 对"政治哲学"的初步定义 / 6
3. 神圣化和政治：两种功能 / 9
4. 研究计划 / 12

第二章 在时间、空间、社会语境中的新柏拉图主义哲学家 / 15
1. 罗马普罗提诺的圈子 / 16
2. 叙利亚和小亚细亚的扬布里柯学园 / 19
3. 雅典学园 / 23
4. 亚历山大学园 / 29

第一部分　新柏拉图主义政治理论重构:灵魂神圣化

概要 / 37

第三章　古希腊哲学中的神圣化 / 39
1. 亚里士多德、伊壁鸠鲁和斯多亚学派 / 40
2. 柏拉图 / 44
3. 新柏拉图主义 / 46

第四章　德性的层级 / 50
1. 普罗提诺,《九章集》I.2 / 50
2. 波斐利,《通往理智的起点》第32章 / 55
3. 扬布里柯与晚期新柏拉图主义 / 58

第五章　学科(Sciences)的层级 / 63
1. 作为德性学园的学科 / 63
2. 扬布里柯的学科层级 / 66
3. 一些困难 / 69

第六章　课程体系 / 76
1. "小奥秘"(Minor Mesteries) / 76
2. 扬布里柯的柏拉图主义课程体系 / 78
3. 一份关于政治德性与学科的阅读列表 / 81

第二部分　新柏拉图主义政治理论重构:城邦神圣化

概要 / 89

第七章　哲学王与哲学女王 / 91
1. 动机 / 91
2. 哲学王的幸福 / 101
3. 哲学女王 / 103

第八章　政治学科：立法 / 108
1. 城邦的终点 / 108
2. 政治改革的层级 / 113
3. 典范 / 117
4. 法的首要地位 / 122
5. 政体 / 125

第九章　政治学科：司法 / 132
1. 柏拉图末世传说的审判 / 133
2. 末世审判和惩罚 / 137
3. 骚帕特给西莫瑞乌斯的信 / 139

第十章　宗教的政治功能 / 144
1. 柏拉图作品中宗教的政治功能 / 145
2. 皇帝朱利安的宗教规划 / 148
3. 扬布里柯的宗教仪式 / 152
4. 神工与向私人信仰的撤退 / 159

第十一章　政治行动的限制 / 163
1. 行动的他律 / 164
2. 实践智慧 / 168
3. 成功与失败 / 171

第三部分　基督教和伊斯兰教中的柏拉图式政制

概要 / 175

第十二章　尤西比乌斯和奥古斯丁 / 177
1. 尤西比乌斯《君士坦丁赞辞》/ 177
2. 《君士坦丁赞辞》的哲学背景 / 180
3. 早期奥古斯丁的"毕达哥拉斯主义"政治学 / 184
4. 《上帝之城》中对新柏拉图主义的反对 / 188

第十三章　6 世纪的教会和国家理想 / 194
1. 伪狄奥尼修斯的新柏拉图主义教会学 / 194
2. 关于政治学科的匿名对话 / 209

第十四章　伊斯兰教中的柏拉图式政制：阿尔·法拉比的完美国家 / 225
1. 形而上学背景 / 228
2. 作为达成人类目标的方式的最佳城邦 / 231
3. 最佳国家的统治者（们）/ 233
4. 最佳国家中的宗教 / 236
5. 结论 / 237

结论 / 241
附录 1　泰米斯提乌斯和新柏拉图主义政治哲学 / 251
附录 2　关于柏拉图主义修辞学者骚帕特三世的注释 / 255
参考文献 / 259
译后记 / 287

前　言

[vii]在早先的一部著作《毕达哥拉斯复兴》(*Pythagoras Revived*, 1989)中,我主张选取毕达哥拉斯传说中的一个主题,即毕达哥拉斯作为数学化的哲学家,作为我们审视公元3世纪到6世纪罗马帝国晚期的柏拉图主义哲学发展的方式。古代晚期的哲学家也意识到毕达哥拉斯传说中的另一个主题,即毕达哥拉斯作为政治思想家,是城邦的立法者和改革者。本书是之前著作的姊妹篇,是在尝试重建古代晚期柏拉图主义的政治哲学这一语境下的第二个主题(事实上这两个主题,即数学的和政治的,最终是相关的)。

基于我在下文第一章中讨论的种种原因,这是人们进行这种重建的第一次尝试。因此,我的目的是勾画这一主题的主要轮廓。为了这一目的,我采用了主题方法,处理了政治哲学中的一系列主题;而非试图详细追溯不同时期观点演进的历时方法。然而,在主题框架中,我试着关注,我所探索的观点在历史中的一些主要发展。我希望本书能够成为一个很大程度上未被探索的研究领域的暂时图景,一个等待被进一步的详细调查所补充和纠正的大纲。

本书的抱负被进一步地限制,因为它关系到哲学理论(*theories*)的重建;总体上说,没有人尝试过说明这些理论是否影响了历史事件。无论人们是否相信哲学观点在人类历史进程中确实重要，至少在探究它们的历史影响问题之前，首先合理地明确这些观点是必要的。

我最初是在弗里堡大学(Université de Fribourg)的讲授课程中，在巴黎高等师范学院(École Normale Supérieure[Paris])的研讨和在华盛顿、都柏林、利物浦、牛津、巴黎、洛桑、纳沙泰尔(Neuchâtel)、帕维亚、塞萨洛尼基，以及维尔茨堡(Würzburg)等地发表的不同演讲中，提出了本书所展现的问题。这些课程、研讨和演讲带来了丰富的建议和批评，[viii]这些都给予了我极大的帮助。我也十分感激约翰·奥米拉(John J. O'Meara)，享利-多米尼克·萨弗瑞(Henri-Dominique Saffrey)，伊斯特朗(Ilsetraut)和皮埃尔·阿多(Pierre Hadot)，以及牛津大学出版社的读者给出的详细批评。弗里堡大学的公休假，列支敦士登弗朗兹·约瑟夫二世亲王奖(the Prince Franz Joseph II of Liechtenstein Prize)的赞助，以及瓦莱里·考德尼尔(Valérie Cordonier)和马里斯·考劳德-斯垂特(Marlis Colloud-Streit)的帮助，使这本书的完成成为可能。

多米尼克·J. 奥米拉

瑞士弗里堡

2002年5月

缩略语

ANRW   *Aufstieg und Niedergang der römischen Welt*，W. Haase 及 H. Temporini 编（柏林，1972—）
CAG   *Commentaria in Aristotelem Graeca*（柏林，1870—）
DPA   *Dictionnaire des philosophes antiques*，R. Goulet 编（巴黎，1989—）
PLRE   A. Jones，J. Martindale，J. Morris，*The Prosopography of the Later Roman Empire*，i：AD 260—395；ii：AD 395—527（剑桥，1971—1980）
PR   D. O'Meara，*Pythagoras Revived. Mathematics and Philosophy in Late Antiquity*（剑桥，1989）
PT   H. Thesleff，*The Pythagorean Texts of the Hellenistic Period*（图尔库，1965）
RE   Pauly，Wissowa，Kroll，*Realencyclopädie der klassischen Altertumswissenschaft*
SVF   *Stoicorum Veterum Fragmenta*，H. von Arnim 编（莱比锡，1905—1924）

我通常以卷、章和/或小节的形式引用古代作者，正如在参考文献的第一部分中所列出的版本那样。在这些例子中，我给出该版本的卷、页以及行数，我用"p."来指代它。（例如，Proclus, *In-Remp*. I, p. 110, 1 = Kroll 版本的第 I 卷，第 110 页，第 1 行；但是 Proclus, *Theol. Plat.* I, 4 = *Theol. Plat.* 的第 I 卷，第 4 章。）对于我所引用的出版的（有时可能会稍作改动的）翻译的作者，我仅仅在首次引用中列出，并且可以在参考文献中（第一或第二部分）找到。而其他的翻译则是我自己完成的。

导论部分

第一章　政治哲学的两种功能

1. 传统的观点

[3]传统的观点认为,古代晚期(Late Antiquity)柏拉图主义哲学家没有政治哲学。原因在于这些哲学家①似乎不太关注这个世界有关实际生活和社会问题的事务。相反,他们的兴趣在别处,在另一个存在于时空之外的、被他们视为真正"家乡"的非物质世界。在那里我们最终能够寻得我们所渴求的善。对于这些哲学家来说,"我们"就是我们的灵魂,而非从灵魂和身体的关系中产生的实体。如果存在与身体有关,身体也只是灵魂寻找真正令其满意生活时的束缚、障碍和威胁。因此,涉及身体的事务(这也意味着涉及社会和政治生活,因为在这种生活中身体是必需的)就会被极度轻视,并且尽可能被超越。哲学家的任务是解放灵魂,给灵魂

---

① 现代研究称之为"新柏拉图主义学者",例如,受普罗提诺(205—270)激励的柏拉图主义学者与柏拉图自己学园中的成员相区别,也和在普罗提诺之前罗马帝国的柏拉图主义者("中期柏拉图主义者")相区别。但这种现代的分类并不完全令人满意,因其打破了"中期柏拉图主义者"与"新柏拉图主义者"之间的密切联系。从历史来看,我们简单地用"柏拉图主义者"来概括更好。然而,方便起见,我会用"新柏拉图主义者"来指代他们。

提供能够使其达到存在的更高水平的方式。在这一水平上,灵魂能够找到她所探寻的生活的至善。因为这种生活的至善可以被描述为"神圣的"、"似神的",那么哲学的目的就可以被定义为人的神圣化,也就是"人尽可能地与神相似"——这就是在柏拉图的《泰阿泰德》(176b)中被新柏拉图主义者视为座右铭的语句。在这种关系中,对于政治问题的兴趣就只会成为干扰。因此,新柏拉图主义哲学的真正意图和思想核心似乎就是将政治思想排除在外:没有新柏拉图主义政治哲学,因为它不存在。

[4]新柏拉图主义哲学在原理上排除了对政治哲学的兴趣,这一信念似乎是被种种事实证明了。尤其是我们知道普罗提诺(Plotinus)鼓励学生让他们自己远离政治生活:

> 他(普罗提诺)的另一个同伴是泽图斯(Zethus),一个阿拉伯人……他是普罗提诺的挚友,热衷于政治,对政务颇具影响力,但普罗提诺总是力图让他脱离这类事务。①

更加清晰的例子是:

> 罗格提雅努斯(Rogatianus),一个元老院议员,他远离过去的生活,放弃了他的所有财产,遣散了所有奴隶,辞掉了军衔。当发现有扈从列队,执政官即将出现在公众面前时,他便拒绝出席或做任何与政府相关的事。普罗提诺把他视为典范并予以极高的评价,也经常以他为例教育那些实践哲学的人。②

---

① 波斐利,《普罗提诺生平》7,第17—21行(阿姆斯特朗译文,有修订)。在波斐利之后的报道中我们可以注意到泽图斯实际并未放弃其政治事业(7,28—29)。
② 波斐利,《普罗提诺生平》7,第31—46行。

实际上,普罗提诺在自己的作品中主张贤者搁置政治抱负。①

这些从政治事务中抽身的例子表明这样的观点:新柏拉图主义者似乎没有创作出能够与柏拉图的《理想国》和《法义》,以及亚里士多德的《政治学》相媲美的政治哲学著作,并且进一步可以确证的观点似乎是,新柏拉图主义出世的目标是排除一切有关政治哲学的兴趣。简而言之,不只是普罗提诺,还有新柏拉图主义,大体上可以被形容为"半个柏拉图",也就是"没有政治的柏拉图",是一个"离开苏格拉底的柏拉图"。②

我刚刚所总结的传统观点的后果是:人们没有尝试对新柏拉图主义政治哲学加以研究。③ 而新柏拉图主义也没有显著地出现于标准的政治哲学史。如果我们相信这些历史,那么新柏拉图主义很大程度上是默不作声的:在希腊化和罗马时期的君主政体的观念之后,[5]是基督教神学家的神权和反神权的方案(凯撒利亚的尤西比乌斯[Eusebius of Caesarea]和奥古斯丁[Augustine]),以及一些古代晚期异教徒的君主政体思想。泰米斯提乌斯(Themistius)就是其中一人,他似乎并不属于主流新柏拉图主义者,而另一个人朱利安(Julian),他是皇帝而非专业的哲学家。④ 这种新柏拉图主义哲学家的沉默,被他们在早期伊斯兰世界中的直接继

---

① 《九章集》I 4,14,20:他"抛弃权力和职位"。
② W. Theiler 创造了"半体柏拉图(Plato dimidiatus)"一词(1960:第 67 页);参见 Bröcker(1966),Hathaway(1969a)。
③ 一些反对者并不赞同这一观点,但是没有整全的理论探究;比如参见 Jephagnon(1981)。而接受传统观点的 Schall(1985)发现了普罗提诺与政治哲学的关联,但他只是基于对普罗提诺模糊且令人误解的概括而得出了这一观点。Ehrhardt(1953)可能是最重要的持异议者:他收集了有益的材料并提出了一些重要的观点,我将在本书后面提及。
④ 比如 Sinclair(1951),Dvornik(1966)。但这并不是说我们服从他们,特别是 Dvornik 的著作中收集到有用的信息。Dvornik 总结了包括朱利安、苏奈西乌斯(Synesius)以及匿名对话《论政治学科》等在内的政治思想,然而他并未重视新柏拉图主义。关于泰米斯提乌斯参加下文附录一。

承者所打破。出乎意料的是，在早期伊斯兰世界中柏拉图的政治作品和柏拉图式政治哲学发挥了极为重要的作用。

本书的目的是反驳传统的观点。我们要更仔细考察，新柏拉图主义的目标，即人的神圣化，①必然会排除政治哲学的理论原理是否成立。本书会说明新柏拉图主义者所理解的神圣化的过程，并非要排除政治生活，实际上恰恰是要包括它。反思政治生活，在人的神圣化过程中所起的作用引发了一种政治理论，而我将尝试沿着这一理论的主线行进。这包括对哲学理论的还原，即"重建"一种因传统观点而在很大程度上被现代读者忽略的理论结构。

一旦神圣化与政治生活的关系被更加充分地理解，我们就可以获得一种更恰当的语境来解读相关事实，比如前面提到的从政治生活退出的例子。特别是这一语境使新柏拉图主义政治哲学众多文献的集合成为可能。虽然这些文献大部分都遗失了，但其中的一些内容得以幸存：如果我们知道怎样去识别和阅读它们，那么这些著作就在那里。

2. 对"政治哲学"的初步定义

古代晚期从政治参与中退出的哲学家，注意到了一些著名前辈的先例。其中一个例子是苏格拉底，他（在柏拉图的解释中）向给他定罪的法庭这样解释他的特殊行为：

> [6]从我小的时候开始，一种声音萦绕在我的脑海……正是这个声音阻止我进入公众生活，同样我也认为这是一件好

---

① 我会用术语"神圣化"作为"人与神相似"的简化。在下文中我们可以看到人与神相似的多种类型以及不同程度。

事：雅典人啊，因为你们应该非常确定，如果我很早以前就试图参与政治，那么我很早之前就死了，不会做任何对你们或是对我自己来说有益的事……在世界上没有任何一个这样的人能逃离他的生活：他从良心上反对你或其他任何有组织的民主政治，并断然预防很多错误和违法发生在他所属的城邦。公正的真正拥护者，即使他仅打算幸存一小段时间，他也必然要将他自己限定在私人生活领域，并远离政治。①

读这段话的时候我们可能会有种很复杂的感情。即使苏格拉底并不想获得政治责任，但他还是活跃于雅典生活的中心。当他致力于实现他为自己定下的使命，即改革他所在城市的道德时，他实际上一定很难避免政治！他从政治中退出的行为并没有使他免于公元前399年的死刑，虽然这本可能推迟一段时间。

在柏拉图的良师益友去世30年后，他仍旧在反思退出的问题：

> 那些已经成为哲学家并感受到拥有哲学的甜蜜与幸福的人。当他们充分认识到大多数人的疯狂，即实际上没有人在公共事务中表现得神志清醒，而他们自己也无法在寻求正义与生活的帮助上找到同伴时，他们就像偶然遇到野兽的人，既不愿参与到不道德的行为中，但也没有强大到足以独自一人反对普遍的野性。因为除非他能使他的国家和朋友获利，否则他的灭亡对于他自己和其他任何人来说都毫无意义。思及此，他将保持沉默并只理会自己的事。就好像一个在沙尘暴或在被风吹动的冰雹中的人，他在矮墙下避难，看到其他人都在违法，如果哲学家能够以某种方式

---

① 柏拉图，《申辩》，31d—32a（Tredennick 译）。

过上远离不公与不敬之事的生活,并带着美好的愿望离开,那么哲学家会感到无罪且满足。①

柏拉图自己从雅典的中心退到边缘,退到学园道德和理智的庇护所。

我们也可以回想起对于苏格拉底式退出的另外两种理解。一个显然的例子是躲藏在花园的伊壁鸠鲁(Epicurus),他告诉我们"我们必须将自己从例行的事务和政治中解放出来",而贤者"不参与政治"。② 苏格拉底式退出的另一个继承者是斯多亚派哲人,[7]他们退到自己所认定的自由的内在城堡,不在乎并超脱于政治的变迁,即使他是像马可·奥勒留(Marcus Aurelius)那样的皇帝。③

即使这么多哲学家提倡以某种形式退出政治,也并不意味着他们必然拒绝政治责任,就如我们可以在马可·奥勒留的例子中所看到的那样;也不意味着他们对细化政治哲学不感兴趣,正如柏拉图的例子。然而也有人宣称柏拉图是一个非政治思想者(non-political thinker),或者说甚至是反政治思想者(anti-political thinker),认为他并没有政治哲学。④ 因为这是一个对术语进行定义的问题,所以在这种情况下我也会表明在接下来的篇章中"政治哲学"究竟意味着什么。

利斯(Leys)会说柏拉图对"政治"不感兴趣,因为他对现代意义上的"政治"有自己的规定:"政治"与处理一个共同体内关于"目标和政策"不可削减的分歧和矛盾有关。如果在一共同体内各团

---

① 柏拉图,《理想国》,496c—e(Grube 译)。
② 伊壁鸠鲁,《梵蒂冈箴言》58(Long 及 Sedley 译):第欧根尼·拉尔修 X,119。
③ 马可·奥勒留 VIII,48。
④ Leys(1971);参见 F. Sparshott 的回复以及 Leys 在同书中"事后的观点"。也见 Trampedach(1994:279)。

体之间互相持续有联系,那么有组织的团体和派系之间的矛盾就是政治的给定条件,它与这种矛盾的处置相关。① 而考虑到柏拉图并不承认政治的"给定条件"(Given),也没有矛盾处理的理论,因此他并不是一个政治哲学家。

我们也可以自由地规定"政治"的其他意思,可以按我们的喜好宣称它是古代的和/或现代的,但它更接近于例如亚里士多德所说的"政治科学"②,也似乎是柏拉图在《理想国》和《法义》中最感兴趣的。我们说哲学家可能希望使各团体或个人审视互相背离的"目标和政策"。他们试图更清晰地确定,什么是对人来说最好的、最合意的、满意的、愉快的生活:即他们的终极目标或"善"。在这种假设下,根据人们组群的程度,各种形式的社会组织对于实现这一目标来说是必要的,这会成为一种"政治"探求。因此,"政治哲学"必须与研究社会结构、人类社会组织的原理以及它们(在宪法秩序、立法和司法方面)至少部分地达到实现人类善所需的程度相关。在这一意义上,柏拉图是像亚里士多德一样的政治哲学家,也正是在此意义上,我将在接下来几章谈论新柏拉图主义的"政治哲学"。

3. 神圣化和政治:两种功能

[8]在传统的观点中,新柏拉图主义的目标,即人的神圣化,在原理上排除了对政治哲学的兴趣。对这一观点的讨论需要更深入地考察,神圣化对于新柏拉图主义哲学家来说包括什么(之后第三章)。然而通过提示本书所遵照主线的方式,考察可能已经就此开始了。特别是普罗提诺在3世纪60年代早期于罗马所写文章的最初几章中,即论文《论德性》(《九章集》I.2)中提出了探索神圣化

---

① Leys(1971:第167—169页)。
② 《尼各马可伦理学》I,2,1094a22—1094b11;I,13,1102a5—25。

和政治生活之间关系的两个方向。

普罗提诺在论文开始引用柏拉图《泰阿泰德》(*Theaetetus*)"与神相似"的一段,在这里,这种同化与"在这个地方"普遍存在的邪恶,以及"逃离"这些邪恶的需要联系在一起。① 和普罗提诺在另一篇论文中在相同的关系中所强调的那样,这一相似,正如"逃离",并不需要到其他地方去。② 相反,这一"逃离",即神圣化,意味着变得有道德,变得"正直、虔诚而有智慧"。这也是在《泰阿泰德》(Ⅰ2,1,4—5)中提到的。

然而,一个问题马上就出现了。跟随柏拉图,普罗提诺认为变得似神就意味着变得有道德。然而这如何可能? 道德涉及的是人类;把它归于一个卓越、神圣存在(1,10以下)的属性几乎不可能正确。那么如果神是超越人类道德的,道德如何使我们像神一样?③

普罗提诺以如下方式解决了柏拉图文本中的这一困难。在第一个例子中,我们所培养的道德是柏拉图在《理想国》中定义的四枢德:智慧、勇气、节制和正义。④ 普罗提诺将其描述为"政治的"⑤,[9]必定与灵魂不同部分的适当功能有关,尤其是与理性应

---

① Ⅰ2,1,1—4(柏拉图,《泰阿泰德》176a—b)。
② Ⅰ8,6,9—13;7,11—13。
③ 关于这一问题的历史见下文第四章,本书第51页注释4。
④ 普罗提诺在1,17—21中总结了(《理想国》442c—443b)这些定义。
⑤ 1,16—17;柏拉图的《斐多》82a12—b1中有"政治德性"(πολιτικὴ ἀρετή)的表述。将其翻译为"市民德性"(比如Armstrong的翻译)似乎可以追溯到奥古斯丁,Contra Acad. Ⅲ,17,37。Jackson及其他人(1998)考虑到"市民的"或"政治的"存在某种误解,因为这个词可能与政治或共同体生活无关,故而他们将πολιτικός翻译为"宪法的"(在灵魂和国家中)(参见第30—31页)。然而他们并没有一贯地坚持这一方针(比如,参见第278页和注832),一定会将知识译为包含立法和审判技艺的"宪法技艺"(constitutional craft)(比如在第124页)。无论如何,"政治的"涵盖了普罗提诺和其他新柏拉图主义者之间的一系列联系,从与身体关系中灵魂的内在"事务"(在现存普罗提诺的文章中),到社会组织的事务(下文第五章)。若是排除了后一部分将会造成人们的误解。在下文中我会使用"政治的"这一术语,用引号是为了表明其在新柏拉图主义中的扩大意义(既包括了灵魂的内在事务也包括了家庭的内在事务)。而用不加引号的政治的,是为了表明在上文第二节结尾所定义的更严格的意义。

统摄灵魂非理性部分的功能有关。而后者与灵魂和身体的关系相关。因此,"政治的"德性就是关于处于与身体关系中的灵魂的,并且在此关系中本质上需要理性的统摄,从而区别于一种屈服于非理性、混沌、无限制被物欲驱动的生活。这就是神超越这些德性的原因:在其安详的统治中,他们不会被精神混乱和人类常有的骚动影响。然而,普罗提诺坚持认为(1,23—26),通过培养"政治的"德性,我们可以被称为是似神的:它们构成了神圣化等级中的第一层,并从中延伸出超越它们的更高道德层次,也就是"净化的"德性。"净化的"德性就是使人的灵魂从对身体的专注中解放出来,并使她更接近神圣生活的完善。[①] 因此,普罗提诺提出了道德完善等级的观点,即德性的层次。其中,第一层"政治的"德性是更高道德状态的先决条件。而那些道德状态是由"净化的"德性所带来的,它们构成对神圣生活更大程度的近似(参看 7,10—12)。由此,我们可以得出结论:"政治的"德性实践是神圣化道路的第一步,若没有对这些德性的初步获得,我们很难达到更高阶段的德性。

如果神高于德性,那么德性如何使我们成为神的问题的解决,并不在于说获得"政治"德性是成为神灵的一个武断的先决条件,仿佛这些德性与神的生活没有特别的关系,就好像,我们要决定把能否扭动耳朵作为获得驾驶执照的先决条件一样。实际上,普罗提诺看到表达"政治的"生活和神圣生活之间的联系就在于,前者是把后者作为其范本的形象表达;[②]如果"政治的"德性并不反映神的特征,那么它们就类似或者接近神的生活。普罗提诺区分了两种"相似":一种是交互的同化或相似,其中两个相似的事物是同一的,因为它们的相似性有共同的来源;而另一种是一事物与它的

[①] I 2,3。"净化的"德性也来自《斐多》(69c1—3)。
[②] 1,15 及 46—52;2,1—14 以及 19—20;6,16—18。

来源的非交互关系的相似,其中相似性并不包括同一性,[10]而是事物及其来源之间的差异(2,4—10)。第二种相似,即范本的映象,表现着"政治的"德性生活和神圣生活之间的连续性和差异。前者恰恰是对后者的初步近似,因为它映像了神圣。我们的确能够得到这样的结论:"政治的"生活的德性就在于它在灵魂与身体关系的语境下展现了神圣。

根据普罗提诺的这些观点,我们能便捷地抽象出两种方式,去识别政治哲学在人的神圣化过程中所起的作用:(1)作为灵魂逐步神圣化过程中的第一阶段,超出并处于政治的层次之上;(2)作为处理神圣生活的形象,它下转到政治的层次。即使这两种功能是密切相关的,为了方便分析,我们会区分这两者,就如同普罗提诺在论文中所做的那样。

此外,这两种功能可能会被比喻为柏拉图在《理想国》(514a—517d)洞穴寓言中所提到的两种运动:(1)上升的运动,一个囚徒凭此运动逃出了无知与意见的黑暗,被从洞穴中带出,进入到知识,尤其是善的知识的光芒中;(2)下降的运动,借此被解放的囚徒,即哲学家,必须回到洞穴以使新获得的知识服务于他的囚徒同伴。

之后我们会遇到许多新柏拉图主义者对柏拉图洞穴图景的回应。这两种运动很好地表达了在新柏拉图主义中,政治哲学和神圣化目标之间的复杂关系:如果政治哲学与神圣化的第一阶段有关,那么它在神圣化持续的过程中必然被凌驾、超越;然而它又再一次回到了关于政治生活的神圣化过程,即涉及身体的灵魂生活向更好的、更似神的东西转化。

4. 研究计划

这两种运动,即上升的和下降的,作为政治生活在人的神圣化过程中双重功能的表现,将会在接下来的第三到第十一章中,作为反对传统观点的论证,及重建新柏拉图主义政治哲学的路径。在第三到第六章中,我会通过进一步分析[11]作为新柏拉图主义者目标的神圣化,包括了哪些内容,及它是怎样达成的,来论证上升的主题(第三章)。德性层级的理论将会特别探讨"政治的"德性(第四章)。这些德性是在新柏拉图主义的学园中,通过学习相应等级的科学(实践科学,例如指向更高德性的伦理学和政治学;以及它们相应的科学,理论科学)来培养的。学科层级(第五章)反过来也表现在一些课程中,这些课程主要来自柏拉图的对话录,其中德性和学科的层级被认为是例证性的(第六章)。这种课程理论使我们能够识别那些被新柏拉图主义者用于与政治哲学相关联的作品。

在第七到第十一章中,会接着讨论相反的运动,即下降的运动。我会审视政治哲学家的动机:为什么新柏拉图主义哲学家应该"下降"?什么促成了哲学王的产生?下降运动又是怎样影响他的幸福?什么是柏拉图的哲学女王(第七章)?理想状态的理论和现实政治改革之间有什么关系?什么原理指导着政治哲学家?这些原理又是怎样在政治体制、立法(第八章)和司法艺术(第九章)中体现的?宗教在国家中又发挥着怎样的作用(第十章)?政治获得的局限又是什么(第十一章)?关于这些问题,我们会发现新柏拉图主义者有很多话可说。

第三到第十一章将引入从很多新柏拉图主义哲学家那里得到的证据,从公元3世纪普罗提诺和他在罗马的学园到6世纪亚历山大和雅典学园的最后成员。在罗马帝国晚期,生活在不同地区、不同时代的名人反映了新柏拉图主义哲学演进的不同阶段。在开始时对这些不同有一个总体的观点是十分有帮助的。这就是第二章的目的,它主要在时间和地点上,给接下来几章中会提到的哲学家定位,并说明这些哲学家与罗马权力中心常有的关系。①

---

① 熟悉古代晚期新柏拉图主义学园历史的读者可以跳过这一章。

我必须强调,第三到第十一章在主要的结构节点上,涉及对新柏拉图主义政治理论的重建。我并没有对这一理论的历史影响做出评估。然而,为了说明在第三到第十一章中重建的政治理论,可能为基督教和伊斯兰教世界政治思想的起源提供一些新的线索,我在本书的第十二到第十四章中,讨论了[12]古代晚期和中世纪早期的一些基督教和伊斯兰教思想家。我会从尤西比乌(Eusebius)推荐给君士坦丁(Constantine)的神权统治方案,以及奥古斯丁(Augustine)的反尤西比乌的双城论史诗巨作开始,到查士丁尼时期(第十三章),再到伪狄奥尼修斯(Pseudo-Dionysius)阐述的教会学,和一个佚名对话《论政治学科》的政治设计。最后一章将会谈及柏拉图政治哲学在早期伊斯兰教思想中的重要性,并特别尝试指出法拉比(al-Farabi)的"完美国家",是古代晚期新柏拉图主义者理想城市的伊斯兰版本,是一个伊斯兰教的"柏拉图式政制"。而在结论中我会提及关于"柏拉图式政制"的一些更现代的例子。

第二章　在时间、空间、社会语境中的新柏拉图主义哲学家

[13]这一章节的目的是简要介绍一些在后面的章节中会涉及到的哲学家。这些哲学家代表了罗马帝国晚期不同时期和地区的观点，以及观点演进过程中的不同阶段。实际上这些新柏拉图主义哲学家是如此之多，因此这里几乎不可能详细介绍那些在后文中会特别考察的哲学家（他们的名字在这里用楷体标出）。我会简要说明这些哲学家的时期、所属流派、社会地位和政治关系。除了列出比较重要的事实，这里不会再做更多的工作。①

方便起见，我会将这些信息分为四个部分：(1)3世纪中期罗马普罗提诺的圈子，(2)4世纪叙利亚和小亚细亚的扬布里柯（Iamblichean）学园，(3)5世纪和6世纪早期的雅典学园，以及(4)5世纪和6世纪在埃及的亚历山大学园。

---

① 之后每节的开头会给出更完整的参考资料。参见 Blumenthal 的研究(1996；第4章)，关注新柏拉图主义者对亚里士多德的评注。

1. 罗马普罗提诺的圈子

普罗提诺生于205年,其出生地也许是埃及。① 至少在3世纪30年代他是在埃及的亚历山大港,[14]师从阿摩尼乌斯(Ammonius Sakkas)学习哲学。公元243年普罗提诺加入远征军,跟随年轻的帝王戈迪安三世(Gordian III,238—244年在位)抵抗波斯。无论普罗提诺是否如波斐利所断言的那样(《普罗提诺生平》3,15—17)去寻找波斯和印度哲学,他在远征军中的作用大概就像那些时而作为罗马帝国随从②的哲学家一样。这反过来也说明他已经能够接近那个有影响力的圈子,之后他在罗马进入了这个圈子。③ 但这次远征失败了,皇帝也被杀(244)。普罗提诺逃到了安提俄克(Antioch),并由此去了罗马。

在罗马,普罗提诺被加米娜(Gemina)一家收留。据推测这一家的女主人加米娜可能是皇帝加卢斯(Trebonianus Gallus,251—253年在位)的妻子,她是元老院阶级的人。④ 即使这种推测可能并不准确,⑤但加米娜一家似乎确实是支持普罗提诺与罗马社会中有影响力的成员接触的。在加米娜家中,普罗提诺创建了一个非官方的哲学圈或哲学流派。在波斐利提到的该圈14位正式成员中,有三位女性(加米娜和她的女儿,以及阿姆费克拉[Amphiclea])。这些成员大多数来自帝国东部,有五位政治家(其中三位是元老院议员),三位医生,两位文学家。⑥ 这三位元老院议员,分

---

① 这一节的信息主要来源于波斐利的《普罗提诺生平》,以及 Brisson 等人不可缺少的指南(1982—1992),其中包括了很多有用的材料。
② Rawson(1989:第233—257页)。
③ 参见 P. Hadot(1997:第280—282页)。
④ Saffrey(1992:第32页)。
⑤ 参见 P. Hadot(1997:85 n. 1)。
⑥ Brisson 等人(1982—1992:i. 55—56)。

别是奥罗提努斯(Orontius),萨比尼鲁斯(Sabinillus)和罗格提雅努斯(Rogatianus),最后一人可能和同名的军事长官(241)以及亚洲地方总督(254)是同一个人。[①] 我们已经在上文(第 4 页)中看到罗格提雅努斯宣布放弃要职带来多大的影响。萨比尼鲁斯是 266 年的罗马执政官,同伽里努斯(Galienus)皇帝(253—268 年在位)一同执政。而其他两位政治家中,泽图斯(Zethus)有政治抱负,而这是普罗提诺想要限制的(上文第 4 页)。他在坎帕尼亚(Campania)有财产,而那里正是普罗提诺退休的地方。第五位政治家卡斯特里其乌斯(Castricius),也在坎帕尼亚拥有财产。泽图斯和爱乌斯托其乌斯(Eustochius)一样,也是一个医生,他和帕沃利奴斯(Paulinus)一起出席了普罗提诺的葬礼。

普罗提诺的哲学圈,是非正式的,并且对访客和其他不定期成员开放。这个圈子是按古代晚期哲学流派的一贯特点组织的:宣读并解释柏拉图的文本,准备出版物。普罗提诺的两个亲密忠诚的学生,阿麦利乌斯(Amelius)和波斐利(Porphory),会帮他做这些事。来自伊特鲁利亚(Etruria)的阿麦利乌斯是普罗提诺的学生,他于 246 到 269 年在罗马帮助普罗提诺,之后离开罗马定居于叙利亚的阿帕米亚,在那里他继续推广[15]老师的著作。后来波斐利在 263 年加入这个圈子。他于 234 年出生在泰尔(腓尼基)的一个贵族家庭;[②] 他的腓尼基名字 Malkos 被阿麦利乌斯翻译为"国王",与他以前在雅典的老师朗吉努斯(Longinus)[③]为他起的希腊名字有同样的意义。因为在学派内高强度的工作,他的身体遭遇危机。普罗提诺建议他离开罗马到西西里岛休养(268),在普罗提诺去世两年后他仍旧在那里生活。波斐利之后的生活我们就不得而知了。他和亡友的妻子马克拉(Marcella)结婚,在 4 世纪

---

① Ibid. i. 109。
② 根据爱乌纳皮乌斯(Eunapius)的《哲学家生平》第 455 页。
③ 同样根据爱乌纳皮乌斯的《哲学家生平》第 456 页。

初出版了他的自传以及普罗提诺的《九章集》(Enneads)。他是否回到罗马,并在那里教书我们不得而知。他可能在某段时间有学生,但并不确定。[①] 他的出版物对于4世纪晚期和5世纪早期的拉丁语思想者极为重要,比如说在非洲的基督教主教奥古斯丁(Augustine)(后文第十二章)以及异教徒马克洛比乌斯(Macrobius)。马克洛比乌斯是元老院议员,也是430年意大利的执政长官。

除了对他圈子内的成员有教育性和启迪性的深远影响,普罗提诺也是一些孩子财务利益的监护人。这些孩子是去世的贵族托付给他照顾的。他把这些孩子收养在家中,并负责他们的教育。因此,波斐利提及,普罗提诺承担了"神圣的"保护者和赞助者的角色。

> 然而,尽管他不会对日常生活有过多忧虑与关心,但他在清醒时却从未放松对理智[②]的密切关注。

普罗提诺将非官方仲裁者的活动和对纷争的审判,加入这一仁慈的工作中,显然令立法机构满意。[③] 我们可能会觉得波斐利夸大了这些活动的范围。然而,他让我们注意到一种实践德性的典范,仁慈无私的管理,公平的仲裁,同时也实现对卓越原理的思考。

普罗提诺有更远大的规划,为此他接近皇帝伽里努斯以实现其抱负。伽里努斯和他的妻子撒罗尼娜(Salonina)都非常尊重哲

---

① Bidez(1913:第104—105页)列出了这些学生的名单,而Saffrey(1992:第39—40页)批评了该名单。

② 《普罗提诺生平》9,16—18:根据普罗提诺的"太一"(the"One"),理智(Intellect)是仅次于最高形而上学原理的超越本质。

③ 波斐利,《普罗提诺生平》9,及Brisson等人(1982—92:第243—246页)的有帮助的评论。

学家。普罗提诺提议复兴很久以前毁于坎帕尼亚的"哲学家之城"。[16]如果皇帝能够划给他们周围的土地,普罗提诺和他的同伴将参加开拓,并按照柏拉图的法律进行统治,此地也将被称为"柏拉图城"。然而法院中的反对者并没有通过这个计划。① 这座毁灭的哲学家之城究竟是什么?在哪里?是一个毕达哥拉斯学园还是曾存在于意大利南部的新毕达哥拉斯学园共同体?或者也可能是现在已经成为库迈(Cumae)周围破败建筑的西塞罗"学园"(Academy)?② 普罗提诺想要建哪种城市?是一种脱离尘世的哲学禁欲者们的异教徒修道院群体吗?这些问题的答案,对于研究新柏拉图主义对政治态度的传统观点是必需的。③ 抑或普罗提诺是想从某种程度上,实现柏拉图《理想国》中的乌托邦,抑或是根据柏拉图的法律,他想建一个柏拉图在《法义》中设计的城市?④ 如果我们不清楚普罗提诺在哲学与政治生活关系上的立场,我们就无法回答这些问题。

不管出于什么原因,这个计划并没有实施。然而,普罗提诺仍然活跃于加米娜家的哲学圈中,编写他的论文。直到268—269年他的学术圈渐渐解散,而疾病也迫使他退休。在泽图斯的家中他持续写作,直到270年去世。

2. 叙利亚和小亚细亚的扬布里柯学园

阿姆费克拉是普罗提诺圈子中的一名女性,她与扬布里柯(Iamblichus)的儿子结婚。扬布里柯的儿子可能就是卡尔基斯(Chalcis)的扬布里柯,他建立了阿帕米亚(在叙利亚)的一个重

---

① 《普罗提诺生平》12。
② 这些假说参见 Brisson 等人(1982—1992:第258—60页)。
③ 例如,参见 Edwards(1994)。
④ 参见 Jerphagnon(1981)倾向于后者;Rist(1964:第171—173页)。

要哲学流派,阿麦利乌斯在那里退休。扬布里柯约于245年出生于统治埃米萨(Emesa)的叙利亚皇室家庭。① 他本人是一个富有的地主。② 根据爱乌纳皮乌斯的描述,他向波斐利学习哲学,③[17]这一关系可能是由于与阿姆费克拉的可能关系,也可能是由于扬布里柯对普罗提诺以及波斐利作品的充分了解和不断批评。但无论如何,扬布里柯成为东罗马帝国中著名的哲学家,和通行希腊语的繁荣城市中的成功教师。除了致力于解释亚里士多德和柏拉图的著作,④扬布里柯也对他所认为的智慧的更古老形式十分感兴趣:希脂的(毕达哥拉斯主义、俄耳甫斯主义)以及蛮族的(迦勒底的和埃及的)智慧。他想将这些理论统一于一个有机的整体,这个整体的基本结构是从柏拉图、亚里士多德和普罗提诺的形而上学发展而来的。扬布里柯大概死于325年。

扬布里柯比较重要的学生有骚帕特(Sopatros)、埃德修斯(Aedesius)、泰奥多罗(Theodore of Asine)(他也跟从波斐利学习过)、爱乌斯塔迪乌斯(Eustathius)和德克西普斯(Dexippus)。其中骚帕特应该是杰出的。⑤ 在扬布里柯死时,骚帕特进入君士坦丁的朝廷(306—337年)。在那里,他成为基督教教宗的近身顾问,极有影响力,他试图"通过使目的和冲动符合理性(λόγῳ)的方式来控制和改变"君士坦丁。⑥ 根据流传至爱乌纳皮乌斯的

---

① 我们关于扬布里柯的主要信息来源是爱乌纳皮乌斯的《哲学家生平》,但他并不总是可信的,对于这些学派的严肃哲学著作来说是相当不充分的。Fowden(1979),(1982)和Penella(1990)有一些有价值的研究。关于扬布里柯的传记,参见Dillon在 ANRW ii. 36.2,第863—878页的说法。
② Fowden(1979:195);(1982:494)。
③ 爱乌纳皮乌斯,《哲学家生平》458,关于这一点同样参见Penella(1990:39 n. 1)。
④ 关于扬布里柯设计的课程,参见下文第六章。
⑤ 参见Penella(1990:第49—50页),他提出了关于扬布里柯的学生(及他们的学生)的证据的有用的批判性讨论。
⑥ 爱乌纳皮乌斯,《哲学家生平》462;参见Penella(1990:第51页)。

看法,这至少是扬布里柯学派对其目的的观点。在 330 年,骚帕特为君士坦丁堡的建立主持了庆典。① 在 330 至 337 年间,骚帕特被朝廷指控其密谋,并被执行死刑。这个哲学家是离权力太近了吗?爱乌斯塔迪乌斯将骚帕特在基督教君主国中的命运,与苏格拉底在雅典民主中的命运做比较。② 扬布里柯的另一个学生爱乌斯塔迪乌斯,在 358 年到波斯朝廷中做君士坦提乌斯二世(Constantius II,337—361 年在位)的大使,却没有表现得如此妥协。君士坦提乌斯二世是君士坦丁的儿子。据爱乌纳皮乌斯所言,爱乌斯塔迪乌斯对风尚的影响是如此巨大,以至于波斯国王几乎准备将其徽章换成哲学家的斗篷。③ 埃德修斯似乎在骚帕特离开朝廷后继承了对扬布里柯学园的领导。但正是在小亚细亚的珀加蒙,他建立了自己的学园,在那里,年轻的朱利安(Julian)于 351 年向当时已经年迈的他寻求哲学指导:埃德修斯推荐了[18]他的一些学生给这个将来的皇帝(361—363 年在位)。④ 而扬布里柯的其他学生,泰奥多罗和德克西普斯似乎也建立了他们自己的学园。

在谈及第二代扬布里柯学派哲学家之前,我们应该注意到扬布里柯与一些人通信的节选,这些信不仅是写给他关系密切的学生,比如骚帕特、爱乌斯塔迪乌斯和德克西普斯;也包括其他(也许是之前的学生)可能有更高地位和影响力的人,比如阿赫苔(Arete),她可能是受朱利安⑤保护的女人,以及杜斯考利乌斯(Dyscolius)和阿格里帕(Agrippa)。在信中,扬布里柯向这些人强调了关于权力的正确运用和法律的重

---

① John Lydus, *De mens.*, pp. 65,21—66,1.
② 《哲学家生平》第 462 页。
③ 《哲学家生平》第 465—456 页。
④ 关于埃德修斯,参见 *DPA* 第 626—631 页。
⑤ 朱利安,*Or. VI*,6,259d. 参见 Bidez(1919:第 39 页)。

要性。①

在第二代扬布里柯学派哲学家中,我们会涉及骚帕特的儿子,他也叫骚帕特(Sopatros Ⅱ),是阿帕米亚的什人长。他给当时正担任重要官职的哥哥写过一封关于好的统治的信。② 他的儿子就是小扬布里柯(Iamblichus II)。至于爱乌斯塔迪乌斯,没有任何记录说他有学生。然而他的妻子扫西帕特拉(Sosipatra)在珀加蒙教书,那是他妻子在他死后去的地方,在那里她在埃德修斯的庇护下生活。③ 她在哪里接受哲学训练仍是一个谜。但无论怎样,按爱乌纳皮乌斯的记载,埃德修斯和他的学生接受并推崇她的教学。埃德修斯的学生包括科鲁萨提乌斯(Chrysanthius)(他是吕底亚萨迪斯元老院家族中的一员,也是爱乌纳皮乌斯的哲学导师)④,敏德斯的尤西比乌(Eusebius of Myndus),以弗所的马克西姆斯(Maximus of Tyre),而这些人都是朱利安的常客。当朱利安成为皇帝时(361 年),他把科鲁萨提乌斯、尤西比乌、马克西姆斯以及埃德修斯和普利斯库斯(Priscus)的其他学生召到他的朝廷。在他的朝廷中,这些人协助他瓦解基督教徒的权力,并重建被扬布里柯哲学形式化的传统宗教。科鲁萨提乌斯更倾向于拒绝接受任命。事实上,当他被朱利安任命为吕底亚的主教后,他在执行任务

---

① 我会在下文第八章的第 1、4 节中讨论这些书信。关于扬布里柯的通信在新柏拉图主义学派中的流传,参见下文第九章。晚期新柏拉图主义者将三个神话视作一个整体:《斐多》是关于分配给已被审判的灵魂的位置;《高尔吉亚》是关于末世审判;《理想国》则是灵魂的评判。Damascius, In Phaedo. I, 471; II, 85(参见 Westerink 关于 I, 471 的注释,第 241—242 页,他收集了很多参考文献)。这一框架可以追溯到普罗克洛(参见 In Remp. I, p. 168. 11—23; II, p. 128, 3—23)甚至波斐利(Macrobius, In Somn. I, 2, 6—7)。扬布里柯在一封信中将《斐多》和《理想国》的神话联系起来,这封信被奥林匹奥多罗斯引用, In Gorg., pp. 241, 25—242, 9。杜斯考利乌斯可能是东罗马帝国的执政长官(317—324 年在位);参见 DPA ii. 915。

② 关于这封信,参见下文第九章。

③ 关于 Sosipatra,参见 Penella(1990;第 58—63 页),他将她与另一个女哲学家希帕提娅相比较(下文第 24 页)。

④ DPA ii. 320—3。

时就表现出了节制和审慎。① 而马克西姆斯则是其他接受邀请的人中最为激进的一个。[19]他在朱利安倒台时得以侥幸存活(363年),此后经历了被捕又被释放,然后又因一个涉及预言的阴谋而被牵连入狱,最终被处死(371年)。普利斯库斯同样也被捕了,但之后他被允许移居雅典。

因此就有了第三代扬布里柯学派哲学家:"小扬布里柯"(在下文中我会讨论);扫西帕特拉的学生和她的儿子安托尼努斯(Antoninus),他作为哲学家而在埃及有所成就;马克西姆斯的学生们,包括了朱利安和他的朋友,尤其是撒路斯提乌斯(Sallustius),他是朱利安的顾问,也是东罗马帝国的长官;② 以及科鲁萨提乌斯在萨迪斯的学生们(包括爱乌纳皮乌斯)。

3. 雅典学园

在 4 世纪末,出现在雅典的普利斯库斯(Priscus)和小扬布里柯("Iamblichus II")很可能促进了 5 世纪和 6 世纪早期重要的雅典新柏拉图主义学园的发展。③ 城市称颂扬布里柯,不仅是因为他的善行,根据利比阿努斯(Libanius)的记载,也因他的智慧是源于毕达哥拉斯、柏拉图、亚里士多德和"神圣的扬布里柯"。④ 雅典新柏拉图主义学园的建立者和第一位重要成员,可能是雅典的普

---

① 爱乌纳皮乌斯,《哲学家生平》501。
② 关于《关于上帝和世界》的作者 Sallustius 的身份,对相关证据决定性的评论,参见 Clarke(1998:第 347—350 页)。
③ 关于雅典学园的早期发展阶段,参见 Proclus, Theol. Plat. I, ix—lix(Saffery 和 Westerink 的导言/导论)。我们的资料来源是 Marinus, Vit. Procl. 以及 Damascius, Vit. Is.,也关注了雅典和亚历山大学园的后期阶段。虽然这是很迷人的记载,但是仅存难以整合和利用的残篇。这种情况在 Athanassiadi(1999)做了翻译和注释后有所缓解。
④ Proclus, Theol. Plat. i. xlv—xlvi。

鲁塔克(Plutarch)。他可能知道小扬布里柯及他的学园,这个学园并没有被当作很久以前便消失的柏拉图学园①的机构,而是将其思想传统追溯到扬布里柯。

普鲁塔克的学生包括多穆尼努斯(Domninus)、奥戴那图斯(Odainathus,他可能是和他同名的 3 世纪帕米拉国王的后裔)、叙利亚努斯(Syrianus)和赫罗克勒斯(Hierocles)(关于他的介绍参考下文第 4 节)。普鲁塔克死后,叙利亚努斯在 432 年继承了学园掌门的职务,[20]而后雅典学园最著名的哲学家普罗克洛(Proclus)接替他成为掌门。412 年,普罗克洛出生于君士坦丁堡,他先在亚历山大学习法律,这是他父亲所从事的行业。也是在那里,他开始学习哲学,然后他去了雅典(430/1 年)。在雅典他接受了普鲁塔克和叙利亚努斯的培训,并于 437 年接替了叙利亚努斯。在他漫长的一生中(他死于 485 年),他以实际行动证明,自己是一个勤勉且有影响力的老师和作家。他大体上沿袭了扬布里柯的课程(读亚里士多德和柏拉图,整合希腊和巴比伦的古老智慧)。他写作的与其教学相关的评注和论文,取代了波斐利和扬布里柯的著作,成为古代晚期新柏拉图主义在雅典和亚历山大的标准。

在谈及普罗克洛的学生前,我们可能要关注一下他的一些公众行为,普罗克洛的继任者马里努斯(Marinus)在他死后不久将这些行为记在颂词中。② 在马里努斯的赞颂中,我们可以看到,在普罗克洛的一生中,他是怎样从伦理的和"政治的"德性开始(*Vit. Procl.* 14—17)提升德性的层级。根据马里努斯的记载,普罗克洛不仅在研究中获得这些道德(参见下文第六章),他还以某种方

---

① 参见 Glucker(1978:248—55,322—9);*DPA* ii. 548—55(Hoffmann 对关于在雅典的新柏拉图主义学园的地址、可观的财富等的考古证据的重要评论)。
② Saffrey 和 Westerinks 对 Proclus,*Theol. Plat.* I的导言从某种程度上忽视了这一主题,参见 Blumenthal(1984:第 487—488 页)。

式践行它们,马里努斯接下来描述了这种方式。通过对"更伟大事物"的占有,普罗克洛被排除在政治行为之外,他叮嘱他的密友阿卡亚德斯(Archiadas),也就是雅典的普鲁塔克的孙子,即"神的宠儿",朝向这一方向,

> 就像在比赛中激励人们一样,用政治德性和方法教导并训练他,劝诫他成为自己所在城市中公共事务的首领,并根据各种德性,尤其是公正,去做一个惠及每个人的私人捐助者。(Vit. Procl. 14,Edwards 译)

普罗克洛用他自己所实践的①,在政治上慷慨援助的例子来启发阿卡亚德斯。② 这一实践不仅与雅典相关,也与他自己的家乡吕底亚有关。他也用朋友、亲人、学生和外国人的善行来激励阿卡亚德斯。此外,他还为了很多城市的利益给"当权者"写信。在雅典,他有时参加政治集会,提一些"明智的建议"(γνώμας εμφρόνως)。他也会介入到当局的司法事件中,用哲学家的言论自由去评判每个人是否得到他应有的审判(Vit. Procl. 15)。[21]按马里努斯的记载,为使他的学生效法,在他被迫暂时从雅典被流放的动荡危险期,普罗克洛为这个智慧和公正的例子,补充了他生活的节制和赫拉克勒斯的勇气。在国内,普罗克洛作为一个导师、教育家和仲裁者,同样表现了仁慈管理的德性,就如波斐利在普罗提诺那里所发现的。③ 在阿卡亚德斯的例子中,普罗克洛的慈爱深化为一

---

① 关于这种政治德性见下文第七章,第 1 节。
② 阿卡亚德斯家庭中的孩子 Theagenes 成为雅典的统治者;参见 Proclus,Theol. Plat. I,xxxii—xxxiii。
③ Blumenthal(1984:第 488 页)做了这种比较。也参见 Damascius,Vit. Is. frs. 50 (Isidore),124(Aedesia)。

种平等的友爱。

在普罗克洛的众多学生中,①我们最初可能考虑的是与他关系最紧密的学生,也就是那些本人继续从事哲学教育的:马里努斯(普罗克洛的继承者),伊席多瑞(Isidore)(马里努斯的继承者),赞多图斯(Zenodotus)(也许是伊席多瑞的继承者),阿摩尼乌斯(Ammonius)和他弟弟赫利奥多罗斯(Heliodorus)(参加下文第 4 节),阿斯克勒皮奥朵图斯(Asclepiodotus)(阿弗罗狄西亚城杰出公民的女婿),②以及约翰·吕多斯(John Lydus)的老师,雅典的阿加皮乌斯(Agapius)。

在其他加入普罗克洛学园的学生中,我们可能会注意到以下这些人:卢福尼乌斯(Rufinus),被形容为高级的雅典官员(马里努斯,*Vit. Procl.* 23)。赛福瑞雅努斯(Severianus),谋求政治事业,成为地方长官,但是对于他的上级来说,他表现出司法过于严格和不灵活,于是他转向致力于教学,并拒绝了皇帝芝诺(Zeno)让他担任要职的提议。③ 帕姆泊里皮乌斯(Pamprepius),在 476 年前往君士坦丁堡,用一个关于灵魂的演讲打动了芝诺的最高行政长官(*magister officiorum*)伊鲁斯(Illus),并在伊鲁斯的叛乱中成为杰出的异教徒首领,但在 484 年因叛国罪被处死。④ 马克里努斯(Marcellinus),成为最高军事长官(*magister militum*)、贵族以及达尔玛齐亚(Dalmatia)的统治者。⑤ 安特米乌斯(Anthemius)是 455 年的执政官,也是西罗马帝国的皇帝(467—472 年在位);⑥普

---

① 关于此见 Proclus, *Theol. Plat.* I. xlix—liv。
② 参见 *DPA*,第 626—631 页。
③ Damascius, *Vit. Is.* fr. 278; *PLRE* ii 998—9。关于 Severianus 对权力的不当利用,参见下文第九章。
④ 参见 *PLRE* ii. 825—8。
⑤ 参见 *PLRE* ii. 708—10。Chuvin(1990:第 99—103 页,第 124 页)讨论了 Marcellinus、Severianus 和 Pamprepius。
⑥ *PLRE* ii. 96—8.

第二章 在时间、空间、社会语境中的新柏拉图主义哲学家　　27

塞厄乌斯(Flavius Illustrius Pusaeus)是东罗马帝国的禁卫军长官(465年)。① 塞沃乌斯(Flavius Messius Phoebus Severus)是470年的执政官,也是罗马的地方行政长官、贵族。②

这一名单,也就是一个真实的当时贵族和高级政府官员组成的名流界,似乎使以下主张有据可依:马里努斯认为普罗克洛能在最高政治领域内有影响力。这也是一个杰出的异教徒的名单,比如说帕姆泊里皮乌斯显然是参与了异教徒的反叛。而普罗克洛本人,虽然在基督教统治下,[22]遭受他本以为是道德上暂时性的苦难,③但是显然,他的威望和雅典的保守主义保护了他。④ 无论如何,他与基督徒的关系是紧密的:一个基督徒,克里斯托多鲁斯(Christodorus),在普罗克洛死后不久写了《伟大的普罗克洛的学生》(On the Pupils of the Great Proclus);而另一个基督徒,我们现在称之为"伪狄奥尼修斯"(Pseudo-Dionysius)的匿名作者(下文第十三章),他熟知普罗克洛的工作,甚至很有可能是普罗克洛的学生。

雅典学园的最后一位领袖似乎是达玛士基乌斯(Damascius)。5世纪后半叶早期,他出生于大马士革(Damascus)。⑤ 他在亚历山大学习修辞学,并跟从阿摩尼乌斯和伊席多瑞学习哲学,之后移居雅典(约492年),在那里他和马里努斯与赞多图斯一起学习。达玛士基乌斯接任成为雅典学园的领袖后,似

---

① *PLRE* ii. 1005—6.
② *PLRE* ii. 930.
③ 参见 Saffrey(1975)。
④ Fowden(1982:第45—46页)提出了该观点。Ghuvin(1990:chs. 3—8)提供了一个对基督教化的罗马帝国中逐渐压制异端过程的较好回顾:从君士坦丁的忍耐,到朱利安的反叛,再到狄奥多西剥夺异教徒仪式的合法性(392)以及查士丁尼对异教徒的流放(527)。
⑤ 在 *DPA* ii. 541—93 中 Hoffmann 给出了关于大马士革的非常全面的研究,他评论了关于雅典学园后期不同的学术争论。也参见 Athanassiadi(1999:19—57页)。

乎尝试复兴它；他的哲学水平必定达到了普罗克洛的高度。辛普里丘(Simplicius)[①]和泰奥多哈(Theodora)是他在雅典的学生，但也有可能是在亚历山大。泰奥多哈也许是扬布里柯家族的后代，他同时也是伊席多瑞的学生。而达玛士基乌斯为伊席多瑞撰写了《伊席多瑞的一生》(Life of Isidore)。

由于皇帝查士丁尼(527—565年在位)在529年颁布了反异教徒法令，打断了达玛士基乌斯在雅典的活动。[②] 然而查士丁尼的朝廷中有一个高级官员，他是对话集《论政治学科》的匿名作者。我们之后会再讲到这本书(下文第十三章)，它正是受到新柏拉图主义哲学的启发而作。与达玛士基乌斯同时期的基督教贵族波爱修(Boethius)，在西罗马帝国狄奥多里克大帝(Theoderic)的朝廷中任职，他大概也是在雅典或亚历山大接受新柏拉图主义哲学的训练。在达玛士基乌斯卓著的事业中(在510年成为执政官)，他试图实现柏拉图的期望：使哲学家成为国王或者哲学王。[③] 但最终他参与到一起阴谋中，并在524年被处死。

在被禁止教学后，达玛士基乌斯、辛普里丘、吕底亚的普利斯奇安(Priscian)和其他新柏拉图主义者以及另外四个著名哲学家一起离开雅典到波斯帝国。

> [23]因为他们并不认同当时普遍流行于罗马的关于上帝的观点，他们认为，波斯王国要远好于罗马——他们坚信当时广泛流传的波斯政府极为公正的传说，认为波斯有柏拉图所写的哲学与王权的结合，相信那里的人们是遵守纪律、有秩序的，人群中没有小偷和盗贼，也不会有各种形式的犯罪。那里路不拾遗，即使是有些珍宝被遗落在地上，也没有路人会偷，

---

① 关于辛普里丘的传记，参见 I. Hadot(1978：第20—32页)；(1978：第3—21页)。
② 关于雅典学园的倒闭，参见 Thiel 的批判性评论(1999)。
③ 柏拉图，《理想国》473c—d。参见下文第80页。

所以即使没有守卫这些东西也是安全的,就在那里等待着失主回去拿。他们认为这是真的并很受鼓舞。由于他们并不接受当时存在的秩序,法律禁止他们有保障地居住在罗马,所以他们马上就前往一个完全陌生、满是外国人的地方,也就是在那里他们度过余生。①

然而,哲学家们到波斯后失望了。他们看到一个自命不凡、反人性又残忍的统治者,还有盗贼、不公和其他形式的不道德。国王自己有一些哲学抱负,但他并非真正的哲学家。对此,至少基督教的报道是如此记录的。然而卡斯洛(Chosroes)确实是哲学的保护者,他向吕底亚的普利斯奇安请教一系列关于灵魂问题的答案。不过,根据532年波斯国王和罗马皇帝签署条约中的条款,哲学家们从波斯回来后,他们的生命和思想自由还会受到保护。

在罗马帝国中哲学家们定居在哪里我们并不知道。他们中有人回到雅典或亚历山大了吗?他们是居住在哈兰的边境村庄吗?在那里他们能够继续受到卡斯洛的保护。② 但无论如何,达玛士基乌斯似乎在538年仍活在叙利亚。

4. 亚历山大学园

从上文中我们可以看到,新柏拉图主义哲学的雅典学园和亚历山大学园的不同,从某种程度上说是虚构的:亚历山大人在雅典接受训练,而雅典人经常在亚历山大学习。而一些家庭关系加强

---

① Agathias II,30(Cameron 译);Cameron(1969—70)给出了对本文的注释。这种对波斯帝国(作为一个公正国家)的理想化,也参见匿名对话《论政治学科》pp. 11, 25—13,4。
② 参见 Thie(1999)和 Luna(2001),他们有效反驳了这种假定。

了这两个群体的紧密联系,它们极大地帮助了知识分子传统的长久存续。①

[24]亚历山大学园并没有形成像雅典学园那样清晰的历史。第一位可以确认的亚历山大新柏拉图主义哲学家是一位女性,希帕提娅(Hypatia),她是数学家狄翁(Theon)的女儿,大体上也是当时第三代扬布里柯派哲学家。尽管她有一些数学作品的遗迹留存,但是她的哲学教学,除了在她的学生苏奈西乌斯(Synesius)作品中的表述,其余并未流传。② 希帕提娅在亚历山大的影响必然是巨大的。在她死后近一个世纪,达玛士基乌斯在《伊席多瑞的一生》中只给予她最高的赞扬。③ 她精通德性和哲学的各个层面;她比她的父亲在自然天赋和智力成就方面更加优秀;而除了她美丽的外表,她还有敏锐的逻辑;她达到了"实践"德性的顶点——公正、谦虚、纯粹,她在其行为和"政治"(πολιτικάν)中无比智慧(ἔμφρονα)。她的城市给予她如此多的赞颂,以至于当地官员在上任时会向她致敬(正如在普罗克洛的例子中,他们之后在雅典做的一样)。她在公共场所教书,主要解释亚里士多德和柏拉图的著作,很多著名的公民特别是埃及的长官,会来聆听她的演讲。④ 然而达玛士基乌斯告诉我们,她的成就激起了亚历山大的主教西里尔(Cyril)的暴怒,他在415年安排了对她的刺杀行动。这个不虔诚、野蛮又恶毒的男人的做法,给希帕提娅所在的城市带来最大的耻辱。达玛士基乌斯提示我们不妨设想,这一耻辱就像苏格拉底之死使雅典所蒙受的那样。⑤

---

① 家庭关系的重要性,参见 *Proclus*, *Theol. Plat.* I, xxvi—xxxv.
② 关于希帕提娅,参见 Beretta(1993),Dzielska(1995)。
③ *Vit. Is.*, fr. 102.
④ 参见 Socrates,*Hist. eccles.* VII, 15。
⑤ 在这里我总结了 Damascius 的版本。围绕谋杀希帕提娅的社会环境的历史解释,参见 Chuvin(1990:第90—4页)。

希帕提娅的一个最著名、最敬业的学生是昔兰尼（Cyrene）的苏奈西乌斯。他是一个富有的地主，在 397—400 年，他作为大使前往在君士坦丁堡的帝国朝廷，以便消减他城市的税负；他的著作《论统治权》（*On Rulership*）是写给那个时期的皇帝的著作。这部著作在后文中会涉及。他所阐述的统治技巧，毫无疑问地解释了他为什么能够在 410 年当选为托勒密（利比亚）的主教。虽然他对一些基督教理论持保留意见，但他还是接受了这一职位。

下一个卓越的亚历山大新柏拉图主义者是赫罗克勒斯（Hierocles），我们已经在上文中看到，他是普鲁塔克在雅典的学生，也是与叙利亚努斯同时代的人。他在希帕提娅死后的 20 年继续在亚历山大教哲学。① 赫罗克勒斯致力于将他的著作《论上帝》献给奥林匹奥多罗斯（Olympiodorus），即一个拥有"政治[25]智慧"的大使和哲学家。② 也许那个奥林匹奥多罗斯是一个埃及历史学家，是 412 年前往匈人部落的大使。③ 在他的教学中，赫罗克勒斯评论了毕达哥拉斯学派的《金诗》（*Golden Verses*）和柏拉图的《高尔吉亚》（*Gorgias*）。令做笔记的学生泰奥色比乌斯（Theosebius）非常惊讶的是，赫罗克勒斯在两个场合下进行解释，但这两种解释并不相同。正如我们会看到的（下文第六章），他认为《金诗》和《高尔吉亚》是关于第一阶段的哲学课程，而《高尔吉亚》则特别地与"政治的"德性相关。事实上，达玛士基乌斯认为赫罗克勒斯正是处于这一层次的才能上。④ 如果赫罗克勒斯在他自己被君士坦丁堡当局逮捕、殴打并流放时，论证勇气和精神的伟大，那么就如达玛士基乌斯所想的那样，他缺乏更高层次的哲学才能。

---

① 关于赫罗克勒斯的传记，参见 I. Hador（1978：第 17—20 页）；Schibli（2002：第 1 章）。
② Photius, *Bibl. cod.* 214, 171b。
③ 关于奥林匹奥多罗斯，参见 Chuvin（1990：第 97—9 页）。
④ 正如 Hadot 注意到的（1978：第 18 页）。

这一实践德性的层次,也正是达玛士基乌斯认为泰奥色比乌斯所处的层次:①泰奥色比乌斯精于道德指导,是其时代名副其实的爱比克泰德(Epictetus)。但是达玛士基乌斯马上补充说,他是柏拉图主义的爱比克泰德而非斯多亚学派的爱比克泰德。事实上,爱比克泰德被当作新柏拉图主义学园道德指导的入门指南(下文第六章)。泰奥色比乌斯也评论了柏拉图的《理想国》,他关注了其中的伦理问题,并按此生活。如果不以寻常的方式活跃于政治,那么他就如苏格拉底和爱比克泰德那样,以自己的方式有条不紊地建立了自身"内部的理想国",因此能够最好地与他人建立关系(πρὸς τό βέλτιστον)。②

赫米阿斯(Hermias)是泰奥色比乌斯的同辈人,也是和普罗克洛一起,跟从叙利亚努斯在雅典学习的同学。他的笔记流传下来,这些笔记是叙利亚努斯关于柏拉图《斐德若》(Phaedrus)的演讲。③ 赫米阿斯和埃德希亚(Aedesia)结婚并在亚历山大教哲学。埃德希亚是叙利亚努斯的亲戚。达玛士基乌斯强调了他的道德品质,但也把他放在了较低哲学才能的层次。④他的儿子阿摩尼乌斯和赫利奥多罗斯去雅典接受普罗克洛的训练,然后回到亚历山大教哲学。阿摩尼乌斯出生于435至445年,似乎死于517年至526年。在某一时刻,他和亚历山大的元老阿坦纳西乌斯二世(Athanasius II)(约489—496年在位)达成共识,或者说他向阿坦纳西乌斯二世妥协,但是我们不清楚具体细节。他的[26]学生有阿斯克莱皮乌斯(Asclepius)、基督徒约翰·菲洛泡努斯(John Philoponus)和奥林匹奥多罗斯(Olympiodorus),这几个学生都记录了他的演讲。此外,还有达

---

① *Vit. Is.*, fr. 109.
② 在这里我总结了 *Vit. Is.*, fr. 109.
③ 关于自赫米阿斯以来的亚历山大学园,参见 Westerink(1990)。
④ *Vit. Is.*, fr. 120.

第二章　在时间、空间、社会语境中的新柏拉图主义哲学家　　33

玛士基乌斯和辛普里丘。直到 565 年以后，奥林匹奥多罗斯自己也在亚历山大教书。① 与 6 世纪中晚期亚历山大新柏拉图主义哲学的教学相关的，是佚名作者写的《柏拉图哲学导论》(*Prolegomena to Platonic Philosophy*)，以及在埃利亚斯(Elias)和大卫(David)名下的评注。这些作品，就如奥林匹奥多罗斯的作品一样，遵从了可以追溯到扬布里柯，并由一个世纪后普罗克洛规范化的课程，从而给我们描绘了一幅生动详尽的，关于 6 世纪亚历山大新柏拉图主义者讲坛的图景。这种教学可能持续到 642 年阿拉伯征服埃及。

以上关于 3 世纪到 6 世纪新柏拉图主义学园的简要纵览，表明这些学园的很多成员都属于罗马帝国晚期社会最顶级的圈子和政权，或与其有密切的关系。我们可能会简单地认为，这意味着哲学是有文化和受过教育的精英从事的活动，因此理应就在这样的圈子中。但无论如何，这不能阻止那个时候的哲学家或者其他人抗拒政治事务。也许和古代晚期的基督教禁欲者相比，他们能够在拒绝世界的布道中为社会力量发声。②

然而，我们也看到政治行动，甚至有时政治规划，在新柏拉图主义哲学家的生活中并不普遍。而人们似乎遗忘了柏拉图在《理想国》中所提倡的哲学与政治力量相结合的主张。我们需要建立一种方式，新柏拉图主义者能以这种方式理解他们自己的哲学和政治行动之间的关系。那么，他们政治行动的理论是什么？它又是怎样符合于他们对哲学生活的整体观点的呢？

---

① 关于奥林匹奥多罗斯与基督徒的关系，参见 Westerink(1990：第 331—6 页)。
② 参见 Brown(1978)。

第一部分
新柏拉图主义政治理论重构:灵魂神圣化

概　　要

[29]正如在第一章中已经提到的,基于普罗提诺的论文《论德性》(《九章集》I.2)中提出的观点,政治哲学和新柏拉图主义的目标(即人的神圣化)之间的关系问题,能够用两种方式来解决:(1)"政治的"德性能够作为一种在灵魂"上升"到神圣生活更高层次过程中首要的、预备的阶段,以及(2)因为"政治的"德性本身是神圣生活的形象,所以哲学家能够"下降",将神圣生活表达在政治层面。在第三到第六章中,我将详细地讨论第一种途径;而在第七到第十一章中,我们则探讨剩下的第二种途径。这种对主题的划分,从某种程度上来讲是人为的:这种"向上"朝向神圣生活的阶段,和从神圣生活"向下"的表达,正是同一种德性。并且大体上,对于新柏拉图主义的形而上学来说,向上和向下只是同一过程的两个方面。然而从教学的观点看,对新柏拉图主义学园的学生而言,这两条路径可以得到区分,这也是为了我们的目的,方便我们说明。

为了探究"政治的"德性作为人的神圣化预备阶段的功能,我们有必要更加详细地探讨作为一种目标的"神圣化"。这实际上意味着,它不仅是新柏拉图主义的目标,也与柏拉图和其他古典时代的哲学运动相关(第三章)。正如新柏拉图主义者的理解,神圣化的复杂性就意味着神圣化方法的相对复杂多样,这包括"政治的"

德性在内，一定层级的德性种类（第四章）。这一层级相应于一定层级的哲学学科（science）。在"政治的"德性的层面上，这些哲学学科中包括了政治哲学（第五章）。反过来，与这些层级的德性和学科相匹配的，是古代晚期新柏拉图主义学园教授的课程，这些课程指定了每一层次的德性和知识应该学习的教材（第六章）。因此，在探究了作为目标的神圣化后，我会探讨指向这一目标的路径：德性和知识的层级，以及它们的课程应用。

第三章　古希腊哲学中的神圣化

[31]"神圣化"(θέωσις)这一术语是后来产生的,特别是由两位基督教神学家创造的。他们是6世纪早期的伪狄奥尼修斯和7世纪的信徒马克西姆。[①] 我们会在后文第十三章中讨论伪狄奥尼修斯,他受普罗克洛的启迪,将神圣化定义为:"神圣化是尽可能地相似(ἀφομοίωσις)并统一于神"。[②] 这一术语自此就表达了"尽可能与神相似"的概念。新柏拉图主义者从柏拉图的《泰阿泰德》(176b)中提出这一概念,并把它当作新柏拉图主义哲学的目标。

"神圣化"是什么意思?人们构想了各种关于"神"的含义,和与神"相似"或"统一"的情形。考虑到古希腊哲学,我们起初就必须排除"排他论者"和"一神论者"关于"神"的概念,也要铭记古希腊广泛的神圣领域,这其中就包括了不同种类和等级的神。特别

---

① 参见 Lot-Borodine(1970);Beierwaltes(1979:第385—390页);Larchet(1996:第21—59页);de Andia(1996:第288—300页)在教父文献中对神圣化主题的调查。新柏拉图主义者表达"神圣化"所用的语言不仅包括了术语θέωσις(参见 Damascius, *Princ.* III, p. 64, 14),也包括了下面这些表述:θεῷ θεοποιεῖν,θεὸς γίγνεσθαι,θεουργία(关于后一个术语,参见下文第129页)。奥古斯丁用"deificari"来翻译波斐利(《上帝之城》XIX,23),而波爱修写作"deos fieri"(*Cons.* IV, 3)。

② *EH*,I,3,376a。

是,我们应该问,对于一个希腊哲学家来说,"众神"或"神圣"到底代表了什么。"相似"也有很多可能的含义,从实际上"成为神(神化)"到以某种方式模仿某种形式的神圣生活。我们也需要记住这些可能性的范围。

早在普罗提诺以前,1世纪和2世纪的柏拉图主义者(比如阿尔基努斯[Alcinous])已经在柏拉图的《泰阿泰德》中找到了[32]关于他们哲学目标的表述。① 一些人认为除了柏拉图提出与神相似的概念,在他之前的毕达哥拉斯也提出"跟从神"(ἕπου θεῷ)②的箴言,从而与这一概念联系起来。如果我们怀疑与神相似这一主题是否出现于如此早的希腊哲学中,那么当我们阅读柏拉图或者其他希腊哲学家,特别是亚里士多德、伊壁鸠鲁和斯多亚学派的著作时,就可以发现它确实出现了。为了了解在希腊哲学中这一主题的普遍性和重要性,我们可能要在回到柏拉图的文本前,简要地考察后面这些哲学家。而柏拉图的文本对于新柏拉图主义的思想则具有决定性意义。③

1. 亚里士多德、伊壁鸠鲁和斯多亚学派

在《尼各马可伦理学》(X,7—8)的结尾,亚里士多德描述了最令人满意的生活:人类渴望的终极目标,也就是人类善,是"有知识的生活"(βίος θεωρητικός)。这种生活能够完全实现这样的活动:

---

① 参见 Merki(1952:第 1—2 页);Dörrie and Baltes (1993—6: iv. 234); Annas (1999:第 3 章)。
② Merki(1952),1. Merki 也引用了(第 34—35 页)后来的文本,波爱修的 Cons. I, 4,其中毕达哥拉斯学派的格言"跟随神"再次与"与神相似"(Consimilemdeo)相关。
③ Annas(1999:65—66)指出现代讨论大多忽略柏拉图的这一主题;她也提及最近的一些例外,比如 Squilloni(1991: 63 n. 1)和 Alekniene(1999)可以增加对此的研究文献。Rist(1964)非常关注从柏拉图到普罗提诺的神圣化主题。

与最高目标,和现实生活中无形的、不变的第一原理相关的,能实现人类能力、理智最高层级的活动。① 这是最好的生活,因为它满足了最好生活的大部分标准:连续性、快乐、独立和闲暇。它也是我们必须假定神过的生活(因为我们假定他们享受快乐);对于他们来说,参与我们所进行的低等级的实践活动(比如订立契约),是不值得的。事实上,亚里士多德在其他地方,描述了他的符合世界上"神圣的"第一原理的生活,他将这种不动的原动力描述为纯粹理性、纯粹认知的生活(《形而上学》XII,7 和 9)。那么对人来说,最好的生活就是神圣的生活。在《尼各马可伦理学》的结尾,亚里士多德坚持了这种观点,以反驳[33]我们只是凡人的看法:他说,"我们应该尽可能成为不朽的(ἀθανατίζειν),并且竭尽全力按照符合人最高层次的方式生活",符合存在于人身上的神圣,即理性(1177b31—4)。这种神圣的生活并不容易获得(毕竟我们是凡人)。亚里士多德并没有将它设想为隐士的生活:比较好的情况是,能够与他人分享(1177a34)这种生活,或者政治环境提供了合适的条件使之成为可能。

人的神圣生活预设了一种有利的社会和政治环境:人的本性,并非简单存在于人的神圣或理性的东西,而是灵魂和身体的有机统一。在这种较低层次上达到的卓越,只能被列为次级的善(X,8)。这种较低层次的生活就是指有伦理和政治行动的生活(βίος πρακτικός),也是有伦理德性标记的生活(区分于具有理性和科学[知识]的卓越生活βίος θεωρητικός)。这并非最高的善。最高的善是人类寻找的,有时也能够达到的神圣生活,而这种(有伦

---

① 我的表述"有知识的生活"可能是不够令人满意的,但是可能不会像其他对 βίος θεωρητικός 的翻译那样令人误解,比如"沉思的"(contemplative)生活(过于神秘),"理论的"(theoretical)生活(过于抽象),"思索的"(speculative)生活(过于模糊)。然而,之后我不得不为了一个更好的形容词将一些θεωρητικός表述为"理论的"。

理和政治行动的)生活只是一种从属于神圣生活的次级的善。①

在另一个完全不同路径的语境中,伊壁鸠鲁也将人类本性的目标视为神圣生活:如果一个人听从他的伦理格言,这个人将会"因为生活在神的善中,所以就不会像一个凡间的动物,而是作为人中的神"(《给墨诺伊库斯[Menoikeus]的信》135)。在某封可能是年轻的伊壁鸠鲁写给他母亲的信的残篇中,他告诉她:

> (这些收获)并不小……对我们来说,这些收获使我们更像神,也让我们明白,即使是我们的死亡,也不会使我们劣于不朽和神佑的本性;因为当我们活着时,我们像神一样快乐。②

一种对于神的幸福的正确概念,使他们逃离各种干扰、困难和忧虑,尤其是免于对一个世界(比如说我们的世界)的忧虑:人类的善,是没有身体上的痛苦,尽可能不受身体痛苦的干扰。伊壁鸠鲁本人也是这样生活的,他被他的学派当作神("他是神,神!",卢克莱修《物性论》V,8)。

这种神的生活,是在一定共同体中形成的,最初是在受庇于伊壁鸠鲁花园中的小共同体里形成,其中不受外界打扰。假使伊壁鸠鲁的哲学在将来会流行,那么就不再需要这种保护性的隔离。来自公元2世纪享乐主义者的残篇,使我们能够想象享乐主义者的乌托邦:

---

① 我注意到亚里士多德的篇章已经成为注释雷区,是真正的学术产业的对象(更广的分支研究,参见 Kraut 1989)。我总结的这些观点可能是新柏拉图主义读者对亚里士多德的兴趣所在。Sedley 也强调这一点(2000:第 806—808 页),他指出柏拉图是亚里士多德神圣化的来源。

② Diogenes of Oinoanda, fr. 125 III—IV(Smith 译)。

[34]但如果我们假定这是可能的,那么实际上神的生活会传递给人类。因为所有东西都会充满正义和互爱,因此我们不需要军事防御和法律……这种活动(比如,农业活动)……会打断(共享)哲学学习的连续性,因为农耕经营(能提供我们)本性所需之物。①

神圣化也是斯多亚学派哲学的目标。我们可以非常简要地说,②对斯多亚学派来说,如果人类最好的生活是按照本性的生活,相应地,也是顺应人类本性和宇宙本性的生活,那么这就意味着,按照存在于人类身上的神圣逻各斯(logos)生活,也就是按照理性生活,这与由宇宙神圣逻各斯决定的世界相符。斯多亚学派理想的至人,是一个似神的形象,和宇宙之神一样无敌、无误和完美。这种神圣化的理想形象是如此极端,即使神圣模范并非遥远的卓越性的原理,而是固有的宇宙力量,我们也会怀疑是否曾经存在,或者将来会存在一个斯多亚学派的至人。和亚里士多德和伊壁鸠鲁的理论一样,斯多亚学派的至人生活并非隐士的生活:至人和世界的神共同组成了一个友爱互谅的宇宙共同体。③

那么估计我们对于柏拉图的解释,将会得到这样的结论:即神圣化是古典和希腊化时代主要哲学流派的目标。在这方面,新柏拉图主义也无例外。当然神圣对于不同的学派来说有不同的方式,且与神圣相似的方式和程度也相应地不同。而人类凡人的本性,对于人们获得神圣生活的限制也有不同的程度。但值得注意的是,神圣化对于很多学派来说,并不是一种隐士生活:从某种意义上说,它有其政治维度。而我们正是需要对新柏拉图主义神圣

---

① Diogenes of Oinoanda, fr. 56.
② 参见 Merki(1952:第 8—17 页),有相对全面的讨论,但不幸的是他过于将材料集中于波希多尼(Posidonius);Rist(1964:第 160—4 页)。
③ 关于此参见 Schofield(1991)。

化过程中的这一维度作出判断。但是首先我们需要注意的是柏拉图对话集中的一些篇章,这些对于新柏拉图主义者有至关重要的意义。

2. 柏拉图

[35]在《泰阿泰德》中,柏拉图将与神相似和"逃离"这个世界联系起来:这种逃离并不像普罗提诺所说,①是一种地点的转变,而是一种生活的转变,是一种活得正义和智慧的努力(176b)。因为神圣是最大的正义,而变得正义就是要似神(176b8—176c2;《理想国》614a8—b1)。正如亚里士多德所提出的,享有智慧的德性也能够使我们似神,甚至步入不朽(《蒂迈欧》90b—c6)。谦虚则是使我们变得更似神的实践德性,也是指向我们应该"遵从"的道德生活的真正"方法"。②

以下的说法强化了道德生活是一种似神的生活的观点:这种相似性是源于一种对神圣化尽可能的模仿或以之为典范(《理想国》500c2—d1)。《斐德若》中的战车神话很好地给出了对此的诗学表述:在天上努力追随众神灵魂的凡人灵魂,却在不同程度上屈从于俗世,只能尽力模仿他们的神(248a,252d—253c)。因为有象征不同品质的不同神,所以在人类灵魂中有他们的不同形象。

这种模仿并非纯粹自主的:柏拉图描述了爱的力量。就像雕塑代表着人们的神(参见 252d7,253a4—b7),恋人的灵魂也试图将其所爱制成图像或雕塑(ἄαλμα)。其他神圣化的观点超出了恋人和其所爱之人之间的关系,也包括了在《理想国》中,理想的哲学家与他们在其中能够称王的城邦之间的关系。

---

① 上文第一章,第 17 页;参见柏拉图《斐多》107d1—2。
② 《法义》716c;比较上文第 4 页引用的丰达哥拉斯学派格言。

所以那些与神圣和有序相伴的哲学家,自己变得似神,并且尽可能做到有序……如果他将所见之事付诸实践,即通过将所见之事,用于培养私人和公众生活中人的品性,而非只是塑造自己,那么你还认为他只是一个谦虚公正的贫穷工匠吗……只有勾画者(比如,哲学王)用神圣的模版描出轮廓,城邦才能找到幸福……他们将城邦和人的品性作为底板,首先会清空它……然后,随着工作的开展,他们会不断考察公正、美、谦虚和其他这类品德……将人类生活与之联系起来,并把从不同追求中获得的相似性混合起来。他们的这些判断也是基于荷马(《伊利亚特》I,131)所说的,存在于人类身上的神圣性和似神性(θεοείκελον)。①

[36]在《理想国》中哲学王的城邦,因此是一个神圣化的城邦,几乎算是或者非常像众神之城,或柏拉图在《法义》(739c—d)中描述的众神之子的城邦。后者在《法义》(739e)中被形容为人类应建立城邦的典范。然而这样一个城邦,也并不能达到《理想国》中对城邦的要求。②

在《蒂迈欧》的开篇,柏拉图总结了《理想国》中的政治理论,提出了一种神圣化国家的宇宙背景:因为按照理念的神圣模式,哲学王统治城邦,所以在更广阔的层面上,世界上的神圣工匠("德穆格"),也按照理念的模式做出安排。从而让这世界从混乱变得有序、神圣。神圣化尤其显示于天空的有序运行,而这能激发我们灵魂的有序性。③

对于柏拉图而言,人的神圣化并非简单地模仿神(*imitatio*

---

① 《理想国》500c—501b7。
② 关于《理想国》和《法义》中城邦的关系,参见下文第八章,第2节。
③ 《蒂迈欧》90d。关于将神性视为把复杂的部分(在灵魂、城邦和宇宙中)纳入秩序的相似性,参见 Alekniene(1999)。

dei)。他也认为,在人身上有神圣的因素(参见《蒂迈欧》,90a2—b1),灵魂的最高层次与超越的理念密切相关(《斐多》,79d1—4)。通过脱离人的身体,灵魂能够伴于众神身侧(《斐多》,82b10—c1)。然而,这只能通过下面的实践达到,这种实践是最高程度地模仿神,在道德上相似于神。①

3. 新柏拉图主义

在上文中,我简要给出柏拉图、亚里士多德、伊壁鸠鲁和斯多亚学派对神圣化主题不同层面的讨论,而这些再一次出现于新柏拉图主义的神圣化中:柏拉图将"神圣的"与超越的理念联系起来,亚里士多德将神圣视为超越的理智;亚里士多德强调人类的神圣生活是一种理性生活;柏拉图认为这是陪伴众神的生活;斯多亚学派提出至人至高统治的理想;这些大多强调了伦理德性对于获得神圣生活的必要性。然而,[37]为了进一步探究新柏拉图主义的神圣化,我们有必要先简要说明,在新柏拉图主义中什么是"神圣",在接下来几章中,更详细地说明怎样获得神圣生活。

在普罗提诺看来,"神圣"范围很广,从所有实在的、终极的、非凡的来源,即"太一",通过超越的理智(普罗提诺认同于柏拉图的理念),下降到灵魂。② 太一(我们也将它称为"至善",是所有实在所追求的存在的完善),在时空之外,产生了一种对自身明确可知的表现,即理智。理智朝向太一,把太一作为其自身思想的多重确

---

① Annas(1999:第63—65页,第70—71页)发现神圣化的两个方面,以有道德的生活相似和以分离于身体相似。柏拉图和后来的柏拉图主义者混淆了这两个不同的概念。然而她注意到现代的读者感受到这种混淆,而对于柏拉图和古代柏拉图主义者这并非如此明显。Sedley(2000)主张柏拉图是一种更为一贯的立场,他认为这是被普罗提诺正确理解的。

② 参见《九章集》V 1,7,49。也见波斐利 fr. 221f。在O'Meara(1993a)中我们可以找到对普罗提诺形而上学的简要解释。

定的内容,即诸理念(形式)。这种神圣理智反过来也产生灵魂,灵魂自身是对理智的进一步表达。

关于这三个本体,或神性层次(普罗提诺有时将它们与希腊的神乌拉诺斯、克罗诺斯、宙斯联系起来),①我们应该注意以下几点。(1)三个本体构成一个动态结构:较低层次来源于较高层次,并且朝向更高层次。事实上,这种"由……产生"和"回归……"的张力关系,总体上构成了实在。因此,较低的神性层级(理智、灵魂)在与较高的,特别是最高的、最初的"太一"的关系中是神圣的。② (2)这种动态结构是有等级的:存在着不同的神性水平或程度,不同层次的完美存在。神圣消止的地方就是恶在物质世界中存在的地方。③ 恶源于物质世界的不确定的、非理性的质料或物质。然而,并非所有物质世界中的东西都是恶的:在天体中,即"可见的众神",物质被完全控制,就没有恶。灵魂也可以出现在物质世界,在那里它的功能是将秩序和形式带入物质,并不会失去其朝向神圣理性和太一的性质,因此不会屈服于恶习。④

在这种语境中,人类本性从其根本上讲就是灵魂,因此也是神圣的。它与神圣理性和太一有动态的联系,这就意味着在各个层次的神圣,都是显现于我们面前的,我们也可以接近,[38]无论我们是多么偏离本性地专注于物质,以致于忘记我们至关重要的本性和神圣的"家园"。⑤ 因此我们被固定于神圣理智,而我们的一部分一直留在"那里"(《九章集》IV 8,8,1—6)。普罗提诺的这个观点,在其新柏拉图主义后继者中遭人诟病。人类的自我是流动的:我们可以在不同的层面上过我们的生活,这取决于我们将自

---

① 参见《九章集》V8,12—13;Hadot(1981)。
② 参见 Rist(1962)。
③ 恶的缺席是在柏拉图的神圣中的一个重要特点(《泰阿泰德》176a7,《斐德若》246a7—b1),普罗提诺也是如此认为(《九章集》I 8,2,25—7)。
④ 关于这些主题参见《九章集》I 8(以及 O'Meara 1999a 的注释)。
⑤ 《九章集》V1,1,1—5,以及 I 6,8,16—21。

己的兴趣和活动置于何处。我们可以过着野兽的生活,也可以过神的生活。事实上,我们可以成为神,或者更确切地说,回归到我们本质上是神的生活。①

普罗提诺在不断增加形而上学的复杂性后,使新柏拉图主义哲学得以更进一步。这意味着神圣的范围("众神")分化得越来越多。如果灵魂仍然是神圣的下限,②神圣的新层次划分了普罗提诺的三个本质等级:"诸一"("henads")的层次介入太一和神圣理智/形式之间,后者被分解成各个层次(理知的、理智的以及它们的结合),其他层次再次干预或划分灵魂。扬布里柯使这个形而上学领域不断扩张,而他的继任者则进一步加以区分和改进。③

之后的新柏拉图主义者,在形而上学领域的各层次,和传统宗教众神的各成员之间建立了联系。而在这方面,扬布里柯起了重要的作用。那些传统宗教,不仅包括已经与普罗提诺形而上学第一原理相关的古典希腊万神殿,还有很多其他宗教传统的神圣性,也被认为是古代智慧的表现,特别是埃及人和迦勒底人的神。④

后来的新柏拉图主义形而上学领域更加复杂的结果是,作为哲学目标的神圣化,可能意味着更大的范围:神圣的更多层次,意味着更多程度的神圣化。这可能表明,在神圣化过程中具有更大的连续性。在某种程度上,神圣似乎是一个更加渐进的结构,其中各个层次通过更多的中间术语联系起来。然而,层次的倍增也使得[39]神圣的更高层次,特别是其他所有神圣性来源的最高原理离我们更远,也更难达到。

之后的新柏拉图主义有进一步的发展,通常是反对普罗提诺

---

① 参见《九章集》I 2,6,2—3;7,25—7;I 6,9,33—4;Merki(1952:20)。
② 参见 Proclus, *Plat. Theol.* I,26,pp.114,23—116,3,根据柏拉图的篇章区分了神圣的不同程度。
③ 参见 Proclus 的 *El. Theol.* 从太一到灵魂的经典表述。
④ 参见 Brisson(2000)中新柏拉图主义形而上学原理和迦勒底人神圣者的对应表格。

的人类部分灵魂仍旧留在神圣中的论题,这种发展倾向于强调神圣化的复杂性:对于大多数后来的柏拉图主义者来说,人类灵魂的全部已经下降到身体中。① 此外,人类灵魂落入到物质世界中的程度被形式化了,特别是灵魂与物质条件、与身体的关系被着重强调。远离原本神圣起源的灵魂,在与身体的关系中找到其身份。② 因此,与普罗提诺相比,后来的新柏拉图主义者认为,人类物质的、身体的层面的条件与灵魂神圣化过程更加相关。

神圣化更高层次离人愈加遥远,以及身体条件对于人类灵魂的重要性越发变大的一个结果是,人们看待人类灵魂可以达到的神圣生活的水平,不像普罗提诺那么有雄心壮志。因此,赫罗克勒斯(Hierocles)认为作为宇宙工匠神,以及人们相似对象的神,在晚期新柏拉图主义的神圣等级中,只有一个相对低等级的神性。③ 然而,赫罗克勒斯是在为哲学的初学者写作。而普罗克洛则说明了对于高级灵魂,神圣化过程中更高层次的可能性。④

接下来,我们不会进一步讨论神圣化更高程度的问题,我们研究的主要焦点,与"政治"德性和政治哲学作为神圣化过程的第一阶段的功能有关。在后面几章中,后来的新柏拉图主义的政治导向将逐渐明晰,他们愈加重视人类条件的身体方面,并精心设计了在广泛程度上,神圣化过程所需要的不同方法。我们会将新柏拉图主义这些不同发展的结果,与从普罗提诺开始的,形式相对简单的神圣化进行比较。

---

① 参见 Steel(1978:第一部分);在后来的新柏拉图主义中,扬布里柯似乎是主要利用这种反普罗提诺陈述的人。
② 这是扬布里柯又一次有力反普罗提诺的立场;参见 Finamore(1985);Shaw(1995:第2章)。
③ Hierocles, *In Carm. aur.*, pp. 120, 27—121, 11;参见 Schibli(2002:第125—128页);下文第八章,第3节。
④ 一个全面重要的讨论见 Beierwalters(1979),第294—305页,也见 Psellus,*Omn. doct.* 第71,74页(关于 Psellus 新柏拉图主义的来源,参见下文第四章,本书第50页注释1)。

第四章 德性的层级

[40]正如我们在前文中提到的那样,普罗提诺在他的论文集《论德性》中指出,德性层级代表着人类灵魂神圣化过程中的不同阶段。这种德性层级从"政治的"德性开始,一直到"净化的"德性。普罗提诺的学生波斐利将这种德性层级形式化,特别是在其所著普罗提诺哲学指南的《通往理智的起点》(*Sentences*)第32章中,他进一步发展了德性的层级。扬布里柯在一部现已佚失的著作《论德性》中,似乎进一步发展了波斐利德性层级的版本。这个版本(与一些变体)在后期新柏拉图主义中十分普遍。德性层级理论发展过程中的主要阶段,可以追溯到我们研究所最感兴趣的,作为层级中最初层次的"政治的"德性。①

1. 普罗提诺,《九章集》I.2

普罗提诺在柏拉图《理想国》定义四枢德的篇章中(441d1—

---

① 对于新柏拉图主义德性层级的大体研究,参见 Westerink 对奥林匹奥多罗斯的注释,《〈斐多〉评注》,第116—118页;Lieshout(1926),较浅层次;Schissel(1928),更全面,但受到 Theiler(1929)的严厉批评;以及 Saffery 和 Segond 对马里努斯的《普罗克洛或论幸福》的引言(pp. lxix—c)[非常有帮助且丰富];Vorwerk(2001)。Dillon(1983)讨论了普罗提诺在《九章集》I 2 中的学说以及一些可能的理论来源。

第四章　德性的层级

443b2),找到了他"政治的"德性的概念,他这样总结到:

> 实践智慧(φρόνησις)……与论述的理性有关,勇气……与情感有关,节制……在于欲望与理性之间的一种和谐统一,正义,……使(灵魂)的各个部分都同意满足其统治和被统治的恰当功能。①

[41]普罗提诺将柏拉图的四枢德解释为灵魂不同部分的恰当功能(柏拉图也将这些德性描述为城邦不同部分的恰当功能),比如说理性统治其他部分,从而实践智慧,②欲望要与理性和谐(节制),意气表现勇气,正义是适合于它的灵魂每一部分的运用。

然而,这些德性很难被归于神圣,③神圣不需要勇气和节制(对照《九章集》1,10—16):在这里,普罗提诺像亚里士多德一样,将伦理德性从神圣领域排除出去,而正如我们(在第三章第2节)看到的那样,柏拉图似乎将德性归于神圣。④ 但是普罗提诺是怎样说明这些德性使我们与神圣相似的呢?

在后文中,有另一个对于"政治的"德性的描述,使得这些德性与神圣化的关系更明晰:

> (这些德性)真正地使我们井然有序,通过限定我们的欲望并为其给出尺度,使我们变得更好,它们权衡我们的所有经

---

① 《九章集》I 2,1,第17—21页(Armstrong 译)。
② 柏拉图用术语σοφός(441e4),而普罗提诺说φρόνησις,也许是因为他希望将术语σοφία用作与神圣理性相关或神圣理性享有的更高理论智慧(对照 6,12—15;7,4 和 7)。
③ "神圣"在《九章集》这里被理解为关于世界—灵魂及其理性(1,6—9),但之后就扩展为指更高的理智本体以及太一(3,19—31)。
④ 关于将德性归属于神的哲学讨论的研究,参见 Westerink 在达玛士基乌斯,《〈斐多〉评注》,第90—91页的注释。

历;这些德性通过限制的事实,也通过排除了无限和不确定的以及被权衡的存在,摒弃了错误的观点;它们就自身而言受限定并有清晰的定义。只要它们是形成灵魂质料的尺度,它们就像是照着上界(τῷ ἐκεῖ μέτρῳ)的尺度造的,并且在其中有上界至善的痕迹。(2,13—20)

如此,灵魂就是这样一种事物,它由尺度①形成,按照由神圣(比如,理智)产生,并由我们所设想的实践智慧带到灵魂中的秩序,整理其欲望与意见。当神圣秩序被带到我们的意见与欲望中,我们看起来似乎是神圣的。然而神圣似乎和产生这一强加秩序的东西不同(2,22—6)。

如果神圣化最初就包含了"政治的"德性,那么这些德性就是工具性的,并且次于"更高的"德性(1,22和26;3,2),它们使灵魂更接近对神圣的真实类似。这些"更高的"德性使灵魂得到"净化",也就是说,[42]它与意见和欲望的独立也就产生了它与身体的关系:

> 当灵魂完全与身体结合,分享身体的经验,与身体有完全相同的意见时,灵魂是邪恶的。而当灵魂不再与身体有相同的意见单独行动(即理性和智慧)时;当灵魂不分享身体的经验(即节制)时;当灵魂不再惧怕与身体分离(即勇气)时;当灵魂由理性和理智支配而非相反(即正义)时,灵魂是善的并且拥有德性。我们把灵魂的这种状态,称为灵魂与神相似的状态,这是无可非议的,在这一状态下,灵魂的活动是理性的,它以这种方式远离身体的影响。②

---

① 参见柏拉图《法义》(前文第35页)中神圣作为尺度。
② 3,11—21.

第四章 德性的层级

在这一新阶段，四枢德给灵魂重新定位，使灵魂远离对有关身体生活的关注，转向了高于灵魂的神圣生活，也就是理智和太一的本质的生活(参照《九章集》3，22—31；6，23—7)。

在这些"净化的"德性中，普罗提诺区分了与净化过程相关的德性，和与通过这一过程实现的灵魂状态相关的德性(4，1—5)。我们由此可以区分净化的德性以及那些具有净化灵魂特征的德性。尽管普罗提诺一直拒绝将德性归于神圣(3，31)，他却认为这种神圣生活，即理智的生活，包括了德性的范式或形式；德性是这些范式所赋予他物，存在于他物，存在于灵魂之中的东西(6，14—19)。

我们可能不禁会将普罗提诺的德性层级，与亚里士多德对道德德性和理智德性的区分作对比。然而，亚里士多德的两种德性与人性的不同层面相关，与欲望及被实践理性指导的情感相关(道德德性)，以及与存于人身上、其本身就是活跃的神圣，即理性相关(理智德性)。但是对于普罗提诺来说，两种德性相应于灵魂的不同朝向，朝向身体的("政治的"德性)与朝向理性和太一的(净化的德性)。这种相反的朝向意味着德性的层级是既连续(灵魂由一个方向转向相反的方向)，又非连续的："政治的"德性没有提供对神圣的近似，而这是通过净化的德性所达到的，[1]即净化的德性将与身体有关的灵魂生活神圣化，它们也在灵魂生活中强加了神圣秩序、神圣方式，并使灵魂准备好达到更高的德性。[2] 恰当地说，正是这后一种德性[43]使灵魂神圣化。灵魂在净化后可以上升得更高，成为神圣的理智，享有它的生活。例如，普罗提诺在《九章集》IV 8，1 中提到的经验。但这并非德性

---

[1] 参见上文第 9 页。
[2] 就是在这种方式中，普罗提诺注意到并寻找解决 Annas 所谓的(上文第三章，本书第 46 页注释 1)神圣化概念之间矛盾的方法。我认为 Sedley(2000)，804 过于轻视了普罗提诺"政治的"德性的价值，Zintzen(1969)也是如此认为。

的生活;德性仍旧是在《九章集》1.2中达到至善的一种方式,而非至善本身。

这一德性层级理论的结论,既包括为了达到更高的、净化的德性,获得较低类型的德性是必要的,尤其是"政治的"德性;也包括拥有较低类型的德性不必然意味着一个人已经达到了更高的类型,而拥有更高的则意味着这个人已经拥有了较低的类型:

> 任何拥有更高德性的人必然潜在地(δυνάμει)拥有较低的,但是拥有较低德性的人不必然有更高的德性。(7,10—12)

如同我们感到需要具体说明"潜在地"拥有较低德性,对于那些已经达到更高类型德性的人来说意味着什么,普罗提诺问这些较低的德性是"在行动中"(ἐνεργείᾳ)拥有,还是以其他方式拥有的。① 他简要回答到:

> 也许(较低)德性的拥有者们可能会知道它们,也知道他能从中得到什么,同时也会按环境的要求,按照它们中的一些行动。但是获得了更高原理和不同方法,他就需要按照这些行动……(他)会尽可能完全使自己与其较低的本性分离,并且不会过"政治的"德性所要求的好人的生活。他会将这些抛弃,选择另外的神的生活:因为我们正是被设定为(与神)相似,而非与好人相似。(7,19—28)

---

① 《通往理智的起点》,第24页6—9;第30页5—31,1.7,13—14。我们可能比较亚里士多德在《灵魂论》中灵魂功能的层级,其中有类似的非交互的内容(在更高德性中的较低德性)的体系,也有灵魂功能的状态,但是灵魂的运行不会导致"首先"和"其次"行动的区分(412a22—8)。

第四章 德性的层级

我们注意到,普罗提诺在说灵魂上升到生活的更高形式是重要的,这一上升中人们舍弃了较低的活动而选择了更高的。在这一语境中,灵魂将"政治的"德性用作可以达到并超越的阶段。然而,达到了神圣的生活后,灵魂可能希望"下降",回到政治德性的运用中。这两种运动,即在文章 I.2 中所描述的上升运动,和将在后文第七、八章中考察的下降运动,暗示了对于"政治的"德性的两种不同态度。一种将其视为[44]尽可能超越其自身的方式,而另一种将其实践为沟通神圣生活、神圣秩序的方式。①

2. 波斐利,《通往理智的起点》第 32 章

波斐利在他《通往理智的起点》(*Sentences*)(第 32 章)中大量引用了普罗提诺的论文《论德性》,后期新柏拉图主义者如马克洛比乌斯、马里努斯和奥林匹奥多罗斯也引用了普罗提诺的这篇文章。② 波斐利将普罗提诺的层级形式化为四个等级的层级:(1)"政治的"德性,(2)净化的德性,(3)理论的德性,以及(4)范型的德性。③ "政治的"德性是普罗提诺按照柏拉图在《理想国》中的例子

---

① 在解释普罗提诺的伦理学时通常会忽略这一区分,因此就趋向于单向;例如参见 Dillon(1996)。
② 马克洛比乌斯,《〈西庇阿之梦〉评注》I, 8, 5—13;马里努斯,《普罗克洛或论幸福》18;奥林匹奥多罗斯,《〈斐多〉评注》8, 2, 第 119 页。在一部新柏拉图主义伦理学著作中(某个名为尼古拉斯的人所著)也引用了普罗提诺的论文,这部著作仅存阿拉伯语版本(Lyons 1960—1:37,4—5)。也参见《灵魂的德性》,Miskawayh 用阿拉伯语引用了这篇遗失的希腊文章(Pines 1986:8—13)。
③ 大体参见 I. Hadot (1978:152—8);在这里波斐利偏离普罗提诺的程度是学界所争论的(也见 Festugière 1969:548;Dillon 1983:100)。马克洛比乌斯也在普罗提诺(《〈西庇阿之梦〉评注》I, 8, 5)的文本中找到四个层次:政治的德性(virtutes politicae),净化的德性(purgatoriae),已净化心灵的德性(animi iam purgati),范型的德性(exemplars)。

来定义的。然而波斐利在前面添加了如下描述：

> 从事政治（的人）的德性，在于激情（μετριοπάθεια）的节制，也在于对行动（πράξεις）王国中正当的行动遵从并伴随理性。这些德性是"政治的"德性，因为它们关注共同体免于受损，通过构建团体和共同体使之免于同胞之间的伤害。（《通往理智的起点》32，第23页，4—8）

这里对政治维度的强调是在普罗提诺的论文中没有的。普罗提诺关注灵魂内在生活的良好秩序，这与《理想国》中的定义相同。然而他忽略了公民间的外在秩序，而外在秩序是柏拉图在《理想国》中讨论四枢德时提出的。

马克洛比乌斯甚至更强调了德性第一等级的政治层面：

> 人们的政治（德性），是因为人是社会动物。好人通过这些德性照管国家、保护城邦；通过这些德性，他们尊敬父母、关爱孩子、珍惜那些与他们亲近的人；通过这些德性，他们指导公民的福利……①

[45]由此有一系列德性，四枢德（审慎 prudentia，勇敢 fortitudo，节制 temperantia，正义 iustitia），每种德性都伴随着较小的或派生的德性的主宰，它们既关注灵魂的内在状态，也关注与他人相关的态度和行为。马克洛比乌斯总结道：

> 通过这些德性，好人首先成为自己的统治者，并由此成为

---

① 《〈西庇阿之梦〉评注》I, 8, 6. 参见尼古拉斯（Nicolaus）的阿拉伯语版本（上文第12页）："他（普罗提诺）的观点是有四种类型的德性……因为人是社会动物，所以其中一种是属于人的"（Lyons 1960—1：45）。

第四章 德性的层级

国家的统治者,以其远见进行公正的统治,在人类事务上不遗余力。①

马克洛比乌斯认为"政治的"德性如同灵魂中的好的秩序,首先应在个体身上培养,进而在包括政治领域在内的、与他人的关系中培养。这一观点认为灵魂的内在秩序,是社会和政治事务等外在秩序的先决条件。② 马克洛比乌斯也认为"政治的"德性是人类德性,波斐利也强调了这一点:他们按照人类本性进行统治,而与理性相关的更高德性代表了对神圣的近似(《通往理智的起点》,第22章1节—第23章3节;第25章6—9节)。

如果波斐利用这种方式表示普罗提诺提出的"政治的"德性与更高的德性之间的距离,那么他也就清楚地提出了"政治的"德性作为先驱(πρόδρομοι)、作为更高德性的准备阶段的重要性:如果说"政治的"目标与净化的德性不同,那么前者测度了与人类本性相关活动的激情,而后者则寻求超脱于这些激情,没有前者后者无法达到。

波斐利所言的更高德性包括(2)净化的德性,正如普罗提诺定义的,是一种从关注身体到朝向灵魂的转向;(3)理论的德性(这种德性被普罗提诺描述为净化的灵魂),以及(4)范型的德性,即灵魂德性的范例,波斐利的《通往理智的起点》比普罗提诺的论文更系统地阐述了这一观点。

---

① 《〈西庇阿之梦〉评注》I, 8, 8. 见 Zintzen(1969)以及 Flamant(1977:599—614)关于马克洛比乌斯对普罗提诺和波斐利用法的讨论。Zintzen 用罗马方法解释了马克洛比乌斯对政治的层面的强调。他注意到了本节与下一节提及的一些希腊文本,但是却将其视为"新毕达哥拉斯学派的"影响而忽略其重要性。

② 也参见普罗克洛 In Remp. I, 第 210 页, 21—第 211 页, 3; 第 217 页, 6—15; 奥林匹奥多罗斯, In Gorg., 第 204 页, 11—14; 达玛士基乌斯 Vit. Is., fr. 109: 泰奥色比乌斯令"他的内在王国"井然有序,"这是他首先的考量,然后反过来为了其他每个人的提升而做出安排"(Athanassiadi 译)。然而在泰奥色比乌斯的例子中,后一种活动并没有拓展到政治领域。

那么,总的来说,与普罗提诺相比,波斐利提供了一种更为形式化和系统化的德性层级框架。他使读者认识到,"政治的"德性的社会与政治维度,[46]清晰地阐明了"政治的"德性,作为一种更高德性所预设的准备阶段的功能,而更高的德性则使人与神圣更为近似。

3. 扬布里柯与晚期新柏拉图主义

晚期新柏拉图主义者如苏奈西乌斯、马里努斯,或许也包括马克洛比乌斯,①非常可能也有波斐利自己的学生扬布里柯,都读过波斐利关于德性的章节。扬布里柯在写作其著作《论德性》(*On Virtue*)②时,将波斐利铭记于心。这本书现在已经佚失了,③但可能对于11世纪拜占庭的新柏拉图主义者普塞鲁斯(Michael Psellus)来说,这本书仍旧可以读到。他列出扬布里柯比波斐利在《通往理智的起点》中所提出的,更为精细的德性列表。扬布里柯似乎确实是对德性层级进一步划分的源头,而这种划分在晚期新柏拉图主义中是常见的。④

德性的层级同时向上和向下拓展。它向下拓展到包括"自然的"德性,即层级中的最低层次,它是与特定身体构成相关的,灵魂的自然品质:比如说,狮子是"天生勇敢……牛是节制的,鹳是公正的,鹤是聪明的"。⑤ 自然德性的概念起源于亚里士多德,这在扬

---

① 参见波斐利《通往理智的起点》(Lambert)。
② 扬布里柯经常反对波斐利。最知名的例子是扬布里柯的《论埃及秘仪》(*De mysteriis*)。其他的例子参见 Taormina(1999) 以及 O'Meara 的参考文献(1990:412)。
③ 参见达玛士基乌斯《〈斐多〉评注》I,143。
④ 全面的解释参见奥林匹奥多罗斯《〈斐多〉评注》8,2;达玛士基乌斯《〈斐多〉评注》I,138—44; Philosponus, *In Cat.*,第141页,25—第142页,3;普罗克洛, *In Alcib.* 96;马里努斯《普罗克洛或论幸福》,第3章。
⑤ 奥林匹奥多罗斯《〈斐多〉评注》8,2,第119页,6—7(Westerink 译)。

第四章 德性的层级

布里柯的作品中也可以见到。①

此外,"伦理的"德性层级被插入到德性的最低类型(自然的德性)之上和"政治的"德性之下。"伦理的"德性次于"政治的"德性,因为"伦理的"德性涉及孩子和特定动物,是通过习惯(ἐθισμός),或者通过在家长、老师(训练师)指导下的正确意见而获得的。这些德性并不存在于动物或孩子的理性活动中,而"政治的"德性则恰恰需要理性活动,即理智统治灵魂的其他部分。

[47] "伦理的"德性的概念和术语,使我们遥想到亚里士多德的道德德性理论中习惯的重要性。然而,亚里士多德的道德德性涉及实践理性。更为接近的是柏拉图的解释,即通过对于孩子的道德教养,②以及通过"习惯和实践,而非通过哲学和理智"③获得德性的解释。再一次,扬布里柯可能是在普罗提诺—波斐利层级的基础上,引入"伦理的"德性层次的源头。在一封给骚帕特的信中,他为孩子在伦理德性方面的教育提供建议。伦理德性,作为一种通过习惯的道德教养,它先于孩子达到理解德性的阶段,④例如,在他们达到"政治的"德性所代表的理智德性的层次之前。

一位或许是不知名的新柏拉图主义者尼古拉斯(Nicolaus)在一篇伦理论文的前言中,描述了从"伦理的"德性到"政治的"德性的转变,他对他的女儿写道:

> 我的小女儿,在很久以前,当你还是一个很小的女孩儿时,我习惯于将你吸引到,那些可能在你成长中对你有用的阶

---

① 见 *PR*,73;Blumenthal(1984:480,482);Westerink 对奥林匹奥多罗斯《〈斐多〉评注》的注释,第 117 页。普罗提诺《九章集》I 3,6,18 中也提及"自然的"德性。
② 参见《理想国》337b,《法义》788a。
③ 《斐多》82b2—3。柏拉图将这种类型的德性描述为(82a12)"流行的"(δημοτική)和"政治的"(πολιτική)是存在问题的,然而后来的新柏拉图主义者将会区分这种德性与"政治的"德性。
④ 在 Stobaeus,*Anth*. II,31,第 233 页 19—第 235 页 22(特别是第 234 页 11—13)。

段上……我想确保你能够拥有所有必需的品质,这些品质是通过保持有序的习惯形成的,所以它可能引你进入道德生活可能的最高层面。但现在神和时间已经将你带到了一个你能思索真正学科的年纪。所以我有了为你写这本小册子的想法,其中包含伦理科学的简介,以使这种有证据支持的理论,能够由你已经在生活中获得的习惯带来。①

从她父亲教给她的好习惯和正确意见的层面,尼古拉斯的女儿实现了由她的理性指导的道德生活,也就是"政治的"德性,是普罗提诺—波斐利层级的第一层。②

"政治的"德性,需要灵魂中理性的活动与统治,[48]它是第一个真正的人类德性,相应于人是"理性灵魂将身体用作工具"的定义。新柏拉图主义者在柏拉图《阿尔喀比亚德》中找到了这一定义。③ 达玛士基乌斯在他论述《阿尔喀比亚德》的目的是政治自知的过程中,强调了这一定义的政治维度,他证明了这种说法:

从作为一个理性灵魂而将身体用作工具的人的对话的定义中:只有政治人将身体用作工具,有时他也需要意气,去代

---

① Loons(1960—1:35);参见本书第55页注释2。
② 有另一种相关的方式区分伦理的和"政治的"德性:"政治的"德性彼此需要,而伦理的德性没有这种强结合,但它们也不像自然德性那样互不相融:达玛士基乌斯,《〈斐多〉评注》I,138—40;参见 Festugière(1969:543—3)。普罗提诺(I 2,7,1—3)以及波斐利(《通往理智的起点》32,第28页4—5)将高于"政治的"德性的德性描述为相互蕴含的,参见 Annas(1999:121—2)的早期柏拉图主义资料。在不同类型的德性中,不同的德性占主导,比如伦理德性中的谦虚,"政治的"德性中的正义("考虑到商业关系"),参见普罗克洛,In Remp. I,第12页26—第13页6;奥林匹奥多罗斯,《〈斐多〉评注》8,3,8—10(Westerink 的注释),以及 Saffrey 和 Segond 对马里努斯,《普罗克洛或论幸福》LXIII 的简介注2。
③ 《阿尔喀比亚德》129e—130c;参见 Simpliclus, In Epict., Praefatio 61—89。

表他的祖国,但他也需要公民表现得好。①

然而,正如我们所见,"政治的"德性能够在灵魂中实践,而非在有限的社会领域,达玛士基乌斯强烈主张一种更广泛的应用:

> 通过政治活动和演讲,存于公众生活中的德性增强了灵魂,并通过联系健康与完美的东西变得更强,而潜藏于人类生命中的不纯粹和坏的元素完全暴露,并且更容易开始进步的道路。事实上政治提供了做善事和有用的事的极大可能,也提供了勇气和坚定的可能。②

在这篇文章的第一部分,在政治行动中"政治的"德性的应用,被视为在道德上有利于灵魂通往神圣的过程。第二部分题解对其他人的好处,对他人善的交流会在下文第七章中,在灵魂从神圣生活到政治行动的堕落过程中得到考察。

从"政治的"德性到更高层次的德性,灵魂开始她对神圣的真正近似。这里扬布里柯似乎再一次拓展了德性的层级,这次是向上:他好像将"神工的"(theurgic)德性加入了波斐利的净化的、理论的和范型的德性框架中,这种德性将灵魂统合于更高层次的现实。③

在扬布里柯的影响下,普罗提诺—波斐利的德性层级变得更复杂,包括新的程度或德性层次以至于神圣化的阶段,这种程度的增加并没有减弱[49]连续性,凭借这种连续性,较低层次的德性被视为达到更高层次的准备基础。扬布里柯的德性层级保留了一种

---

① 奥林匹奥多罗斯,*In Alcib.* 4,15—21;参见 177,14—15。参见奥林匹奥多罗斯,《〈斐多〉评注》. 3, 6, 7—8。
② *Vit. Is.*, fr. 324. 参见 Boethius, *Cons.* II, Prose 7,1。
③ 参见 Westerink 对奥林匹奥多罗斯,《〈斐多〉评注》的笔记第 117—118 页(在这里讨论了关于这些神工的德性的明确位置;也参见 Festugière 1969: 549—50)。在 Psellus, *Omn. doct.* 71 中神圣化的层次和德性的层级被简洁地调和了。

进步的神圣化方法,这一复杂化过程,与晚期新柏拉图主义者形而上学世界观相配。这种连续性将"政治的"德性与更高的德性联系起来,赫罗克勒斯将其详细地表述为:

> 我们必须首先整理好存于自身的非理性和懈怠,然后以这种方式寻求更神圣事务的知识。对于模糊不清的眼睛来说,它不能够看到非常明亮的事务,所以没有获得德性的灵魂也不可能沉思真理的美……一个人应该首先成为人,然后成为神。"政治的"德性成就一个好人,而导向神圣德性的科学使人成为神。①

晚期新柏拉图主义的德性层级,被马里努斯和达玛士基乌斯用作传记启发(biographical edification)的方法。因此,马里努斯在他的《普罗克洛生平》中,通过德性的上升层级来追随他老师的事业。② 达玛士基乌斯在他的伊席多瑞生平中,将层级用作表达和评估他的同伴和前辈的方式。其中,比如说泰奥色比乌斯,被定为"政治的"德性层次,没有达到更高,③而其他人达到了最高的层次。后者有希帕提娅:她不仅有比她父亲狄翁(Theon)更为高贵的天性(φύσις),根据达玛士基乌斯,她也显示了最高的实践德性,正义和节制的"政治的"德性,以及在理论层面,相应于更高的德性,超越了她数学家父亲的成就。④

---

① *In Carm.*,第6页,5—10以及19—21;参见第5页,5—7。Hierocle 那里拥有"政治的"德性(参见普罗提诺《九章集》I 2,7,25)的好人(ἀγαθός)在 Psellus, *Omn. doct.* 74 中则为"σπουδαῖος";参见波斐利《通往理智的起点》32,第31页5。
② Blumenthal 已经考察过这一点(1984)。
③ 达玛士基乌斯,*Vit. Is.*,fr. 109;比较 fr. 106(Hierocles)。
④ 达玛士基乌斯,*Vit. Is.*,fr. 102。

第五章 学科(Sciences)的层级[①]

[50]如果说德性的层级构成了人类本性能够逐渐神圣化,并近似于更高水平神圣生活的阶梯,那么就产生了这些德性在何处习得以及如何习得的问题。这种问题在柏拉图的《理想国》中已经提出:如果社会在道德教育方面有决定性的功能,并且假如社会腐化了,那么就很难看到一个年轻人是怎样能逃离这种腐朽的环境,并养成合适的道德品德(参见 491d—492d)。那么,假定社会如此,对一个柏拉图主义者来说,合格的道德教育以及相应的神圣化是否可能很不明确。在 4 世纪末的实践中,随着异教徒哲学家越来越成为被怀疑和压迫的对象,他们在基督教统治下的世界中越来越受到孤立,一种全方位的道德反常产生了至少像柏拉图著作中所表现的那样强烈的影响。

1. 作为德性学园的学科

然而,哲学学园仍旧为神圣化的可能提供了环境,即一个人们

[①] [中译校按]此处用"学科"译希腊文的"知识"一词,它代表某一方面的知识,此处上下文中表示知识及其所属门类,因此勉强译为"学科",当与今日日常用语区别。

能够排除腐化的影响,找到神圣化路径的环境。学园不仅仅只是一个教学机构:在古代晚期,它有时确实构成了一个生活和道德教育共同体。① 事实上,新柏拉图主义学园的课程总是如此设计,即引领学生过不同的、更高的生活,也就是尽可能神圣的生活。课程中所采用的书籍也有恰当的[51]教化功能:这些书不仅是信息的来源,还被特别当作塑造灵魂的工具。这些书就好像异教徒的"灵修",②引领学生达到更高模式的生活。

我们在波斐利给普罗提诺撰写的传记中,很难确定普罗提诺在罗马的学园是否有特定的课程,③也不知道这些课程怎样用于德性方面的教育目的。我们最多能说,他们会读柏拉图和亚里士多德的文本,也会读后期评注者的著作,也就是柏拉图主义者和亚里士多德主义者的著作。然而,普罗提诺的论文源于其教学过程,并且这些论文无疑有教化目的,④就此,我们可以认为,普罗提诺的教学也试图提供道德教育。

正如我们所见,在他的论文中,他有时会提及关于灵魂达到更高形式生活的方法和阶段。⑤ 然而在《九章集》中,与净化过程的更高阶段相比,他指向提升他所认为的第一阶段的德性的内容("政治"德性的内容)较少。相反,他在净化的更高阶段,进行了更多哲学思索;他的示例,即灵魂的"向上"(ἀναγωγή)(I 3,1,6),试图说明灵魂的起源,及其根植于超越的理智和太一的特点。这种教学能够表现、解释朝向神圣生活的方法。然而,学生也必须按此

---

① 参加 P. Hadot(1995:237—59)。不仅 3 世纪罗马的普罗提诺的学园和新柏拉图主义者的学术圈是这样说(参见 M. Goulet-Cazé 1982:254—6),更早期 2 世纪的爱比克泰德的斯多亚学派或是奥诺安达的第欧根尼所在的伊壁鸠鲁团体也如此说。
② 这是 P. Hador(1987b)的表述;也参见 I. Hadot,在 Simplicius, *In Epict.*, pp. 51—60。
③ 对于这一问题,参见 M. Goulet-Cazé (1982:269)。
④ 参见 *Enn*. VI 9 的例子。
⑤ 论文《论德性》(I 2),在上文第四章讨论过;也见 *Enn*. I 3,1,1—6 的例子。

生活：

> 因此，正如否定和源自它［太一］的知识，类比也可以教导我们，并必定逐步向上。但它传达给我们的是净化、德性和处于有序，以及通往理智的方式，它使我们在那里成长，并尽情享受那里的事物。①

4世纪初，在波斐利出版普罗提诺的论文集时，他尽最大可能将它们有序排列，以使其服务于这样的目的：即引领读者从物质世界到达现实的最高水平，神圣理智和太一。因此，人们将他的编排描述为，针对于灵魂神圣化的哲学教材。正如波斐利所说，按照学科划分，他将这一课程视为有结构的进程。因此，《九章集》I，[52]即第一阶段，包含了"更加伦理的"事物，②而《九章集》后面的论文集则与物理学③（II 和 III），与灵魂（IV），以及与理智和太一相关。我们可以看到，在此波斐利运用了学科的三分（伦理学、物理学和"神学"，比如，神圣的学科），并且这种学科序列代表了一种相应于波斐利德性层级体系的，由低层次德性到高层次德性的进程。④

如果我们将学科训练视为与道德生活无关，那么学科层级相应于德性层级，以及前者进程带来后者进程的概念，看起来就很奇怪。然而，这帮我们了解了古代晚期新柏拉图主义者所重新主张的观点，比如，亚里士多德将实践学科和理论学科按照道德德性和

---

① VI 7,36,6—10（"处于有序" κοσμήσεις，可能指"政治的"德性；P. Hadot[1987a：349]用理论德性这一表达来指称它）。
② 波斐利，*Vit. Plot.* 24,36（ἠθικω τέρας ὑπο θέσεις）。
③ 24,37—8 以及 59—60。
④ P. Hadot（1979：219—20）。波斐利因此认为他分到《九章集》I中的论文是关于"政治"德性的。波斐利可能用一种特别的亚里士多德式划分在打量学科，以这种视角，他认为实践学科（包括伦理学）次于理论学科，而理论学科自成体系（物理、数学、神学），而灵魂和数学则处于相同水平（参见 *PR.* 45）。

理智德性进行区分，以及在理论学科中的卓越代表着人类最高德性，即一种像神的生活。对于新柏拉图主义者而言，最大程度上的理论知识，也构成了人类生活最高水平的完美化，即理智的完美。① 在亚里士多德看来，道德德性也包含一种形式的理性卓越，即实践智慧。如我们已经看到的（上文第四章第3节），晚期新柏拉图主义对"伦理的"和"政治的"德性的区分中，也强调了实践智慧的层面。

类似于波斐利对普罗提诺文集的编排的教化目的和学科课程演进，激发了扬布里柯巨著《论毕达哥拉斯主义》的写作。其后续著作也按照这样的结构编排：引领读者从初步的道德共识，朝向更高的毕达哥拉斯主义（扬布里柯认为这是柏拉图主义），通过物理学和伦理学到更高的理论知识："神学"（形而上学）②。在这里，德性的层级也是通过学科的层级上升的。然而，德性层级和学科层级的联系，[53]在扬布里柯及后世雅典和亚历山大的新柏拉图主义学园引用的柏拉图对话课程中，才最为明晰显著地建立起来。在更为仔细地了解扬布里柯的课程之前（下文第六章），我们有必要先更细致地考察晚期新柏拉图主义者的学科层级或学科等级理论，因为实际上正是通过这一层级，才能达到德性的渐进水平。

2. 扬布里柯的学科层级

在晚期新柏拉图主义学园中，哲学通常被划分为由较低形式和较高形式的知识等级构成的一系列学科。这种学科划分和他们的渐进都受到了亚里士多德的启发。一种基础的划分，即按照实

---

① 参见上文，第四章，第1节。
② 参见 PR 32—5。我认为（PR214—15）《论毕达哥拉斯主义》的写作目的是（通过毕达哥拉斯的庄严权威）超越波斐利的以《九章集》为代表的普罗提诺课程。Saffrey 也认为波斐利将《九章集》作为对扬布里柯的回应来出版（1992：55）。

第五章 学科(Sciences)的层级

践理性和理论理性的区别来划分,被不断细分构成了以下等级。①

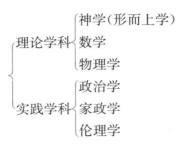

在公元 1 世纪和 2 世纪,柏拉图主义者已经采用了亚里士多德对学科的划分。我们可以在阿尔基努斯的《柏拉图教义旨归》中找到一个仔细考察过的例子。他在呈现理论学科和实践学科时,将后者描述为关于"关注道德"(伦理学)、"家庭管理"(家政学)以及"国家(πόλις)及其维护"(政治学)的学科。然而,阿尔基努斯在另一个广泛流传的希腊化划分(将哲学分为物理学、伦理学以及逻辑或"辩证法")的影响下,在亚里士多德的两个分支中,加入了第三个分支,即"辩证法"(包括逻辑)。②

[54]在新柏拉图主义中再次出现的亚里士多德式划分,可以被看作是学者实践的保守主义证据。然而,扬布里柯对这种划分似乎最感兴趣,③他不仅用这种划分阐明他关于柏拉图对话的课

---

① 关于亚里士多德的资料,参见亚里士多德,*Met.* VI,1。关于渐进的概念,参见 I,1。关于实践学科的三分,参见 Moraux(1984:452)。
② 参见 Dörrie 和 Baltes (1993—6; iv. 214—16)。参见 Whittaker 的注释 *ad loc.* 以及 Dillon(1993:57—8),我引用了他的翻译。古代晚期关于哲学划分的更普遍的介绍,参见 P. Hadot(1979)。关于将逻辑视为学科的分支或是只将其视为学科的工具的问题,参见 P. Hadot 在 I. Hadot 等人(1990; i. 193—8)。
③ 普罗提诺只较短提及了学科划分(《九章集》I 3,6;V9,11,21—6),这对于他来说似乎不是关注的中心。波斐利似乎更加重视通过学科划分的哲学学术组织(参见上文第 9 页),这可能与他企图将亚里士多德的文本整合在柏拉图的课程中有关(参见 Dörrie 和 Baltes 1993—6; iv. 224)。

程，如同我们将会在下文（第六章）看到的，还在他的著作《论毕达哥拉斯主义》中遵循了这一划分。在这部著作中，有关于物理学（vol. V）、伦理学（vol. VI）以及神学（vol. VII）的单独卷册。①

在《论毕达哥拉斯主义》的第三卷中（De communi mathematica scientia），对哲学的划分已经出现。在这里（第 15 章）扬布里柯希望展示数学对于其他学科的重要性。他先在另外两个理论学科，神学和物理学中实现这一目的（pp. 55，8—56，4），然后又在有关实践的学科，政治学和伦理学中完成（p. 56，4—18）。他认为，数学对于政治学的贡献有点模糊：数学"引领行动（πράξεις）的有序进行……带来了所有人同等和适当的一致（ὁμολογία）"。对于伦理学，扬布里柯认为数学的贡献是相对明晰的：数学向伦理学揭示了德性的原理和友爱、幸福和其他善的范式。在之后的第六卷《论伦理事务中的算术》（On Arithmetic in Ethical Matters）中，扬布里柯发展了这些主题。②

之后在《论毕达哥拉斯主义》的第三卷第 30 章中，扬布里柯又回来讨论在理论和实践学科中哲学的划分。在这里，有关政治学和伦理学的对象，他告诉我们，数学向下到达这些实践学科的对象，即章程和道德原理。它找到了与生活方式、家庭的品德和城市的公正相关的恰当方法，使用这些方式以获得最佳，获得道德的完善、教育以及其他此类利益（pp. 91，27—92，12）。虽然语言仍旧有些模糊，但至少我们清楚的是，扬布里柯接受了亚里士多德对于理论学科和实践学科的划分，这就意味着在他看来，伦理学和政治学必定在哲学中有一席之地，并且从属于更高的理论学科，特别是数学。在政治中，数学为政治制度、平等、和谐、道德进步和公民的总体善提供了范式。

---

① 参见 PR 32—5。
② 参见 PR 70—76 中，为重建第六卷内容的努力。

[55]在后文第八章中,我们将会讨论更多应用于政治学科中的细节。现在我们应补充一些关于普罗克洛在他的著作《欧几里得评注》(Commentary on Euclid)①中对扬布里柯文本的修正。普罗克洛认为扬布里柯在第15章中"使行动有序进行"的模糊表述,与行动之恰当时刻(καιρούς)的方法,与宇宙循环的方法,与人繁衍及和谐生活的恰当数字有关(pp. 23, 12—24, 20)。其中涉及的是数学,特别是天文学知识。在柏拉图的《理想国》中,这种知识是国家的统治者在管理公民事务时必须有的知识。②

扬布里柯对于政治学科内容(行动、平等、和谐、制度、公民的道德善)的表示,通常被拿来与亚历山大的新柏拉图主义者对政治学科更为正式的解释做对比。奥林匹奥多罗斯(1)将政治学科的内容描述为行动,大体上"做什么"(τὰ πρακτά)会变得更好(πρὸς τὸ ἄμεινον),指导和利用特定的技艺和技巧;(2)认为政治学科的形式是统治,统治人类(而非卵生的非理性动物[柏拉图,《克里提阿》109c1]),即互相有一致同意的人类;(3)认为政治学科的有效原因是实践智慧(φρόνησις)而非理论智慧(σοφία);(4)将政治学科的目标描述为志同道合(ὁμόνοια)和慈爱(στοργή),其中的公民仿佛在同一个大家庭中生活,所有的长者都是父亲,所有的年轻人都是孩子,年龄相仿的人都是兄弟姐妹。③

3. 一些困难

在扬布里柯之后,实践学科和理论学科的等级在新柏拉图主

---

① 参见 PR 157—65。
② 参见下文,第八章。
③ 奥林匹奥多罗斯,In Alcib. 178, 2—180, 10;关于城邦作为一个家庭,参见柏拉图《理想国》461d;In Remp. II p. 365, 16—20。奥林匹奥多罗斯对政治学科的部分解释,我们可以在普罗克洛,In Alcib. 202, 4—203, 16 中找到。

义中变得十分普遍。比如，它出现在朱利安皇帝（Julian the Emperor）的著作中，他重复了实践学科中伦理学（与个人相关）、家政学（与家庭相关）以及政治学（与城邦相关）的区分。① 雅典的[56]新柏拉图主义者经常提及学科的等级，就如亚历山大的新柏拉图主义者一样，然而他们都有提到一些困难。在此，我对其中两个最感兴趣，它们涉及政治的本性以及政治在学科层级中的功能问题。

（1）第一个困难与实践哲学的三分有关，即分为伦理学、家政学和政治学。一些身份不明的柏拉图主义者似乎反对这种三分，因为它错误地运用了划分逻辑。这个论证是微妙的，但我们可以总结出如下一个重要的论点：在属（genus）上对种（species）间的正确划分，在于用类（kind）来区别，而对实践哲学的三分则仅仅是对数量（number）（个人、家庭和城邦）的区分。一种纯粹数量上的差异不足以真正界定不同的实践学科，而仅仅是一种学科应用的不同。因此这一批评在于否认实践哲学的三分（伦理学、家政学和政治学），代之以将实践哲学划分为两个真正不同的学科，即立法的知识和司法的知识。我们可以在柏拉图的理论中找到这种划分。②

正如亚历山大的新柏拉图主义者记录的那样，虽然对实践哲学三分的批评从晚期新柏拉图主义者提供的亚里士多德逻辑中受到启发，从而获得了技术上的系统阐述，但它确实是来源于柏拉图的

---

① 朱利安，*Or.* VII, 215d；参见 Bouffartigue(1992：555—9)。
② Elias, *Prol.*, p. 32, 1—30; Pseudo-Elias, *In Is.* 22, 12—21; David, *Prol.*, pp. 75, 3—76, 17. 缩略的版本在 Ammonius, *In Is.*, p. 15, 6—8; Olympiodorus, *In Alcib.* 186, 20—187, 1. Staab(2002：383)指出政治学科的两分在扬布里柯，*Vit. Pyth.* 172, p. 96, 15—20 中已经出现。立法和司法知识的划分参见柏拉图《高尔吉亚》464b7—8，后来的新柏拉图主义者读作 δικαστική，当代柏拉图版本用 δικαοσύνην。变体 δικαστική 似乎确实能够在《高尔吉亚》520b3 中得到支持，Dodds 对 464b8 处是否应保持用 δικαοσύνην 有所犹豫(1959：227—8)。也参见 Lisi(1985：95—8)。

第五章 学科(Sciences)的层级

一些文段。在《治邦者》(Statesman)(259c)中,柏拉图谈及了一门既涉及家庭又涉及国家的学科。① 在《阿尔喀比亚德》(126d9—10)中,我们也可以看到相关内容,一种技艺(τέχνη)带来个人与城邦的和谐(ὁμόνοια),自我与他人的和谐,② 以及理想国的和谐(368d—e),这就和在灵魂和[57]城邦的公民中获得的正义一样。③ 因此,普罗克洛认为,无论是灵魂的内在秩序还是公民间的外在秩序,都是政治。④ 那么,这似乎表明,对于晚期新柏拉图主义者,亚里士多德对实践哲学的三分(伦理学、家政学、政治学)代表一种形式的知识应用在不同的层级(在灵魂中、在家庭成员间、在公民间),而实践哲学被分为立法和司法两个分支似乎更为合适。

这些让我们了解到亚里士多德实践哲学三分的亚历山大新柏拉图主义者,用以下方式来解释这种三分。阿摩尼乌斯(Ammonius)写到,政治家能够使国家有序(政治学),但却可能忽视其内在灵魂(伦理学)。⑤ 他清楚地举出这一通常的情况,而非应为怎样的情况。而在应该的情况中,政治行动必定也假定与灵魂的内在秩序相关(上文第四章,第 2 节)。他将亚里士多德对(特别是)伦理学和政治学的区分,解释为一种对实际惯例的描述。然而,我们可能会推断,实践哲学作为道德教育,应该处理关于我们的实践应该怎样的问题。阿摩尼乌斯也宣称,柏拉图的二分(立法的/司法的)清楚地表明了亚里士多德三分的每个成员。⑥ 因此,他似乎

---

① 这种区别仅是数量上的(259b9—10)。参见亚里士多德《政治学》I,1,他做了数量和种类上明确的区分,这被晚期新柏拉图主义者用于批评。亚里士多德反对柏拉图并区别了不同种类的规则(政治的,家庭的)。
② 参见 Elias, *Prol.*, p. 33, 20—2(似乎涉及《高尔吉亚》中的错误)。
③ Elias, *Prol.*, p. 33, 32—3。
④ 普罗克洛, *In remp.* I, pp. 210, 26—211, 3。参见 I, pp. 11, 25—13, 23。
⑤ Ammonius, *In Is.*, p. 15, 9—10。
⑥ Ammonius, *In Is.*, p. 15, 11—16, 4;目的无疑是调和柏拉图和亚里士多德。相应地,奥林匹奥多罗斯也在柏拉图(*In Gorg.*, p. 226, 18—26)中找到了亚里士多德的三分。

接受了将柏拉图的划分作为基础。

我们在埃利亚斯(Elias)的文本中可以读到对亚里士多德三分的更为详尽的解释。他将三分解释为相应于亚里士多德著作(《伦理学》、《家政学》、《政治学》)的文字组织结构,[1]并将二分(立法的和司法的)清楚地表达为柏拉图的对话(《法义》中的立法,《高尔吉亚》、《斐多》和《理想国》中末世神话中的司法)。然而,这是对实践哲学书面上的划分而非系统的划分。事实上,埃利亚斯承认实践哲学重要的系统性的解释是立法和司法。他在亚里士多德的著作,甚至是在伪毕达哥拉斯主义的著作《金诗》(Golden verses)中,发现了这两个分支。[2]

[58]然而,柏拉图将实践哲学分为立法和司法分支的区分,似乎并不是将同一属划分到同等的两种。我们可以看到,立法是先在于司法的,因为判定是否符合法律的前提就是法律已经建立。[3]司法分支必须维持立法所形成的秩序。然而,若是如此,对于在柏拉图《高尔吉亚》[4]中区分出的两个分支,司法从属于立法,而在柏拉图《治邦者》(305b—c)中,司法甚至不是政治学科的一部分,而是受政治学科指导,是统治技能和技巧的一部分(比如修辞和军事技能)。[5]

---

[1] 参见 I. Hadot 对与在奥林匹奥多罗斯的著作 *Prol.*, pp. 7, 35—8, 3 中的相似清单的解释和修正(在 Hadot 等人 1990: i. 85)。

[2] Elias, *Prol.*, pp. 32, 31—34, 25。埃利亚斯表达的观点不可能是新的,或是他独有的:比较阿摩尼乌斯、菲洛泡努斯、奥林匹奥多罗斯、埃利亚斯和大卫的初步著作,我发现他们都有共同的学术资源储备,这些资源以不同长度和不同细节的版本表现出来,而这似乎都源自普罗克洛。参见 I. Hadot 等人(1990: I, 169—77; iii. 127—46),以及 Hoffmann 等人(2001: 864—7)。

[3] David, *Prol.*, p. 76, 17—24。参见柏拉图《治邦者》305b—c。新柏拉图主义者也在柏拉图的《法义》716a2—3 中找到了司法分支从属于立法的证据(普罗克洛, *In Alcib.* 220, 5—12)。参见 Dillon(2001: 247)。

[4] 参见上文,第 22 页。

[5] 参见 Sopatros, *Prol.*, p. 128, 1—2(关于这个作者,参见下文附录 II); Alcinous, *Didaskalikes* 34, 5。

第五章　学科(Sciences)的层级

此外，就外在秩序（家庭的、政治的）以灵魂的内在秩序为前提，并且外在秩序甚至可以被视为是这种内在秩序的投射而言，我们也可能在实践哲学中看到另一个从属关系。①

综合考察这两个从属因素，我们能够得出结论，实践哲学是由以下两个方面构成：即最基本的秩序的法律产出，和其次的维持与这些法律相一致的审判。这里讨论的秩序首先是，理性灵魂在与其身体的关系中的内在秩序，然后是应用于家庭和政治领域的，与他人关系中的秩序。② 根据"政治的"德性，这一秩序的目的就是，为灵魂转向德性和神圣化的更高水平提供条件。

(2) 晚期新柏拉图主义者辩论的第二个困难可能更为简洁，因为它已经被仔细考察过了，[59]并且它对于我们当下的研究来说并没有那么重要。③ 这一困难是关于学生通过学科层级的上升，其起点在哪里。因为这一层级代表了从（较低的）实践学科到（较高的）理论学科（其中神学是最高学科）的渐进，那么一个人要从哪里开始呢？如果逻辑被视为学科预设的理性学科的工具，是从逻辑学开始吗？或者，如果是学生对理性的实践预设了恰当的有条件的道德情形，是从伦理学开始吗？

如果通常晚期新柏拉图主义者选择了作为学科工具的逻辑的预备学习，接着学习为达到更高的理论学科奠定道德基础的伦理学，④那么他们就接受了，预先的道德条件可能恰当地先在于逻辑学习。这种预先的条件所预设的逻辑，可能不会以比如读亚里士多德的伦理学所要求的方式，而可能基于《金诗》或爱比克泰德《爱

---

① 上文第四章，第2节。普罗克洛，*In Remp.* I, p. 210, 4—30。参见 Abbate(1999：209—13)。
② 对政治学科给出的解释（上文第2节），因此可被视为实践哲学关于灵魂内在秩序和家庭秩序，在政治领域的延伸。
③ 参见 I. Hadot 等人(1990：i. 94—6)。
④ Ammonius, *In Cat.*, pp. 5, 31—6, 8；奥林匹奥多罗斯, *Prol.*, pp. 8, 29—9, 11；9, 31—10, 2。

比克泰德论说集》中阐述的非工具化的道德教诲。然后，逻辑被采纳，接着是实践学科（预设了逻辑并可以在亚里士多德和柏拉图的著作中找到），再然后是更高的理论学科。①

通过学科层级上升的开端，需要的道德条件，与后扬布里柯学派（post-Iamblihcean）德性层级中的"伦理的"德性水平相一致，因为这里涉及的是"真意见"（ὀρθοδοξία）的灌输而非获得科学的理解。② 那么学会逻辑学，学生就为向上到达实践学科做好了准备，这就相应于"政治的"德性水平，同时也为通过更高的（理论）学科与它们相应的德性，依次转向更高水平的神圣化做好准备。

通过实践学科中的教育获得的"政治的"德性，不仅仅是理性的事务。普罗提诺几次提及[60] 柏拉图《理想国》（518e1—2）中的措词，表明这也需要涉及身体的灵魂德性的"习惯化和练习"（ἔθεσι καὶ ἀσκήσεσι），比如说，"政治的"德性。③ 相信习惯化和练习的重要性的信念，在晚期新柏拉图主义者在其课程中获得了更多亚里士多德伦理学的资源后才不断增长。④ 这种伦理学与道德德性相关，强调了通过行为之习惯的需要。在学生的目标是通过"政治的"德性到达更高的德性，从而不断上升的语境下，哲学学园无疑会充分培养学生的实践。然而更广泛意义上的政治行动的实践，似乎并非不可或缺，虽然达玛士基乌斯的文本中建

---

① Philoponus, *In Cat.*, p. 5, 15—33; Simplicius, *In Cat.*, pp. 5, 3—6, 5. 讨论的其他起点是数学和物理学。后者归于亚里士多德学派，前者属于特定的柏拉图主义者（参见 I. Hadot et al. 1990：i. 96；Saffrey 1968：81—4）。然而，因为数学和物理学都属于理论学科，因此也与更高等级的德性相关，所以它们优先于与较低水平的"政治"德性相关的实践学科。当然，在理论学科中（within），物理学和数学优先于并导向学科的最高水平，并且神学（形而上学）代表了学科的最高水平。

② 参见 Philoponus, *In Cat.*, p. 5, 29—33; ορθοδός ἀστίκως εἰδέναι 与 ἀποδεικτικῶς相反对。Simplicius, *In Cat.*, pp. 5, 21—6, 5（同样的对比）。

③ 参见《九章集》VI 8,6,25；I 1,10,13—14；I 3,6,6—7；II 9,15,14—17 以及上文引用的（第 51 页）VI 7,36,6—10 的文段。

④ 参见下文，第六章。

第五章 学科(Sciences)的层级

议这样做。① 对于已经"上升"并到达更高德性的哲学家来说,"下降"到"政治的"德性的行动是回应其他的需求,在下文(第七章)中我们会看到:交流善的需要,作为哲学学园中道德模范的行动或者可能是作为更广泛政治领域中的一部分的需要。

在讨论学科层级是怎样通过相应的德性层级而上升,从而服务于人类灵魂的神圣化时,因为这一上升针对于古代晚期新柏拉图主义学园的生活,所以有必要提及一些已存的文本。在这些学园中,他们认为这些文本与学科及德性的不同水平有关,也用作通过那些水平的上升。当然,这些文本不仅包括柏拉图的对话集,也包括其他著作,如(伪)毕达哥拉斯学派、亚里士多德学派和斯多亚学派的著作。我们将在下一章中讨论新柏拉图主义学园的神圣化课程,以及这一课程中的具体文本。这特别会使我们辨认出什么是新柏拉图主义政治哲学的文献。

---

① 达玛士基乌斯,*Vit. Is.*, fr. 324(上文第48页引用)。

第六章　课程体系

[61]如果说神圣化是在德性层级的演进中获得的,并且如果这一演进过程是在哲学学园的特权环境中,通过群体生活和传授相应于德性等级的学科等级获得的,那么,在老师的指导下,通过学习合适的对应于各等级学科的经典文本的课程,这种学科等级是能够实现上升的。所以我们仍然需要考察新柏拉图主义学园的课程。在此,也特别参照"政治的"德性,和作为神圣化等级中准备阶段的政治哲学。

如我下文所述,晚期新柏拉图主义学园的课程对于我们来说可能过于精致和宏大,实际学习了完整课程的人不必到这样的学校中学习。另一方面,对于特别忠诚、有前途的学生,比如普罗克洛来说,这样的课程显示,它包含一个核心,能够扩展到更为深入的学习。我将简要描述他们所规划的基本课程体系,但这种课程体系并非总是能够实现。我也将指出,最聪明的学生将会在这些课程里添加新的要素。

1. "小奥秘"(Minor Mesteries)

如果说柏拉图的对话集为新柏拉图主义的课程提供了基本的

经典文本,那么在此之前的准备阶段的学习,起先可能是从爱比克泰德的[62]《手册》(*Manual*)亦或者是从(伪毕达哥拉斯学派的)《金诗》①中简化而来的非学科的道德指南(它们存在于"伦理的"德性中)。继而是对亚里士多德著作的学习,它被视为学习柏拉图的准备:

> 在不到两年的时间里,他(叙利亚努斯)带他(普罗克洛)一起读亚里士多德关于逻辑学、伦理学、政治学、物理学以及在这些学科之上的神学的著作。在让他(普罗克洛)充分了解这些后,普罗克洛仿佛……通过小奥秘,以正确的次序来到柏拉图的奥秘传授。②

亚里士多德与亚里士多德的评注者们,构成了在罗马的普罗提诺学园的部分课程。而在新柏拉图主义教学中对亚里士多德的整合,则在波斐利和扬布里柯等人那里变得更为体系化。在普罗克洛时期,亚里士多德文集被当作柏拉图的准备教育。在亚里士多德学园中的文集延续了很久以来的传统,根据亚里士多德的划分及学科等级来编排。并且,有波斐利的引言为《范畴篇》作序(《哲学导论》)。晚期新柏拉图主义者按照从较低的实践学科(伦理学,政治哲学)到最高的理论学科神学的顺序,来阅读这一文集。③ 因此,按照这样的顺序编纂的亚里士多德的作品,也被认为与柏拉图的对话有着同样的目标,即人的神圣化。而这一目标也是通过同样的德性与学科层级实

---

① 参见 I. Hadot(1978:160—4)或是她为 Simplicius, *Commentaire* 写的引言(2001:xcii—xcvii)。
② 马里努斯,《普罗克洛或论幸福》13(*Vit. Procl.* 13)。关于作为传授奥秘的柏拉图的哲学形象,见《会饮》210d—e,《斐多》249c—250b, Riedweg(1987)。
③ 参见 I. Hadot 等人(1990:i. 64—5, 84—92)。

现的。①

2. 扬布里柯的柏拉图主义课程体系

学生在学习过亚里士多德的著作,并到达以《形而上学》为代表的理论学科的顶点后,他们能够继续前进到"大奥秘"(major mysteries)。比如,通过学习由扬布里柯首先提出,此后在新柏拉图主义学园中广为流传的课程。这一课程选取了柏拉图的部分对话。它由两个阶段组成,第一个阶段是柏拉图的十个对话,第二个阶段则由三个对话组成。第一阶段让学生[63]通过德性和学科的层级达到最高的等级,理论的德性和学科;而第二阶段则只与最高等级相关,即物理学的理论学科,特别是神学。在表1中我们可以看到这两个阶段。②

表1 扬布里柯的柏拉图主义课程体系

阶段	德性	学科	文本
第一阶段	政治的	政治的ᵃ	1.《阿尔喀比亚德》 2.《高尔吉亚》 3.《斐多》
	净化的		
	理论的	理论的 (i) 在单词中 (ii) 在概念中 (iii) 在事物中:ᵇ	4.《克拉底鲁》 5.《泰阿泰德》 6.《智者》 7.《治邦者》

---

① Ammonius, *In Cat.*, p. 6, 9—20; Philoponus, *In Cat.*, pp. 5, 34—6, 2; Olymiodurus, *Prol.*, p. 9, 14—30; Simplicius, *In Cat.*, p. 6, 6—15;参见 I. Hadot 等人(1990: i. 97—103)。亚里士多德的《形而上学》显示:这一著作与最高的理论学科神学相关,但它的有用性受限,因为它在最主要的问题上攻击了柏拉图。叙利亚努斯可能会将其用于教学,但他一定同时警示了学生并回应了亚里士多德对柏拉图的批评(见 *PR* 120—1)。

② 经由 Westerink 的重建;参见 Anon, *Prol.* LXVVIII—LXXIII 以及第26章,第16—44页;Festugière (1969)。

(续　表)

阶段	德性	学科	文本
	理论的	（α）物理学 （β）神学	8.《斐德若》 9.《会饮》 10.《斐勒布》
第二阶段	理论的	物理学	1.《蒂迈欧》
		神学	2.《巴门尼德》

注：

a. 我没有将实践学科再就难度细分为三部分（伦理学、家政学、政治学），或是再分为两部分（立法的和司法的）实践学科（参见上文第五章第3节）。

b. 这一系列单词—概念—事物表达了这样的观点：知识的对象，事物（例如，物理的或形而上的现实）是由单词，以概念作为中介所表明的（关于这一观点以及它在扬布里柯学说中的背景，参见 Anon., *Prol*. LXXII 和 O'Meara 2001）。

我需要对这一课程体系做出一些评论。对于我们来说，它似乎是完全基于解释且人为的：每个被选择的柏拉图对话，必须满足特定的目的，这一被指派给它的目的，是基于它在课程体系中的地位。但是，比如《智者》如何能够被划分到物理学领域中，这十分不明确。① 我们可以从算数结构上看到这种人为之处，十（10个数字的完整序列）以及双（前两个数字潜在地包含后续的一系列[64]数字）。扬布里柯的毕达哥拉斯主义倾向无疑体现在这里。② 我们也能注意到，第二个理论学科，数学，被遗漏了。③ 最后，德性的层级与学科的层级之间的对应关系不是绝对的，因为"净化的"德性

---

① 对此的解释参见 Anon., *Prol*. LXIX。比如，《治邦者》被用作代表物理学而不是政治学，这是很令人惊讶的。扬布里柯关于每个柏拉图的对话都必须有一个单一的目的（σκοπὸς）的理论使其融合于整个学科体系。

② *PR* 97—8，与波斐利出于可比较数量上的原因，对普罗提诺著作划分成54（9×6）做对比。晚期柏拉图主义者也能数出柏拉图的54个对话（Anon., *Prol*. 26, 13）！

③ 尼各马可和欧几里得填补了这一鸿沟，他们被视为柏拉图主义者。扬布里柯的著作《论毕达哥拉斯主义》也填补了这一鸿沟。

既不属于实践的哲学(伦理学和政治学,"政治的"德性与这两者相对应),也不属于理论的学科。它们可能应被当作必要的过渡,在实践学科和理论学科的划分中架起桥梁。

对于第一部分的第一个对话《阿尔喀比亚德》的作用,不同的人似乎有不同的看法。普罗克洛认为,这一对话与自我认知有关,这是所有哲学的开端。因此它预示并预先包含接下来的课程所选的对话中的不同学科。① 然而,达玛士基乌斯认为《阿尔喀比亚德》与"政治"美德的层次更为相关:

> 他以对话(《阿尔喀比亚德》129e)中对人作为理性灵魂,并以身体为工具的定义证明了这一点。只有政治的(人),将身体用作工具,有时也需要为了他的祖国的意气(spirit),以及为使城邦公民更好地发挥作用的欲望(desire)。但是净化的与理论的(人)都不需要身体。②

因此,在达玛士基乌斯看来,《阿尔喀比亚德》应该和《高尔吉亚》一起作为与"政治的"德性和学科相关的篇章。对于我们来说,一种更为广泛的训练,指引我们阅读就这一点而言更为明显的文本,比如柏拉图的《理想国》与《法义》,它们是作为普罗克洛教学中"政治的"德性的例子。③

但是为什么扬布里柯选择《高尔吉亚》而非《理想国》或是《法义》,作为此课程中与"政治的"德性和学科相关的对话呢?在来源

---

① 普罗克洛,《〈阿尔喀比亚德〉评注》11,1—17。
② 奥林匹奥多罗斯,《〈阿尔喀比亚德〉评注》4,15—5,1;参见 177,8;177,12—178,2;奥林匹奥多罗斯,《〈斐多〉评注》3,6;比较奥林匹奥多罗斯《〈高尔吉亚〉评注》6,p. 6,1—6,一个折中的立场,这种观点似乎认为《阿尔喀比亚德》引出了《高尔吉亚》("政治的"的美德)和《斐多》(净化的美德)。
③ Marinus, *Vit. Procl.* 14;参见 Anom., *Prol.* 26, 45—58。在奥林匹奥多罗斯《〈斐多〉评注》中有提示《申辩》与"政治的"相关,正如《斐多》与"净化的"相关。

于晚期柏拉图主义的亚历山大学派的一份报告中,我们可以看到,普罗克洛之所以将《理想国》和《法义》排除在外,是因为它们太长了。① 这一排除必定与课程的考量有关,[65]因为很明显普罗克洛他自己也仔细地学习、应用和讨论这些文本。那么很可能扬布里柯选择《高尔吉亚》作为他的基础课程,也是为了教学的方便。这并不意味着将《理想国》和《法义》的学习与应用排除在他的学园之外。② 但是,为什么在基础课程中,选择《高尔吉亚》作为"政治的"德性和学科的教学材料呢?在第八章和第九章中,我们可以看到,《高尔吉亚》被认为是表达了政治哲学的重要原理,并且正如我们已经看到的(第五章第3节),它说明了政治哲学的两个分支。

3. 一份关于政治德性与学科的阅读列表

我们现在要草拟一份在晚期柏拉图主义学园中被学习的,作为教授"政治的"德性并提供实践哲学的教育的阅读列表,它是神圣化进程中的第一阶段。接下来的文本列表,是在我们资料允许的范围内最为广泛的。显然,在某些学园和一些时期,人们很少读这些文本,然而在另一些学园和时期,人们读得更多一些。这一列表的第一部分(见表2),包括被认为提供了初步的非学科的道德启迪("伦理的"德性),然而它也可以扩展到包含"政治的"德性;③第二部分(见表3)列出了相关的亚里士多德的准备阶段文本;第三部分(见

---

① 参见 Anon., *Prol*. 26, 7—12(希腊文本是有点混乱的,为了理解,参见引言,LXVII—LXVIII)。
② 参见 O'Meara(1999b)。
③ 因此赫罗克勒斯(Hierocles)认为伪毕达哥拉斯的《金诗》不仅提供了"伦理的"和"政治的"德性的基本伦理指导,也延伸到了更高的神圣生活(参见 Hierocles, *In Carm. Aur*., pp. 5, 1—7, 1; pp. 84, 7—85, 14)。类似地,爱比克泰德的《手册》(*Manual*)提供了基本的道德启迪,它达到并包括了"政治的"德性(参见 I. Hadot 在 Simplicius, *InEpict*., 引言,第51—54页)。

表4)则是关于柏拉图的。每个文本都对应着经过证实的、评注了相应文本的新柏拉图主义者的名字。其中楷体的名字是那些评注得到流传的新柏拉图主义者,而其他人的评注则佚失了。

表2 "政治"德性的课程体系:准备阶段的阅读

文本		评注
(伪毕达哥拉斯主义)(Pseudo-Pythagorean)	《金诗》(Golden Verses)	(阿拉伯语的)扬布里柯(Iamblichus)(?)
		(阿拉伯语的)普罗克洛(Proclus)(?)
		普罗克洛(Proclus of Laodicea)
		赫罗克勒斯(Hierocles)
爱比克泰德(Epictetus)	《手册》(Manual)	泰奥色比乌斯(Theosebius)[a]
		辛普里丘(Simplicius)
伊索克拉底(Isocrates)	《致德摩尼库斯》Ad Demonicum	
	《致尼科克勒斯》Ad Nicoclem	
	《尼科克勒斯》Nicocles	

注:

a. 达玛士基乌斯(Damascius),Vit. Is., fr 109(然而,除了此处用到爱比克泰德之外,泰奥色比乌斯实际上还在哪里评论他并不是绝对清楚的);参见上文第25页。

标属于(见表2)扬布里柯和普罗克洛的,对《金诗》的阿拉伯语评注实际上并不确定。然而,源于希腊新柏拉图主义原文的两个文本,以及属于普罗克洛的文本,可能追溯到一个已经佚失的评注。它经过4世纪的新柏拉图主义者普罗克洛(Proclus of Laodicea)的证实。① 后来亚历山大里亚的新柏拉图主义者,引用了伊索

---

① 关于这个评注以及阿拉伯语的评注,参见 Wsterink(1987),Daiber(1995)。

克拉底的文本和《金诗》[66]作为实践哲学的说明。① 也有很多新柏拉图主义者对它们进行评注的证据。②

如果在表 3 中,亚里士多德的著作(反映了伦理学、家政学和政治学的三分)全部被晚期新柏拉图主义者列为关于实践哲学的著作③,那么《尼各马可伦理学》(亚里士多德本人将其描述为[67]涉及"政治的学科",I,1,1094a27)似乎就是最常被应用的,④而《政治学》则时有读者,比如普罗克洛。⑤ 他回应了《政治学》中对柏拉图《理想国》的批评。⑥

表 3 "政治"德性的课程体系:亚里士多德

文本		评注
亚里士多德	《尼各马可伦理学》(Nichomachean Ethics)	波斐利(Porphyry)a
	《优台谟伦理学》(Eudemian Ethics)	
	《大伦理学》(Magna Moralia)	
	《家政学》(Economics)	
	《政治学》(Politics)	
	《政制》(Constitutions)	

注:
a. Frs. 165—6,以及 Ghorab (1972:78—80)。

---

① Ammonius, In Is., p. 15,21—3;Elias, In Cat., p. 118,30—1. I. Hadot(1984:201n.)首先指出亚历山大里亚的新柏拉图主义对伊索克拉底的这一应用。
② 参见 Hoffmann(2000:611—12),他也如此注释,即伊索克拉底的三个文本依次提供了从个人层面到政治层面的道德启迪。
③ Simplicius, In Cat., p. 4,26—28;cf. p. 7,17;Olympiodorus, Prol., pp. 7,34—8,3;Elias, In Cat. pp. 116,15—28;113,31—7;Pseudo-Elias, In Is. 22,1—8;David, Prol. Pp. 74,11—75,2;参见 I. Hadot et al. (1990:i. 65,69—70 和 84—5)。关于亚里士多德的《政制》,亦参附录二。
④ 从普罗克洛的 In Alcib. 中的 Index locorum,和 Olympiodorus, In Alcib., In Gorg. 中可以判断出这一点。
⑤ Marinus, Vita Procl. 14.
⑥ 在他的 In Remp. 的第 17 篇文章中;参见 Stalley(1995),(1999)。一个与普罗提诺同一时代的柏拉图主义者 Eubulus,已经回应了亚里士多德对《理想国》的批评;参见波斐利,Vita Plot. 20,41—3。

表 4 "政治"德性的课程体系:柏拉图

文本		评注
柏拉图	《申辩》[a]	
	《阿尔喀比亚德》	扬布里柯(Iamblichus)[b]
		叙利亚努斯(Syrianus)
		普罗克洛(Proclus)
		达玛士基乌斯(Damascius)
		奥林匹奥多罗斯(Olympiodorus)
	《高尔吉亚》	赫罗克勒斯(Hierocles)[c]
		普鲁塔克(Plutarch)
		普罗克洛(Proclus)
		奥林匹奥多罗斯(Olympiodorus)
	《理想国》	波斐利(Porphyry)[d]
		泰奥色比乌斯(Theosebius)
		叙利亚努斯(Syrianus)
		普罗克洛(Proclus)
		达玛士基乌斯(Damascius)
	《法义》	叙利亚努斯(Syrianus)[e]
		达玛士基乌斯(Damascius)

注:

a. 参见本书第 80 页注释 3。

b. 关于新柏拉图主义对《阿尔喀比亚德》的评注,参见 Dörrie 和 Baltes (1993—6:iii. 194)。

c. 关于新柏拉图主义对《高尔吉亚》的评注,参见 Dörrie 和 Baltes (1993—6:iii. 195—6)。

d. 关于这一列表,参见 Dörrie 和 Baltes (1993—6:206—8),他们也提及其他部分评注。普罗克洛的著作是关于《理想国》主题的一系列文章的集合。《理想国》在亚历山大学园中的标题是 αἱ πολιτεῖαι (Westerink 1981)。

e. 参见 Dörrie 和 Baltes(1993—6:iii. 208)。

表 4 列出的评注确实并不完整,并且也不包括口述的演讲。

第六章 课程体系

我们可以假定,扬布里柯或阿摩尼乌斯也有关于《高尔吉亚》的(口述的)评注,我们可以[68]在奥林匹奥多罗斯写下的评注中看到这些演讲。我们的列表也在以下这些方面是广泛的:将《阿尔喀比亚德》用作与"政治的"德性相关的文本是一个引起争论的问题(上文第 64 页);就这一点而言,《高尔吉亚》仍旧是初级的文本,对它的学习有时(但并非总是)可能很大程度上取决于对《理想国》和《法义》的阅读。①

在这一基于典型的柏拉图对话的阅读列表中,我们可能要添加两部著作,它们分别代表一种对柏拉图的正确解读以及柏拉图的古典源泉:包括在波斐利编辑的普罗提诺《九章集》卷一中的论文,如果确实像前文所述(本书第 65 页注释 4),波斐利认为这些论文与"政治的"德性有关;以及扬布里柯所代表的毕达哥拉斯主义政治哲学,不只体现在他的著作《论毕达哥拉斯主义》中,也在许多在古代晚期流行着的伪毕达哥拉斯的伦理学和政治学文本中。这些伪毕达哥拉斯主义文本的流行,很大程度上是由于扬布里柯。②

最后,对于这个新柏拉图主义实践哲学的文献集,我们应该添加一些文本,它们并不直接关涉通过"政治的"德性实现神圣化的课程规划,而是讨论实践哲学的政治层面,特别是扬布里柯相应的留存下来的部分,即骚帕特和苏奈西乌斯的"王子之镜"(Mirrors of Princes),以及一个 6 世纪的匿名对话,《论政治学科》。

正如我们从新柏拉图主义课程中得到的这些文本,对于接下来的章节中将要提及的这些或其他以政治哲学为内容的文本,我将在哲学家的返回的语境中考察它们。在这一语境中,一旦通过

---

① 当然在做关于《高尔吉亚》的演讲时,新柏拉图主义的老师会利用在同一课程水平的其他对话。因此,与其他柏拉图的对话相比,奥林匹奥多罗斯在他的《〈高尔吉亚〉评注》中,更多地引用《法义》,特别是《理想国》。

② 参见下文第 97 页;这些文本不仅包括《金诗》,还包括 Archytas, Bryson, Callicratidas, Diotogenes, Ecphantus, Periktione, Phintys, Sthenidas 等人的写作。

教育实现神圣化,哲学家将返回实践生活的"牢笼",返回到以在神圣生活中获得的知识,来使社会实现神圣化的任务中。正如新柏拉图主义课程体系所展现的那样,我们重建政治哲学的最重要的资源就是柏拉图的《高尔吉亚》、《理想国》以及《法义》。我们将以新柏拉图主义者的方式来阅读和理解这些对话。

第二部分
新柏拉图主义政治理论重构:城邦神圣化

概　　要

[71]在完成德性和学科层级的上升后,新柏拉图主义哲学家已经获得了作为神圣化过程第一阶段的"政治的"德性和政治学科,因此他们也获得了更高的神圣化水平。他们接下来可能会"下降",就像柏拉图的哲学王那样,进入到政治事务的洞穴中,将神圣化带入政治生活。哲学家的这一下降,也就是通过哲学完成政治生活的神圣化,是接下来五章的主题。

我们可能这样叙述作为政治生活的神圣化的下降过程这一主题:首先介绍当读者阅读柏拉图《理想国》的文本时,关于哲学王思想的种种问题。为什么哲学家应该,或者说必须,冒着生命危险下降到政治事务的洞穴中?考虑到这样的哲学家必须离开知识生活,他们是快乐的吗?我们应该怎样理解柏拉图革命性地将女性包括在哲学王的人选中(第七章)?对于新柏拉图主义者来说,这些哲学家进行统治的根据在于他们所认定的政治哲学或学科。在前文(第五章第2—3节)中我们已经看到,这一学科包括立法和司法两部分。因此为了描述在城邦神圣化过程中激励哲学家的政治学科,我们会先探讨立法部分(第八章),并思考政治生活所要实现的目标,人们所寻求的政治改革,可能促使立法改革的超验的模版,法律在政治生活中的地位,以及适于神圣化的最佳宪制。而关于司法部分(第九章),我们会考察司法权力的合理应用以及惩罚的目的等问题。在第十章中我们也会讨论与城邦神圣化相关的主题:在政治改革语境下,哲学家对宗教的运用。最后在第十一章中我们会讨论种种限制政治改革的可能因素:政治行动造成的问题,政治智慧的特性和局限,以及其他事关政治成败的因素。

通过这种方式充实对新柏拉图主义哲学家提供的政治哲学内容的解释,第七至第十一章将完成我们对新柏拉图主义政治理论的概要性重构。

第七章 哲学王与哲学女王

1. 动　机

[73]柏拉图《理想国》中的哲学家,从无知与意见的黑暗洞穴中解放出来,来到知识的光辉中,了解到关于理念和形式来源的知识,把握了善的理念。他们接下来必须回到洞穴,他们要下降到洞穴中以使洞穴中的囚犯能够学习到这些知识。简单地讲,哲学家必须成为王。但是为什么哲学家要下降?为什么哲学家必须成为王?[1]

在柏拉图的文本中,我们可以感受到哲学家是勉强回到洞穴之中的(519c—520a)。哲学家是否必须基于社会责任的理由回到洞穴呢?这种理由认为哲学家的社会责任产生于这样一个事实,哲学家"解放"(即教育)的目的就是公共善。[2] 这是否意味着哲学家的善从属于城邦的善(参见《理想国》519e)?或者这种返回是被阻止恶人占用政治权力的需求所强加的(参见《理想国》

---

[1] 关于柏拉图对这一问题的讨论,以及进一步的文献,参见 Mahoney(1992)。这一节总结了 O'Meara(1999c)的内容,深化了其中的一些观点。

[2] 参见奥林匹奥多罗斯,*In Gorg.*, p.166, 14—18。

347c)？在其他的对话中，柏拉图说明了比这更为积极的哲学家回归政治的理由。在《会饮》中，对美的热爱体现其自身于繁衍的欲望中，而最高形式的繁衍就产生了关于城邦和家庭的秩序的智慧。① 如果我们比较柏拉图《蒂迈欧》中的世界的创制者（或者"德穆格"），与政治秩序的创制者，即政治家，以及许多鼓励这种比较的暗示，②那么，正如工匠神是因其自身的善创制了世界（《蒂迈欧》29e1—30a2），政治家可能也是基于同样的理由创制了政治秩序。

[74]普罗提诺似乎在以下篇章中考虑到柏拉图哲学王的下降：

> （灵魂）在（太一）的伴随下，与其充分交流，如果它能够做到，[灵魂]必须宣告并达到另一个超验结盟。这可能也是因为米诺斯（Minos）达到了这种结盟。据传说他一方面是宙斯的密友，同时他也制定了法律的形象，是被神圣联系充满的立法者。或者，（灵魂）可能认为政治事务不值得它关注，想要超脱于政治事务而存在。这对于一个见惯此事的人来说是很容易发生的。③

普罗提诺将灵魂的上升描述为与最高原理——太一——的结盟。在这一结盟后，人们要向他人宣告自己的结盟。普罗提诺将这一结盟描述为"政治的"，并将它与传说中古希腊的立法者米诺斯相比较。米诺斯与宙斯共享神圣，他模仿这一神圣的形象进行立法。普罗提诺可能读过柏拉图对话《米诺斯》(319b—320b)或

---

① 《会饮》209a；参见扬布里柯，*De myst.*，III, 3, pp. 107, 15—108, 7。
② 参见 Brisson(1974：51—4)；Laks，在 Rowe 和 Schofield(2000：273)中。
③ 普罗提诺《九章集》VI 9, 7, 20—8；关于希腊文本的另一种解释的讨论，参见 O'Meara(1999c：281)。

《法义》开篇(624a)中,关于米诺斯与宙斯的友情。① 但是在这些文本中,米诺斯作为立法者,只接受了宙斯的指导。然而在普罗提诺的版本中,他是作为与宙斯共享神圣的"形象"(εἴδωλα)来立法,制定法律。因此米诺斯似乎可以被用来解释柏拉图哲学王的行动,这些哲学王模仿了神圣(《理想国》500c5,500e3—501b7)。另一关于《理想国》这一部分对普罗提诺篇章的影响,在于统一于太一的灵魂,可能希望超越地存在。这一说明就对应于柏拉图的哲学家不愿意参与到政治中(《理想国》519c—520a)。

但为什么普罗提诺会认为灵魂希望离开它与太一的统一,下降到政治事务中,将其统一告知他人,正如米诺斯按照神圣的形象立法呢?普罗提诺仅仅说神圣联系如此"充满"(πληρούμενος)米诺斯,以至于使他能进行立法(7, 25—6)。这一说明的丰富性,即与太一相统一的丰富联系,以及在政治活动中的宣告,从某种程度上说都是不明晰的,需要进一步研究。

如果我们考虑在普罗提诺那里知识(θεωρία)、行动(πρᾶξις)和生产(ποίησις)的一般关系,[75]那么我们就要更清楚地说明这件事。在《九章集》III. 8 中,普罗提诺将亚里士多德对知识、行动和生产的区分扩展到人类范围之外,将其作为所有现实的一般模式。亚里士多德的划分是将其第一原理即神圣理智视为纯粹的知识,人类的知识和行动以及其他一般意义上的自然过程,则被描述为以某种方式模仿神圣生活。② 在《九章集》III. 8 中,普罗提诺认为所有的行动和生产都从属于知识,是知识的副产品,是一种伴随着知识的次级活动。因此超验的原理,理智和灵魂,作为知识的形式,产生了一些后果,比如现实的较低层面。对于人类,这就意味

---

① 也参见 Dio Chrysostom, *Or.* IV, 39—41。普罗克洛引用《法义》记录了这一传说,在普罗克洛,*In Remp.* I, p. 156, 14—20; Elias, *Prol.*, p. 7, 15—22。
② 参见上文第三章,第 1 节。

着人类的行动和生产是作为知识的副产品或次级结果出现的。如果不是这样,那么它们就是知识的次级替代品:

> 当人们沉思的力量减弱时,他们也会使行动成为沉思和理性的阴影。沉思对他们来说是不够的,因为他们的灵魂是虚弱的,他们也没能充分获得这一视野,因此他们不是被沉思充满(πληρούμενοι)的。但人们仍想看到它,所以他们行动起来,以便看到以他们自身的理性无法看到的东西。当他们做事时,他们尽可能地在现实中实现他们的计划,这是因为他们想要看到他们的对象本身,也因为他们想要其他人也认识到并沉思它(这一对象)。我们能在各处看到人们的制造和行动,或是减弱的沉思,或是沉思的结果:如果制造者或行动者只考虑到在做的事情,那么,人们的制造和行动是减弱的沉思;而如果他们的沉思有另外的优先对象,比他们正做的更好,那么,他们的制造和行动则是沉思的结果。①

在灵魂的理性力量减弱的例子中,人类诉诸行动作为知识的较低替代,而非被它"充满"(4,35)。但是,在灵魂并未经历缺乏,亦即灵魂拥有知识的例子里,行动也可以作为副产品出现。后者与《九章集》VI. 9 中米诺斯的例子相符,他被自己与太一的统一"充满",并以此行动。因此,政治行动,甚至所有行动,可能都是作为伴随着哲学知识的满足,而出现的结果。

然而,我们必须更进一步地解释,知识是怎样丰富到足以产生政治行动的。灵魂,在达到[76]与太一的统一时,它也与至善相统

---

① 参见 4,31—43。也参见 V 3,7,30—4:"如果它的行为同时也是沉思,并且在它的生产中产生了形式,它们就像实践中所体现的智慧那样,所有事物都是按照它们原型的智慧以及理性过程的映迹,离原型最近的更贴切地反映它,而离原型最远并最低级的只保有一个模糊的映像。"

第七章　哲学王与哲学女王

一。至善的本性是"流溢",传递其自身的善性并因此产生其他现实。① 与太一的统一必定包含分享其自身形而上的丰富性,它的本性就在于自我给予和自我传递善。对于普罗提诺的米诺斯,这就意味着与太一的共享就是与其作为至善的丰富性共享。这种丰富性产生了,以法律形式传达至善,以作为至善的映像。一般而言,正如较低等级的现实是更高等级的映像,并在太一流溢下来的映像序列中,由更高的映像产生。我们能够从这些观点中推断出,普罗提诺的哲学王与分享至善的形而上的丰富性有关:哲学家下降到政治事务中,是达到与太一的统一的结果和表现。

当普罗提诺提及米诺斯"被神圣联系所充满……",所以他能够立法(VI 9,7,25—6),关于这一点普罗提诺可能意味着什么,晚期新柏拉图主义者已清楚地解释。比如,普罗克洛认为:

> 因为完全善的东西有其自身的完整性,这种完整性并非仅仅保存于自身,更渴求着通过对其他事物的给予并不去嫉妒,授予所有存在这种善,并使这些存在像这种善自身一样。②

在这里,普罗克洛提及灵魂没有从可知的沉思中下降,它体悟了一种作为其自身知识表达的天意。然而,关于善的丰富性,知识与行为之间的关系,已清楚地展现于灵魂的例子中。并且知识和行动的关系也能够应用于较低层级的现实,特别是与政治行动相关的现实:

---

① 关于这一形而上学原理,在中世纪原理"善的扩散"(*bonum est diffusivum sui*)中已有总结,普罗提诺则首次系统化地运用,参见 Kremer(1987)。
② 普罗克洛,*De mal*. 23,21—5。

> 这可以类比于政治家:我们不清楚他是否从知识与检视开始,然后按照这种方式统治整个国家,在实践上表现出从这一知识得出的结论。所以爱人者也是这样,他先要知道自己爱的对象是什么样的,然后按照这种方式给予他恰当的关怀。①

新柏拉图主义哲学王的动机在赫罗克勒斯佚失的著作中有所体现。在他的著作中(《论天意》,由佛提乌斯[Photius]总结),赫罗克勒斯讨论了柏拉图《斐德若》中(248a 以下),"哲学家"与"爱人者"的区别。② 按照[77]赫罗克勒斯的说法,哲学家热爱"没有政治行动"的沉思,这种沉思不重视其他的事,而只是通过净化的德性寻找柏拉图在《泰阿泰德》中所说的完美(比如,与神相似)。另一方面,"爱人者"热爱"学习哲学"的年轻人,他在"出于神圣的实践德性"中得到锻炼。他是真正的政治家(πολιτικός)。事实上,在《理想国》中的哲学王,通过沉思在其私人和公共行动中模拟神圣。③ 这一"爱人者"并非次于"哲学家",他就"博爱(生性爱人)"而言,胜于哲学家的生活,而哲学家则在独立的生活方式上胜过"爱人者"。

我认为,赫罗克勒斯描绘的这两个人物不应是相反的形象。一个更符合于灵魂上升到太一或至善,因此远离了政治行动并不断完善净化的德性,而另一个则符合于哲学家到政治行动中的下降。④ 哲学王参与到政治中的特征就是"博爱"。"博爱"在斯多亚学派中是一个古老的命题,更普遍地,是一个古代理想君主的

---

① 普罗克洛,*In Alc*. 95,19—25。也参见 182,24—5(在下文第 138 页引用)。
② Photius,*Bibl*. 251,464b。
③ 我认为在此处 Photius 的文本中存在一个问题,对此我建议订正作 οὐκ] οὐ。
④ 也参见 Hermias, *In Phaedr*. 第 221 页 10—15:"一般而言对于哲学家,无论他是什么时候转向了理智的存在以及关于理智和神的知识,拥有朝上的理性之眼,他是一个第一(即理论的)哲学家;但当他从知识转向根据知识而来的对城邦和秩序的关注,他就成为一个政治哲学家。"

肖像。① 在此处赫罗克勒斯用博爱来表达新柏拉图主义对按照天意的(例如政治的)行动的特定定义,这种行动是至善的传达。而其中,哲学家通过沉思分有至善。如果在第一位的是"热爱仁慈的"、"博爱的"神,②那么,通过向神同化,与至善相统一并分有它,哲学家也能分有这神圣的博爱,而这种同化在政治行动中表现其自身。③

在公元 2 世纪,柏拉图主义者解释了哲学的目标,就是在两个层面向神同化:理论生活层面[78]和实际生活层面。④ 晚期新柏拉图主义学园在哲学导论中论述了这一主题。在学园中,初学者学习哲学的目的,即神圣化,它包括了以下内容:因为神圣生活有两个方面,所有事物的知识以及对世界的来自上天的眷顾,所以向神圣同化就包括模仿这两个方面。对于哲学家来说,这就意味着一方面寻求知识,另一方面从事政治活动,即立法和司法活动。⑤ 根据马里努斯的说法,普罗克洛自己就是按照这一理想生活(《普罗克洛或论幸福》28):

> 最终,他并没有仅仅按照这两种具有神圣特征的模式中的一种来生活,那种只是纯粹思考和渴望更好的生活,他也对第二等级的事物表现出深谋远虑,也就是比之前所记载的政

---

① 参见 Spicq(1958);Dvornik(1966:540,552,554,619,624,719);Kloft(1970:136—47 以及各处);de Romilly(1979)。
② 参见 Spicq(1958:173—4),特别引用了柏拉图《会饮》189d,《法义》713d。
③ 扬布里柯也在 *Ep. ad Dex*. 中讨论了统治者的博爱,在 Stob., *Anth*. IV 第 223 页 9 中有所摘录;关于毕达哥拉斯主义中的命题,参见 O'Meara(1993b:72 n. 11)。神圣与高贵的博爱(国王作为神的映像)之间的联系,在希腊化帝国的思想体系中是普遍的;参见 Spicq(1958:181—4)。
④ 阿尔比努斯,*Prol*. 第 151 页,2—4;参见 Alcinous,*Did*. 28;Annas(1999:59 n. 19)。
⑤ 阿摩尼乌斯,*In Is*., 第 3 页,8—19;奥林匹奥多罗斯,*In Gorg*. 第 166 页,14—16;第 116 页 29—第 117 页 2;参见 12,4—6;Psellos,*Omn. doct*. 72,5—12。泰米斯提乌斯,*Or*. XV,第 277 页 24—7,将把人视为神的映像的观点归于毕达哥拉斯,并限定了这一模仿是有利行动(εὐποιία)。

治的更为神圣的事物。

根据达玛士基乌斯的记载,伊席多瑞也是这样生活(《伊席多瑞生平》fr. 24):

> 总而言之,他的行动是毕达哥拉斯所设想的,人作为最像神的存在而行为的生动写照:首先,强烈渴望行善并将慷慨推扩到所有人,切实地将灵魂提升到超越多种阻碍下层世界的恶之上;其次,将凡人从不公和不敬的痛苦中解放出来;第三,参与到可以拓展人的能力的公共事务中。

正如我们所见,对于新柏拉图主义者来说,政治行动作为对神圣生活的天意层面的模仿,从它表现并源于理论生活的意义上说,是与由理论生活所代表的更高层面的神圣化相关的:政治行动由知识产生,就知识分有了至善的丰富性而言,从知识的丰富性产生。①

为使我们关于新柏拉图主义哲学王动机的研究得出结论,我们可以用两个积极的政治家的例子,他们按照柏拉图的哲学王所提供的范例来检视其自身的行动。[79]那就是皇帝朱利安和波爱修(Boethius)的例子。在朱利安于公元361年登基掌权后不久,他写了一篇自传体神话,以表达其政治使命。他描述了赫尔墨斯神是怎样出现在年轻的朱利安面前,并将他带到众神居住的山上。在那里,赫利俄斯(Helios,太阳神)在他眼前显现。朱利安请求在

---

① 在讨论 Miskawayh 阿拉伯语引用的关于灵魂德性的古希腊文本时,Pines(1986:13—16)将第一部分文本中关于灵魂通过(新柏拉图主义的)德性层级的上升,与他认为是亚里士多德主义的第二部分相对,在这一部分中,已经实现神圣生活的人,在原初的自我行动和次级的天意行动中,表现得像神一样。然而,我们在这节中所研究的古希腊新柏拉图主义的文本,说明这一对立(Pines 就在阿拉伯文本中古希腊文献的不同所解释的对立)是一种误解,至少就新柏拉图主义哲学而言是一种误解。

神显现的地方生活,但他被告知他必须返回到下面的黑暗世界,一个充满无知、不虔诚和政治混乱的世界。朱利安作为统治者被宙斯派回到这个世界,在神的指导下准备好进行统治。作为对此的回报,他回去时能够看到宙斯。① 在下文(第八章,第 2 节)中,我会说明朱利安并没有到宣称他符合柏拉图的哲学王的程度:他将自己列为比其更低的等级。然而,他对于他原本的政治使命的传奇解释,让人回想起柏拉图《理想国》中的洞穴形象:他也(通过教育)从无知的黑暗和政治的无序中上升,上升到看见光明,看见(符合至善的)第一原理和最高原理,宙斯。随后,在拥有了必需的知识后,他下降到政治改革的使命中。在朱利安的神话中,我们甚至能够感受到柏拉图哲学王的犹豫。但是为什么朱利安接受了他的使命?这一神话表明了朱利安对宙斯意志的虔诚与服从。② 在朱利安的神话中,至善和其他超验原理被人格化为众神。正是因为至善的动力,朱利安才进行下降。③

在一个半世纪后,公元 524 年,波爱修在帕维亚的监狱里等待死刑。他也受过柏拉图哲学王理想的教育,然而他在哥特皇帝西奥德瑞克(Theoderic)政府中的著名事业破灭了。他试图寻求安慰似的,这样描述他政治事业的动机:

> 当我习惯于向你(即哲学)寻找自然的秘密时,当你用权力将我召唤到星辰的轨道,当你根据天上居民的模版塑造我

---

① 朱利安,*Or*. VII,22,227c—234c(我从这部分广泛地总结)。比较朱利安对罗马传说中被宙斯派遣的国王,同时也是毕达哥拉斯主义者 Numa 的描绘,他将众神的显像与立法行动相结合(*Contr. Christ*. 193c—d)。
② 关于虔诚,参见下文第十一章。
③ 比较朱利安的传说和 Synesius 的 *De prou* 的传说,这个传说是一个由神派遣的好的统治者(Osiris),被和一个邪恶的统治者(Typhon)相比较。根据 Cameron 和 Long(1993: 352 n. 96)的注释,这是按照柏拉图《治邦者》的传说所做。也参见 Synesius,*De prou* 32 关于哲学从陪伴宙斯下降到政治善行。

的品质和生活中的所有方式时,这是我所呈现和表述的样子吗?这就是我们顺从于你的巨报吗?正是你,[80]通过柏拉图的话建立起原理,这一原理是哲学家成为王,或者统治者是哲学家,那么国家就会幸福(《理想国》473c—d)。你,同样通过柏拉图,告诉我们这就是为什么哲学家必须参与进政治事务,以免国家的统治沦于低劣和邪恶,从而带来毁灭和对善的破坏。正是依照这一教导,我选择了将我在私下空闲的隐退中,从你那里学到的东西应用于公共管理的实践。你,和将你置于哲学家脑中的神,非常了解我,我承担职务,没有什么其他的目的,而是为了所有善者的共同目标。①

波爱修提及政治参与的两种动机:一种是柏拉图提及的相对被动的理由(避免政治权力落入邪恶的人手中),另一种是"所有善者的共同目标(commune...stadium)"。波爱修对于第二种的解释可能是这样的:鉴于上文我们所看到的观点和波爱修自己所持的观点,善就其分有至善而言是善的;它们的目的因其分有而是共同的;分有至善意味着分有它的丰富性,也就是善的交流。② 善的意志会寻求在政治行动中传达它们对于至善的分有,正如至善以这种方式产生了作为整体的现实。

我们能够得到的结论是,至善传达其自身的形而上学必要性,说明了那些分有至善从而下降到按天意的行动,即政治行动中的人的需求:"神圣的必要性是当我们说'对于神来说有必要利于世界'……正是这一必要性驱使了苏格拉底。"③

---

① 波爱修,*Cons*. I, 4, 4—8(Tester 译)。
② 关于波爱修的这些原理,参见 *Cons*. III, 9—11 以及他的 *De beddomadibus*。
③ 奥林匹奥多罗斯,*In Gorg*., 第 12 页 4—6,他讨论了作为政治家的苏格拉底,第 210 页,14—19。一个哲学家去传达德性给他人的"必要性",在柏拉图《理想国》500d4 中被提及。

政治行动的动机产生于哲学的灵魂与肉体的关系,因此也是和其他合并的灵魂的关系。如果哲学家是政治共同体的一部分,作为统治者(正如柏拉图《理想国》中的理想城邦那样),那么根据超验的知识"按天意地"统治就是哲学家"政治的"德性的一部分(正如城邦中领导的心灵)。① 哲学家可能有一个更受限的角色,作为一个更有限的组织的一部分(可能是一个哲学学园),在这一组织里统治其他人也是"政治的"德性的一部分。[81]然而,在这两个例子中,促使他行动的都是将至善传达给他人的渴望。②

2. 哲学王的幸福

就柏拉图的哲学王必将离开光明的、知识的世界,返回到政治行动的困难和危险中而言,这一返回似乎包含着哲学家为了公共善,对个人善的牺牲或损失。如果是这样,这种损失必定会使哲学家失去动力。并且如果公共善蕴含着对个体私人善的牺牲,那么这种公共善会是什么?关于这一问题,③我们可以在新柏拉图主义的作品中找到回应。我们可能会从马克洛比乌斯(Macrobius)最显明的,或者从某种程度上说有些轻率的回答开始。在评论西塞罗的《西庇阿之梦》(*Somnium Scipionis*)时,他直接指明了统治者的幸福(*beatitudo*)。

根据马克洛比乌斯,如果人们认为(1)德性产生幸福,以及(2)如果德性被定义为"净化的",即包含对此世的蔑视,以及朝向超验

---

① 参见普罗克洛,*In Remp*. I,第 207 页 16—第 211 页 3;第 130 页 5—10;Abbate(1998:108—9)。
② 见 Simolicius,*In Epict*.,32,163—234(我受惠于 I. Hadot 提醒我这一章节)。关于新柏拉图主义学园中的老师的"按天意"功能,参见 Hoffmann(1998:229—40)。
③ 对于柏拉图,参见 Mahoney(1992)。在柏拉图的《高尔吉亚》(470e)和《泰阿泰德》(175c)以及修辞学中的传统主题(参见 Dio Chrysostom,*Or*. III, 1—3)中,统治者众所周知的幸福成了一个问题。

的神圣现实的转向,①在这种情况下,国家的统治者不可能拥有幸福。然而,通过引入普罗提诺—波斐利的德性层级(上文第四章,1—2),在这一理论中净化的德性仅仅代表很多德性层次中的一个,而众多德性中也包含"政治的"德性,马克洛比乌斯可以说,如果统治者运用后一种德性,因为德性蕴含幸福,那么统治者也是快乐的。②

　　这一回答虽然简洁,却并不能被视为对这一问题令人满意的回应。③ 因为如果统治者因实践"政治的"德性而快乐,这些德性在普罗提诺—波斐利的框架中,仅仅是[82]到达更高层次德性,即净化和理论的德性的前提和准备。而只有净化和理论的德性才能带来神圣化和作为终极目标的幸福。那么,"政治的"德性就只是提供了获得幸福的方式而非其自身构成德性。尽管我们明显简化了马克洛比乌斯的论证,但这确实是他看待这一问题的方式。他将"政治的"德性视为"使"统治者快乐,可能意味着这些德性为统治者提供了一种获取幸福的方式。他也将这些统治者描述为通过人间的行动,为进入天堂做好准备的人。④

　　关于统治者的幸福问题,我们可以从上一章普罗提诺关于幸福或者好生活的论文(《九章集》I.4)中,找到一个确切的观点。在这里,普罗提诺已经在第4章中论证了幸福是在有知识的生活(βίος θεωρητικός)层面才能达成的,他认为参与到我们存在的较低层面的、与肉体相关的或其他实践的事务中,并不会影响幸福。

---

① Macrobius, *In Somn.* I, 8, 2—3;参见 I, 8, 8, p.38, 24—6,在这里德性被认为是普罗提诺—波斐利德性层级中的净化的阶段。
② I, 8, 5—12: *si ergo boc est officium et effectus virtutum, beare, constat autem et politicas esse virtutes: igitur et politicis efficiuntur beati*;也参见 II, 17, 4;奥林匹奥多罗斯,*In Phaed.*, 8, 11, 2—3。
③ 参见 Flamant(1977: 598—9)。
④ 参见 I, 8, 12;这一文本(在本页注释 2 中引用)后面有这一表述:*rectoribus civitatum, quibus per terrenos actus iter paratur ad caelum*。

因此，幸福的达成，或者说至人的幸福，是一种稳定的状态，独立于生活的打击，也独立于其他外部事件和条件（第11—12章）。从这里我们可以推论出，一旦哲学王拥有了理论智慧，他就享有幸福，无论是否参与政治行动或拥有怎样的政治命运（参见 7，17—22）。哲学家在下降到"洞穴"的过程中，并不会牺牲或丧失这种善或幸福，它们会保持完整并免于政治生活的迫害。至人"希望所有人都能成功，并且没有人遭受任何形式的恶；但如果这没有发生，他仍旧是幸福的"（11，12—14）。

朱利安皇帝在下文中提及了这种至人的独立与平静：

> 这种幸福的稳定性期待尽可能少地依赖于命运，然而正如人们所言，那些在政府中生存的人，不可能脱离命运活着，除非按照那些真正沉思到理念的人所说，国王和将军建基于命运王国之上……但对于这样的人，荷马首先称之为"对人民负责，并担忧过多"，一个维护其位置的人怎么能够脱离命运？[①]

朱利安似乎并不认为自己已经拥有普罗提诺口中至人的完满独立的幸福。他的希望是十分节制的：[83]从他的政治使命中解脱出来——这一解脱在一年后伴随着他的死亡到来了——并返回到对神的沉思。在下文第八章，我将回到像朱利安这样，没有获得普罗提诺口中至人的完美生活的统治者，他们的幸福问题。

3. 哲学女王

对于古典时期《理想国》的普通男性读者来说，柏拉图最稀

---

① 朱利安，*Or*. VI, 4, 256c—d。

奇的革命性观念之一似乎就是将女性包括在理想城邦的统治者中。[1] 然而，新柏拉图主义者注意到这一点并为其辩护，这不应该让我们惊讶。比如，很明显，女性是普罗提诺学园中的重要成员。[2] 她们也通过婚姻，确保了雅典和亚历山大学园所依赖的动态继承的进行。其中的两位女性，扫西帕特拉和希帕提娅，作为哲学家和老师，赢得很多崇敬（上文第二章，2—4）。因此，如果有这样特定女性的例子，比如希帕提娅，她们上升到哲学的最高层次，那么在原理上她们是被期待"下降"到政治行动中的。新柏拉图主义者也与有影响力并支持他们的贵族女子有联系，比如说尤西比娅（Eusebia）。她是皇帝君士坦丁二世的妻子，她保护了还是年轻人的朱利安。朱利安对她称颂有加。然而，在这里我希望考虑的，并非是与新柏拉图主义者关系融洽的、特定阶级女性的具体行为这一历史问题，而是关于新柏拉图主义者怎样理解和辩护柏拉图的哲学女王这一想法的问题。

新柏拉图主义者不止在《理想国》中能够找到哲学女王的观点，也能在柏拉图的《蒂迈欧》(18c—e)以及扬布里柯大力倡导的(伪)毕达哥拉斯主义作品，即派瑞克提奥尼(Periktione)的一封信中，大体指明相关观点。[3] 在普罗克洛关于《理想国》的第 18 篇和第 19 篇论文中，他讨论了柏拉图的这一提议：男人和女人都享受共同的，能够使他们获得知识，[84]并据此进行统治的教育。对于

---

[1] 例如，参见 Philoponus, *De act. mund.*，第 325 页，3—12。关于柏拉图在《理想国》和其他地方对于女性的看法，以及对之前研究的回顾，参见 Föllinger (1996: 56—117)。

[2] 上文，第二章，1；参见 Goulet-Cazé (1982: 238—40)。关于柏拉图学园中对女性的观点，参见 Anon., *Prol*. 4, 30—2。

[3] *PT*, p. 142, 22—3 (Periktione 是柏拉图母亲的名字)；参见普罗克洛, *In Remp*. I, p. 248, 24—7(关于毕达哥拉斯主义女性，参见 Abbate 1998: 67 n. 29)。然而，也参见伪毕达哥拉斯文献中的 Phyntis(*PT*, p. 152, 9—11)，他将女性限制在家中。

普罗克洛,共同的教育就意味着共享"政治的"德性,并按照这一点假定的那样,拥有共同的本性。① 一方面,对于普罗克洛树立起来的柏拉图主义论点,一种反对观点是亚里士多德主义的立场。他们虽然承认男女享有共同的本性(作为人),但是认为他们分别具有相应的德性。另一方面,斯多亚学派的立场则否认男女有共同的本性,但认同在德性上两者是共同的。② 然而,普罗克洛坚持认为不管在本性上(只有在性别上的区别),还是在德性上,两者都是共同体:男人和女人中有相同的德性(和恶)。德性是共同的这一点的重要性就在于,正是通过教育达到更高等级的德性,构成了正确的政治行动的基础。普罗克洛指出这一结果:正是因为这一原因,柏拉图的苏格拉底才将男人和女人都看作"护卫者"。③

根据普罗克洛,扬布里柯的学生阿西尼的泰奥多罗(Theodore of Asine)已经辩护了柏拉图的男人和女人处于一个德性共同体的主张。普罗克洛是如下转述这一论证的:④首先,如果德性不是共有的,那么理想城邦就是不完美的,因为其中的很多成员没有或者仅有一些德性。其次,泰奥多罗认为,性别的不同是"不同模式生活的产物":比较亚马孙女战士的勇气和卢西塔尼亚女性(在西班牙西部)进行统治并指挥战争,而男人们进行纺织。因此,区分男女之间的社会分工的,只是地区习俗、生活模式,而非本性。第三,众神中有女神,特别是雅典娜,她是纺织女神同时也是战争女神:认为男神或女神不具有某些德性是十分愚蠢的,而作为类比,人类也是如此。第四,男人和女人有同种灵魂,灵魂中有相同

---

① 普罗克洛,*In Remp*. I,第 236 页,5—第 237 页,3;柏拉图《理想国》453d—e。
② 第 237 页 5—13;第 252 页 22—6;关于亚里士多德主义和斯多亚学派的立场,参见 Föllinger(1996)。
③ 第 237 页 28—第 238 页,17。参见奥林匹奥多罗斯,*In Gorg.*,第 105 页 25—9:"除了生殖器的部分,男人与女人没有任何不同,因此女性可能比男性过上更高的政治生活,比如,像男人一样行动和死亡。"
④ 第 253 页,1—第 255 页,24。

的部分；那么他们为什么就不具有作为完美灵魂的相同德性呢？最后，泰奥多罗提及那些受神启示或其自身是神圣灵魂下降的女预言家，比如苏格拉底的老师蒂奥提玛（Diotima）：我们怎能说她们不具有德性？

然而，在陈述泰奥多罗的论证时，普罗克洛补充了[85]柏拉图主义的例子，说明女性的教育和德性（因此也是政治统治）的上升，必定会遭遇两种来自柏拉图自身文本的反驳。第一个反驳在于指出，在《蒂迈欧》中灵魂从理智王国下降后，首先进入的，是男人的身体，而非女人的身体。① 第二个反驳认为柏拉图只在《理想国》中使女性作为统治者，在《法义》中他不承认她们作为最高政治阶级，也就是法的护卫者。② 普罗克洛对于这些反驳的回应值得我们注意。

对于第一个反驳，普罗克洛认为如果男人和女人有共同的本性，因此有相同的德性能力，那么对于这一共同本性来说就有不同的等级，"更多"或"更少"，由此男人就是更优者。③ 他认为这与柏拉图自己的立场相一致。④ 普罗克洛认为，"更多"与"更少"地区分两性共有的相同本性，在众神中已有预兆。也就是说在超验原理与原因中，事实上遍及由各种单一或二分的原因组成的，事物的形而上学结构。其中单一是指统一的原理，先于作为多数原理的二分，但两者是产生事物的互补因素。⑤

至于第二个反驳，普罗克洛认为《理想国》与《法义》中的政治

---

① 参见 Föllinger（1996：87）。
② 第 255 页，28—第 256 页，3；关于女性在《法义》中的地位，参见 Piérart（1974：76）；Föllinger（1996：105）；Saunders（1995）。
③ 参见第 241 页，15—30。
④ 第 256 页，4—15（参见柏拉图《理想国》455d—e）；Föllinger（1996：83 ff.），也强调了柏拉图方法的这一方面。
⑤ 第 245 页，13—第 246 页，21；参见普罗克洛，*In Tim* I，第 46 页，1—第 48 页，5；Abbate（1998：115—20）。

第七章 哲学王与哲学女王

图景是在不同层面的(我们在第八章第2节会回顾这一点):《理想国》将个体视为纯粹的,并教育他们;而《法义》则将人视为已经生活在其他城邦中的人,并且是不太完美的。因此,《法义》中关于城邦的政治抱负次于其在《理想国》中的政治构想;在《法义》的城邦中,不仅不能预见女性的最高地位,同时它也允许私有财产的存在(在《理想国》中,统治者的私有财产是被禁止的),这样,考虑到女性的较弱本性(在普罗克洛的意义上),她会更多地追求个人善而非公共善,这就意味着出于审慎的考量,在《法义》中存在的不完美的城邦的层面,女性应被排除在最高官职之外。①

从普罗克洛对阿西尼的泰奥多罗观点的报告(一份可能不完整或没有完全代表性的报告)来看,泰奥多罗对于柏拉图的解读可能比普罗克洛更为激进。[86]普罗克洛更关注于柏拉图对女性态度的保守与传统的层面。如果说泰奥多罗认为,这种区分仅仅是地方习俗,或是能够决定男女之间社会分工不同分布的特定生活方式,那么普罗克洛就是看到了一种本性的差异,或者说是在共同本性上程度的不同。这种不同相应于不同类型原因,即单一和二分的原因的普遍差异。然而,普罗克洛同时也坚持共有的本性,因此在男女之间也共有德性和统治的能力。所以女性能够实现德性和统治,但是那要通过达到"男性"程度的本性。② 而这一计划,如果被包含在《理想国》的宏伟政治图景中,就不能成为《法义》中设定的较低等级政治规划的一部分。柏拉图关于妇女的思想的革命性和传统性方面,似乎就这样在普罗克洛身上找到了一些理论上的整合。

---

① 第 256 页,16—第 257 页,6。
② 参见 *In Remp.* I, 第 248 页,13—16;Föllinger (1996: 85—7)。

第八章　政治学科:立法

1. 城邦的终点

[87]普罗克洛认为"政治学科"(πολιτικὴ ἐπιστήμη)有两个目标,即"可能的"(δυνατόν)目标和"有益的"(ὠφέλιμον)目标。因此,在柏拉图的《理想国》中,作为政治学科第一部分的立法(上文第五章第3节),认为哲学女王既是可能的又是有益的。① 一方面,考虑到这种可能性,我们可能要区分在特定具体情境下的限制,和应用于普遍政治行动中的限制(下文,第十一章)。另一方面,考虑到益处,确切地说,是立法的目标寻求在可能王国中实现对公民有利的事。② 政治学科作为一种有立法和司法部分的统治(或管理)学科,它的目的在于提升被统治者的善。因此,扬布里柯给杜斯考利乌斯(Dyscolius)的信中建议,③当他的臣民兴旺时,统治者就会得到鼓舞(εὐσθενεῖ),变强。扬布里柯将一个好的统治者

---

① *In Remp.* I,第238页11—21;239页24—7。参见柏拉图《理想国》450c,456b12,458b,《法义》742c;Burnyeat(2000)。
② 普罗克洛,*In Remp.* I,第238页,11—21。
③ 参见上文第二章,本书第22页注释1。

的目标定义为其统治对象的幸福和福利。① 这一点在柏拉图的《理想国》(342e,345d—e)中有所体现,并且成为从古典时期以来描述理想统治的常见观点。②

然而,扬布里柯似乎在他的信中更进一步,他将统治者的善与其统治对象联系在一起。他认为,事实上,个体的善与共同善有关,以至于"个体的善[88]包含于整体之中,部分保存于整体、动物、城市和其他自然中"。③ 扬布里柯信中的这段话表明他对于城邦或国家的有机观点,即城邦中每个部分的福利取决于整体的福利,因此统治者的善与其统治对象相关,因为两者都是共同善的功能。④

扬布里柯的这些观点的惊人之处在于,它们似乎与上文(第七章,第2节)讨论过的立场相矛盾。根据上文的分析,成为统治者的哲学家的善与幸福,并不依赖于政治领域而是超越的。⑤ 在给杜斯考利乌斯的信中,扬布里柯认为当统治对象繁荣时,统治者会受到激励,从而变得更强大。⑥ 从中我们可以推断出,公民的善的成功实现会使统治活动更有效率,但是作为哲学家的统治者,他们所享受的是不依赖于政治生活的超越的善,而这种统治活动对于超越的善而言,是次级和不必要的。

---

① Stob., *Anth*. IV,第222页,10—14;也参见 Synesius, *De regno* 6;普罗克洛,*In Tim*. II,第118页,10—17以及 Damascius, *In Phaed*. I, 32, 2,区分了统治者与追求自身利益的专制君主(即暴君)。
② 参见 Isocrates, *Ad Nicocl*. 9;亚里士多德《尼各马可伦理学》VIII,10,1160b2—3;《政治学》III, 7; Dio Chrysostom, *Or*. I, 12, 23。
③ Stob., *Anth*. IV,第222页,14—18;也参见扬布里柯关于婚姻的书信(Stob., *Anth*. IV,第587页,15—第588页,2),其中政治统治并非关于统治者独有的利益,也不是被统治者的利益,而是平等的公共利益。参见柏拉图《法义》715b。
④ 关于对国家的有机观点,也参见普罗克洛,*X dub*. 59。
⑤ 在其他地方,在一封给 Sopatros 的信中(在 Stob., *Anth*. IV,第907页,7—9),扬布里柯说"尽可能近似于神的人是幸福的,他过着完美、简单、纯粹、超越的人类生活"。
⑥ 参见 Stob., *Anth*. IV,第222页,12—14。

然而，与共同善相比，统治者的善似乎与这更密切相关。至少在雅典学园和达玛士基乌斯的辩论中是这样的：

> 为了被统治者，统治者必须做任何事。但是赫格阿斯（Hegias）坚持认为统治者不应仅仅关注那些被他统治的人，他应将其自身利益置于被统治者之前，因为每个人都想要自身的善先于他人。① 另一方面，伊斯多瑞认为统治者以其统治者的身份关注着被统治的人，也正是因此他们服从于统治者；但是如果他也关注着自身，那么他就是以一个需要被关注的被统治者的身份这样做。严格意义上，统治者什么都不需要，虽然以他作为人的能力，他会有各种需求……如果统治行为有利于被统治者，它也有利于那些进行统治的人。②

作为一个人，统治者也是良好统治的受惠者：在这方面，统治者的善与其他所有统治对象相同。关于统治者作为"人"的地位，即作为人类，可能指向人的定义，即作为与肉体相关的理性灵魂，把肉体当作工具（上文第四章，第3节）。正如灵魂居于与肉体的关系中，统治者的善[89]与其他处于相同状况下的灵魂相同，政治的目的就在于它们的善。作为净化的灵魂，统治者会获得一种独立于物质考量的超越的善。然而，因为灵魂与肉体及其需求相关，统治者的善会受到政治生活的影响。③

然而，扬布里柯对于个人善与共同善在政治层面的关系的看法似乎比这更进一步：我们已经看到，在两者之间有一种有机联系，即个人善（部分）存于共同善（整体）。为了进一步论证这一

---

① 关于 Hegias，参见 *DPA* iii. 530—1。
② 达玛士基乌斯，*Vit. Is.*, fr. 364。这一辩论回应了柏拉图《理想国》342e—343c 中的讨论。
③ 比较亚里士多德《政治学》III, 6, $1279^a 1—9$。

第八章 政治学科:立法

观点,我们要借助普罗克洛对政治"整体"本性的理解,这种理解体现在他关于柏拉图的《理想国》的第十七篇文章中:在此,他回应了亚里士多德在《政治学》(II,1—5)中对柏拉图所主张的有着较强联合的理想国家的批评。[①] 普罗克洛区分了质料的(比如,数字的)联合,以及形式的联合。在质料的联合,个体是没有区别的;而在形式的联合中,个人分有共同的目标,即超越的善。这种对共同善的分有,产生了政治整体,它在这种意义上是有机的,并且产生了"同伴感和相似心理"。[②] 因此,公民分有的超越的善,在他们的相互关系中赋予了联合和整体性,通过这种方式,每个人分有了超越的善。[③] 作为人,因为灵魂与肉体相关,统治者通过政治生活享有超越的善;而作为净化的灵魂,统治者[90]将会以不被任何较低层次的存在影响的方式,达到并拥有超越的善。如果政治生活不能在超越的善中,增加被至人的净化灵魂享有的幸福,那么它就有利于那些在德性层级最初阶段的,

---

① Stalley(1995)翻译了普罗克洛的文章并为此作注。并且,Stalley(1999)对其赞许有加。也参见 Narbonne(2003)。

② 普罗克洛,*In Remp*. II,第 361 页 30—第 362 页 24;参见 I,第 187 页 5—7。关于"相似心理"(ὁμόνοια,奥林匹奥多罗斯将其描述为政治学科的目标;参见上文第五章,第 55 页),它是关于国家存续的重要概念,不仅在伊索克拉底、柏拉图和亚里士多德的著作中是如此,直到扬布里柯时期城市的官方碑文上也是如此,参见 de Romilly(1972),Thériault(1996),以及 Stob., *Anth*. II,第 257 页,5—17 对扬布里柯关于 ὁμόνοια 问题的摘录。

③ 参见扬布里柯,*In Phileb*. fr. 6(Dillon 译):"作为普遍秩序的个体是无法分有的,但只有与那些心灵联合(ὁμονοητικῶς)的神圣团体共享,才能获得共同的提升"。在他给杜斯考利乌斯的信中,他如是写道。扬布里柯认为,部分与整体之间的有机关系,不仅存在于政治的整体,也存在于生物的和"其他"本性。这意味着,在政治结构中部分与整体的关系问题,涉及关于部分与整体的更普遍、形而上学的原理。在他的《神学要义》中(props. 67—9),普罗克洛区分了部分与整体之间关系的三个等级,按照下降的存在与价值分别为:(i)整体先于(高于)部分;(ii)部分的整体;(iii)存在与部分的整体。第(iii)部分通过成为整体(ii)的一部分而分有整体(i)。因此,正是通过成为整体的一部分,部分才能参与到超越整体的原理中。当这一理论应用于政治关系,就意味着公民通过成为政治整体的一部分而分有(超越的)善。而政治整体就是这样在这一善中分有。

即政治的德性中的人们的灵魂。这些灵魂可能不仅包括公民也包括了统治者。

无论如何，政治学科的目标，包括了政治层面的个体善的共同善，就其关于或者说参与了超越善而言，是"善"的。简言之，政治的终点是分有神圣，例如，神圣化，正如"政治的"德性代表了一种神圣化的形式和早期阶段。因此，政治的善，或者说"政治幸福"，并不是终极目标，而只是达到终极善的一个阶段：

> 政治幸福的目标……在于至善，它伴随着节制、正义和其它德性。①

政治哲学家的目的在于，促进一种政治秩序，这种秩序主张培养公民的"政治的"德性，由此达成"政治幸福"，以作为神圣化过程的第一阶段。政治生活是一种灵魂存在于与肉体关系中的生活，它面临着其自身秩序的问题以及与其他人关系的问题。政治生活因此也是一种德性教育，或者说，是一种哲学教育的延伸版本。因此，统治者在首先达到神圣的激励下，成为将秩序带入政治生活的导师或指导。

政治学科作为神圣化的目的的概念，清楚地表述于扬布里柯写给某位阿斯法利乌斯（Asphalius）的信中的重要引用：

> 智慧（φρόνησις）领导着德性，并运用它们，就像理性之眼，安排好德性的次序、尺度和合适的倾向……智慧是在先的，她从纯粹、完美的理性中产生。由此产生，她看向这一理性，并被这一理性完善，把理性看作她所有活动的尺度和最佳

---

① 奥林匹奥多罗斯，*In Gorg.*，第178页10—11；关于"政治的德性"（上文第六章第3节），《高尔吉亚》将此德性视为从属于超越善的"政治幸福"（第5页，8—12）。关于"政治幸福"参见普罗克洛，*In Remp.* I，第26页，30—第27页6。

模范。现在如果在我们和神之间有任何联结,那么就是通过这种德性而来,并且正是通过她,我们与神相似。我们通过她来了解什么是善、有用、好以及它们的对立面,就如同对恰当行动和正确担保的判断。简言之,[91]智慧指导人性,并引导着全部秩序,即关于人、理想城市、家庭和每个人的生活的秩序。每个人的生活通过对比神圣典范,根据最为近似的版本有所增减,以预期的比例模仿这种典范。所以,智慧确实使那些拥有她的人类似于神。①

接下来的几节详尽解释了这段话中的一些主题。我们可能已经注意到扬布里柯通过智慧的德性将人性与神圣相联系。智慧从一种超越的神圣理性中来,并且受到这一典范的启示。智慧通过她所带来的秩序使人类的制度神圣化。这一段话表达了对柏拉图《理想国》(500e)中的文本的想象,即哲学王被比作模仿神圣典范的画家,在他们的行动中将美丽城(*polis*)神圣化。② 我们可以假定在扬布里柯信件中的摘录所讨论的智慧,是下降到政治生活中的智慧。③ 那么我们会问:激励哲学家的政治学科的典范究竟是怎样的?这一典范又是怎样被转化到政治组织中,特别是立法中?

2. 政治改革的层级

从超越的范式转向政治的秩序假定了选择一个合适的范本,这种选择反过来依赖于政治抱负的程度,即寻求的政治改革的层

---

① Stob., *Anth*. III, 第 201 页 17—第 202 页, 17。
② Hierocles 在他的著作《论天意》(Photius, *Bibl*. 254, 464b)中,提供了一种与《理想国》500e(上文第 35 页的引用)更为贴近的版本。
③ 奥林匹奥多罗斯(上文第 55 页)将智慧(φρόνησις)描述为政治学科的有效原因。

次。因此,首先考虑理论设想的不同层次的政治改革的范围是有帮助的,因为这一范围决定了识别和选择我们要给予政治表达的神圣模版。

晚期新柏拉图主义者区分了政治改革的三个层次。第一层次与个人灵魂中的"政治"改革有关;第二层次关注于理解、整合已经存在的法律和习俗的制度体系;而第三层次是[92]不包含这种限制的政治制度。第一层次与通过实践"政治"德性的道德改革有关。我们可以假定,它实现于新柏拉图主义学园,并且他们认为第一层次体现在柏拉图的书信中;他们认为在柏拉图的《法义》中描绘了第二层次的政治构想;而第三层次则体现于柏拉图《理想国》中的理想城邦。根据(新柏拉图主义)学说,他们认为这一城邦中所有的善是公有的。①

对于新柏拉图主义者来说,《理想国》中的理想城邦和《法义》中设想的城邦的关系,和当下所经常假定的不同。当下认为,《理想国》中有野心的政治改革者对他在西西里岛的经历不满,由此在他晚年创制了一种更为保守的方案,即《法义》中的城市设计。② 然而,新柏拉图主义者用《法义》(739b—e)中的一段来理解这两个城市之间的关系。他们认为,《法义》(739b—e)区分了最好的政体(所有东西都是公有);次好的政体,试图接近最好的政体,但是允许私有财产和家庭单位;以及一个更低的,第

---

① Anon., *Prol. Plat.* 26, 45—58(卓越的注 266,第 77—78 页),Dillon(2001:244)的英文翻译;参见 Alcinous, *Dia.* 34;普罗克洛, *In Remp.* I,第 9 页,17—11,4;II,第 8 页,15—23。Anon., *Prol. Plat.* 5, 44—5 认为柏拉图发现了(《法义》的)第二等级;但是是谁发现了(《理想国》的)第三等级? 根据毕达哥拉斯主义的格言,"朋友们共有一切"(κοινὰ τὰ φίλων,参见柏拉图《吕西斯》207c10,《理想国》424a1,《法义》739c2—3;扬布里柯, *Vit. Pyth.* 6, 29;奥林匹奥多罗斯, *In Phaed.* 1, 13, 14—16),新柏拉图主义者认为《理想国》中理想城邦的特点是公有原理(参见《法义》739c2—3)。我认为扬布里柯按照 O'Meara(1999b)描述的毕达哥拉斯主义的方式理解《理想国》中的城市。

② 对这一观点的坚决批评,参见 Laks(1990);Schofield(1999:第 2 章)。

三等级的城邦。① 因此,在《法义》中,描绘了一种接近于理想城邦的政治设想,然而它同时对人性在私有财产和家庭等方面的需求作出让步。另一方面,理想的、最好的政体没有这种让步,它似乎在现实中难以实现,因为它被描述为"众神之城或众神之子之城"(《法义》739d)。新柏拉图主义者根据《理想国》中理想城邦的设想,来理解《法义》中提及的这一众神之城。②

这些观点说明,对于新柏拉图主义者来说,《理想国》中的理想城邦几乎无法呈现出在[93]人类中的实现方式。③ 更准确地说,它有一个理想的、"神圣的"国家的功能,这一国家使得政治改革的较低设想有能够接近的对象,同时它允许人类条件下的妥协,比如那些在柏拉图《法义》的城邦中"次好"的政体所呈现出的妥协。新柏拉图主义者有很好的理由不被不可能的政治美梦所吸引,不被达玛士基乌斯所说的徒劳的希望吸引,即那些诱惑着"描绘出最好的社会并为这种迷梦而喜悦"的受教育者们的希望。④ 如果哲学家试图寻求政治改革,那么它最高处于相应于柏拉图《法义》中次好的政体的水平,或者也许是取决于环境的更低的水平。

在皇帝朱利安死后,异教徒哲学家越来越被当权者边缘化。在查士丁尼时代以前,当权者试图成为排他的基督教徒。政治改革的可能性似乎缩减到不存在。哲学家们则听从苏格拉底的建议

---

① 关于《法义》中的这段,参见 Schöpsdau (1991)。我们在上文(第七章第3节)中已经看到,普罗克洛用由《理想国》和《法义》代表的、不同层次改革之间的区别,来解释赋予女性在一个城市中的地位对比其在另一个城市中的地位。另一个这一用法的例子,参见普罗克洛,*In Remp.* I. 第161页14—第163页9。

② 然而,在《理想国》中,分享公有的所有善似乎只是针对于统治阶层而言。《理想国》中的理想城邦并非完全对应到《法义》中描绘的最高城邦;参见 Föllinger (1996: 92)以及特别是 Vegetti(1999)讨论了关于《理想国》中的理想城邦以及《蒂迈欧》和《法义》中对其解释的不同。

③ 关于柏拉图的这一讨论,参见 Burnyeat(2000)。

④ 达玛士基乌斯,*In Phileb.* 171, 5—7;参见 Burnyeat(2000:783—4)所讨论的《理想国》458a1—b1; Marcus Aurelius IX, 29。

(《理想国》496c—d,上文第 6 页引用),保持低调,寻求庇护,就仿佛在墙后躲避不正义的狂风。奥林匹奥多罗斯数次强调了这一选择,并将"风暴"理解为民主政治的暗示,[1]即一种符合柏拉图反民主的保守主义的理解,但是也能应用于,比如,奥林匹奥多罗斯所在城市(亚历山大)的基督暴徒的统治。

然而,即使是在这一晚期时代,一位在君士坦丁朝廷中的高官,按照在对话《论政治学科》中新柏拉图主义的路线,制定出崭新的制度规划。我们可以(在下文第十三章第 2 节中)看到这一规划,与柏拉图《法义》中的次级或者第三等的城邦所代表的改革层次相一致。我认为,这正如两个世纪以前,朱利安在其短暂的统治中所试图实现的政治改革。朱利安的政治抱负的层次展现了,宗教作为政治组织一部分的体系化的重要性,这是一种在《法义》中非常重要的特点(而在《理想国》中远非如此)。我们会在下文(第十章)中仔细考察这一点。朱利安在其政治抱负中的审慎所说明的另一点是他拒绝将自己视为[94]哲学王:他觉得自己的哲学限制过多,以致于不能有如此主张。[2] 他的角色更像是一个政治执行者,而非哲学王。"哲学王"作为顾问和立法者指导他的行动。哲学王能够保有进行哲学沉思的自由,而他则要为每日的权力实践所负累。[3] 这些顾问包括

---

[1] 奥林匹奥多罗斯,*In Gorg*. 第 143 页,5—10(认为苏格拉底和柏拉图都这样寻求庇护);165,17—23;207,27—208;Simplicius, *In Epict*. 32, 193—4。参见 Van den Berg(2003),关于晚期新柏拉图主义的座右铭"不被关注地生活"。Simplicius 也认为(186—93),如果可能的话,哲学家应远离邪恶的政治环境而投身到更好的环境中,正如在图密善(Domitian)的暴政下爱比克泰德所做的那样(上文第二章,第三节中,Simplicius 自己也是这样做的)。

[2] 朱利安,*Or*. Ⅵ, 2, 254b—255c, 266c—d;参见 Bouffartigue(1992:454—5)。

[3] 参见 263d。参见柏拉图《治邦者》259a—b。朱利安区分了政治哲学家的咨询和立法行动与他自己的执行角色的区别,这一区别使我们回想起柏拉图对于政治(或皇家)学科的统治、指导、组织等职能,以及从属的技艺的工具性和生产性职能的区分(《治邦者》260c,305c10—d5)。Flinterman(1995:第 4 章)讨论了在希腊和早期罗马帝国时期,哲学家作为君主的顾问的更广的主题。

艾德西乌斯(Aedesius)和被朱利安请到他朝廷中的扬布里柯学园的其他成员。最后，我们需要补充，朱利安的改革并非一次理性的变革，而是传统主义者主张回到经过改进的过去传承下来的政体，以便使其大体上服务于更正义的利益。① 这种改革精神更接近于《法义》而非《理想国》。

3. 典　范

统治者或政治哲学家在进行政治改革时应该模仿的神圣典范、超越范式是什么？② 这一典范又是怎样转化为具体的立法？如果我们回到《九章集》VI.9,7 中的文段，第一个问题就变得十分尖锐。在《九章集》VI.9,7 中，普罗提诺将灵魂描述为从她与太一的结合中下降，从而传达其所见，正如米诺斯根据其与宙斯的交流，"按照映像"进行立法(上文第 74 页)。那么，太一是怎样被传达的？如果太一作为第一原理，超越一切知识并且不可言说，它是怎样成为作为立法映像的典范的？③

匿名的查士丁尼对话《论政治学科》清楚地提出并回答了这一问题。我们会在下文(第十三章第 2 节)看到相关讨论。然而，现在将我们的讨论限定在较早的新柏拉图主义者，我们已经能够找到这一问题是如何解决的。我们可以[95]立即推断出，对于普罗提诺，无论怎样，如果太一确实是不可知和不可言说的，但它能够在从自身产生的超越理智中表达其理性形式。太一，作为不可知和不可言说的存在，首先以其神圣理智作为直接"映像"，而被表现

---

① 参见 Athanassiadi-Fowden(1981:103—18)的研究。关于朱利安的保守主义，参见 Browning(1976:134);Smith(1995)。
② 关于这一观点的一般陈述，参见例如普罗提诺《九章集》V 9,11,21—5;扬布里柯, *Prot*. 10;朱利安,*Or*. VI,8,262b;达玛士基乌斯,*In Phaed*. 19,2—4。
③ 参见 Balaudé (1990:90)。

和认知于其产物中。因此,促进肉体中灵魂生活改革的政治智慧,能够模仿并表达作为可知和可表达的神圣理性的太一。我们的推论与上文(第90页)引用的扬布里柯写给阿斯法利乌斯(Asphalius)的信中的摘录相一致。在这段摘录中,智慧被描述为"纯粹、完美的理性"的产物,而这种"纯粹、完美的理性"是政治活动的典范。

对于普罗提诺来说,既然神圣理智与超越的柏拉图理念是同一的,那么模仿这一理性的哲学家就是模仿理念。这与柏拉图自己在《理想国》中的说明相符,特别是当他将(500e—501b)哲学王比作画家,模仿作为神圣典范的理念时。那么,这是否意味着哲学家的政治改革工作,就是在模仿一个神圣的城邦?柏拉图在《理想国》之后的文段中,提及他理想的城市作为一种范式,可能"存在于天界",因为在地球上我们找不到这样的城市。① 正如我们所见,新柏拉图主义者认为《理想国》的"天上的城邦"是《法义》中的"众神之城"。因此,他们谈论关于天界的、超越的、可知的城邦就不足为奇。② 但是这种城邦和启迪政治学科的神圣典范之间有什么关系?这些典范是什么?

在晚期新柏拉图主义中,通过区分不同等级和中间阶段,我们可以大致处理这一问题。这种方法受到晚期新柏拉图主义不断增加的形而上学宇宙的等级分化影响。因此,当问及什么会成为普罗提诺作为政治典范的神圣理智/理念,并被扬布里柯、普罗克洛和他们的继承者们沿用时,我们应该考虑到超越现实(理知的,理知的/理智的,理智的)的层级多重性。我们应该期望政治改革有许多可能的神圣典范。一方面,这是依据神圣的不同等级,另一方面,这是根据我们所能设想的改革的不同层次。因此,普罗克洛区分了不同层次政治改革所模仿的不同等级的神圣性。最高[96]等

---

① 参见 Burnyeat(2000),他区别了天堂的城邦和形式。
② 参见 Hierocles,*In carm. aur.*,第19页,13;普罗克洛,*In Tim.*,I,第32页,11—19;普罗提诺,《九章集》IV 4,17,34—5。

级产生了《理想国》中"众神之城"(其中,一切公有);次级的神圣等级则为柏拉图《法义》中第二好的城邦以及第三等级城邦提供模型。① 因此,任一政治改革的等级或规划都对应着相应的超越典范。

在提及三个等级的神圣性为三个层次的政治改革提供典范时,普罗克洛将哲学神圣典范描述为工匠神"德穆格",分别为宙斯(Zeus)、狄奥尼索斯(Dionysus)和阿多尼斯(Adonis)。这使我们能够确定这些政治典范在普罗克洛的形而上学世界中的确切位置:他们处于神圣性的相对次要的等级,在太一、诸一(henads)以及可知的和理知的/理智的现实等层级之下。② 尽管我们不会进一步研究普罗克洛的工匠神体系的复杂细节,我们却要注意到,普罗提诺中(太一作为宙斯)的米诺斯模型处于神圣现实的相对较低的层级。③ 普罗克洛也告诉我们,三层范式的工匠神也可以在柏拉图《高尔吉亚》的神话中找到。④ 因此,《高尔吉亚》不仅包括政治哲学,并指导着政治德性;在其神话中,它也指哲学家在政治中试图模仿的神圣典范。⑤ 我们是否应该认为每个神圣等级都包含一种模范城邦作为其独特特点?普罗克洛认为正是等级本身包括了典范:人类使其城邦近似于众神的等级。⑥

因此,对于晚期新柏拉图主义来说,在政治改革中被模仿的典范的问题,可以尝试通过政治改革的层次和相应层级的神圣现实、

---

① 参见 In Remp. II,第 8 页,15—23。参见 I,第 16 页 20—4。
② 参见 Dillon(2000),Opsomer(2000)。
③ 这在扬布里柯(参见 Dillon 2000:342—3)那里已是正确的;扬布里柯写给阿斯法利乌斯的信中提及对超越理性的政治模仿,似乎因此避免了对其观点全面阐述的细节要求。
④ 普罗克洛,Theol. Plat. VI, 6—8(《高尔吉亚》523a—524a);参见 Tarrant(1999);《普罗泰戈拉》的传说中宙斯是一个工匠神,它是政治学科的来源和范式,在 Theol. Plat. V, 24。
⑤ 参见普罗克洛,Theol. Plat. V, 24。
⑥ In Remp. I, 第 247 页,15—27。

相应等级的神来回答。与普罗提诺所主张的相比,这一等级处于神圣层级的较低水平。这一等级并不像他认为的那样,处于终极原理——太一之中,而是处于工匠神原理的等级中。比如,普罗克洛在其《柏拉图神学》中描述的工匠神原理。这一关于政治改革中可能的神圣典范的确认的相对谨慎,无疑与在晚期新柏拉图主义中更为复杂的超越世界有关,也与对人类理性可能性的更为保守的观点有关。

[97]在《蒂迈欧》(90b—d)中,柏拉图提及一种关于灵魂近似于神圣的,更近、更易接近的、可见的动力来源,即可观察的天堂的运行。在其和谐的秩序中,天堂的运行为我们灵魂的运行提供模版。① 事实上,世界作为一个整体,一个宇宙,以理念为典范,从无序中产生有序。它自身可被认作是人类伦理、政治秩序的自然范式。在古典时期,这一观点十分普遍。特别是其斯多亚学派的版本,主张模仿的(imitatiodei)与自然一致,宇宙本身是个显而易见的城邦(polis)。斯多亚学派关于宇宙秩序的模仿的观点,影响了希腊化时期被认为是不同毕达哥拉斯主义观点的"王子之镜"。② 同时也在罗马帝国时期,比如狄奥·克里索斯托(Dio Chrysostom)时期,流行于理想统治权的文本中。③ 我们可以在5世纪约翰·斯托布斯(John Stobaeus)编纂的文集中,找到伪毕达哥拉斯主义的"王子之镜"留存的选段。这一文集中的各种素材最终源自扬布里柯学派的文献。④ 斯托布斯的伪毕达哥拉斯主义的摘录,很可能与扬布里柯发扬毕达哥拉斯主义(或推定的毕达哥拉斯主

---

① 波爱修在 Cons. I, 4, 4 中运用这一段。
② 参见 Diotogenes,《论王权》(PT, 第 72 页, 21—2):"对于一个城邦,不同(元素)的和谐,模仿了世界的和谐与协调。"
③ Or. I, 42—43。
④ 斯托布斯是我们摘取扬布里柯通信《论灵魂》(De anima)的文段以及波斐利失佚著作的来源。Piccone(2002)认为斯托布斯的文集有入门的作用,并且与受扬布里柯教学所影响的环境有关。

义)文本,以之作为柏拉图主义哲学的古典文献的规划有关。① 在新柏拉图主义圈子中,用到这些伪毕达哥拉斯主义文本的一个可能标志是,奥林匹奥多罗斯将宇宙的政治模仿,与国王和国家与神和世界的类比(在下文第4节中考察)结合,这和伪毕达哥拉斯主义文本的做法相同。② 在普罗克洛的著作中,我们也能找到关于宇宙,即"宇宙城邦"作为政治秩序典范的观点。③ 事实上,这一观点就世界,即宇宙秩序,是神圣工匠神本性的表达而言,能够与超越的工匠神作为政治典范的定义相关。运用宇宙作为典范的政治结果将会在下一节中讨论。

[98]在内在于世界的神圣秩序和工匠神的神圣的超越秩序之间,我们最终要提及一个政治模型的中间层级,即数学原理的层级。对于扬布里柯和普罗克洛来说,数学原理是内在的真理。这些真理是灵魂发现其自身,并构成神圣现实的概念映像。④ 这两个哲学家都宣称,数学为政治哲学提供范式,特别是对政体结构、政治平等与和谐,以及行动与生产的恰当时机(καιροί)的计算。⑤ 政体秩序的数学(包括了平等与正义)会在下文第5节中讨论,柏拉图的著作为此提供素材。在柏拉图的《理想国》和《法义》中,数学的重要地位(比如,《理想国》中的"婚姻数量",⑥或者《法义》中土地分配的计算)应该会使新柏拉图主义者所持的数学对政治哲学十分重要的观点,变得更容易

---

① 参见 PR 96—7,102—3。关于伪毕达哥拉斯主义的政治理论的文本,参见 Goodenough(1928),Chestnut(1979),以及其他更近期的研究,Squilloni(1991)以及在 Rowe 和 Schofield(2000:570—5)中的 Centrone。
② 奥林匹奥多罗斯,*In Gorg.*,第221页,1—11;参见第5页,6—8;Diotogenes,同上(本书第120页注释2)。
③ 参见普罗克洛,*In Remp.* II,第3页,5—10;第99页,10—第100页,28;第325页,22—第326页,2;Philoponus,*Deaet. Mund.*,第35页,16—24。
④ 关于这一点参见 PR 80,167—8。
⑤ 参见上文第五章,第2节。关于καιροί的定义,参见下文第十一章,第1节。
⑥ 546b—c,参见 Mattéi(1982)。

让人接受。

4. 法的首要地位

晚期新柏拉图主义者在（追随柏拉图的《高尔吉亚》464b）区分政治哲学的两个分支，即立法的分支和司法的分支时，将后者从属于前者，因为正义是根据立法者制定的标准进行分配的（上文第五章，第3节）。奥林匹奥多罗斯在他的一篇评论《高尔吉亚》的文章中也主张这种从属关系，他将立法的分支视为保有灵魂，而司法的分支看作矫正的功能。[①] 立法的分支可能包含政治组织（我们将其描述为政体秩序）的基本原理，这些原理被其他法律和倾向所遵循，被柏拉图《法义》第六卷中的程序所判断。因此，我们可以根据法的本性和重要性的大致观点，从与政体秩序相关的问题开始，并在下一章中讨论司法的问题。

普罗克洛引用了柏拉图对"法"（νόμος）一词作为"理性倾向"的说法（《法义》714a1—2），并将其当作[99]法的定义。他推断立法学科是一种特定的理性，换句话说，法是从超越的神圣理智中产生并从属于神圣理智的，理性的决定性因素。[②] 因此，它对应着扬布里柯的哲学王的智慧，这种智慧来自神圣理智，并以其为典范，或者更确切地说，来自作为工匠神的宙斯。

在一封写给阿格里帕（Agrippa）的信中，扬布里柯真心地称赞法律：

---

① 奥林匹奥多罗斯，In Gorg.，第77页15—18；也参见扬布里柯，Vit. Pyth. 30，172。
② 普罗克洛，In Remp. I，第238页22—5；II，第307页，20—第308页，2；参见奥林匹奥多罗斯，In Gorg. 第139页，17—21（也引用了《法义》714a1—2）；扬布里柯，Protr.，第98页，14—15；普罗克洛，In Alcib. 220, 18—19（第273页以及在第410页 n. 3 更进一步的解释）。参见亚里士多德《尼各马可伦理学》X, 9, 1180a21—2。关于柏拉图，参见 Neschke(1995: 156—8)。

第八章 政治学科：立法

法律是"一切之王"。① 现在，法律似乎规定了什么是好的，并且禁止其对立面。② 因此，一种好的秩序是通过怎样的美、怎样的伟大，近似于超过一切的法律？法律的规定广泛流传，就其延伸至各种好以及各种德性而言，因此它们带来的好处③也拓展到城邦的所有秩序以及人们的一切生活。因此，法律是一种共同善，没有它，一切善都无法出现。④

作为政治学科的基本表现，也作为一个神圣典范、超越之善的表现，法律向人类水平的生活传达了一种善，一种共同善。它表达了道德价值，并使这些价值所带来的益处成为可能。

扬布里柯也在其他地方强调了一些立法者，如卡洛达斯（Charondas）、提玛瑞斯（Timares）、扎路考斯（Zaleukos）等的卓越立法，为意大利南部城市和西西里岛带来的好处。这些立法者所在的城市向他们授予了神圣荣誉。⑤ 这些人是毕达哥拉斯的追随者，他们接受了毕达哥拉斯所传授的，关于神圣启示的"政治学科"人文教育。⑥ 因此，朱利安描述的理想立法者是：

其思想和灵魂得到净化，在立法中，他关注的不是犯罪的瞬间或者即刻的偶然事件，而是了解政府的本性（τὴν τῆς πολιτείας φύσιν），观察到正义的必要本质，知道什么

---

① Pindar fr. 169，引自柏拉图《高尔吉亚》484b。关于 Pindar 的部分解释的成功，以及对其多种理解，参见 J. de Romilly(1971: 62—9)(以及参考文献)。
② 扬布里柯在 Vit. Pyth. 172，第 96 页，16—17 中也给出了对立法的同样解释。
③ 参见伪阿库塔斯，《论法律》，在 PT，第 35 页 2—3。
④ Stob., Anth. IV，第 223 页，14—24。
⑤ Vit. Pyth. 7, 23; 27, 130; 20, 172; Ehrhardt(1953: 474)。在 Stobaeus 的文集中(编入 PT)保留了 Charodas 和 Zaleukos 的立法序言。
⑥ 扬布里柯，Vit. Pyth. 30, 173；参见第 3 页，24—7。关于作为政治学科的神圣来源的宙斯，参见普罗克洛，In Remp. I，第 68 页，24—6。

是非正义的特点,并将从中获得的知识尽可能转化到[100]当前的任务中,并且制订对全体公民有着广泛适用性的法律框架。这种适用性不因敌友、邻居或亲戚等不同关系而不同。①

柏拉图自己就是雅典立法者梭伦的后裔。奥林匹奥多罗斯认为,他因此写下了《理想国》和《法义》。② 若说柏拉图的《理想国》中没有缺少法,③则有人会有这种印象,在理想的国家中,哲学家王们拥有如此完美整全的知识,以至于他们自身就是,用希腊罗马时期经常会用到的词来说,"活着的法":他们在行动中不需要参考有实体的法;在国家中,他们是无条件的主宰。④ 在《法义》中,情况有所不同。伴随着在次好的国家(有私人财产和家庭单位)中所作出的让步的是,一个对国家最高长官的能力不那么乐观的观点。这些长官认为其基本功能是"法的守卫者"(752dff.)。因此,在柏拉图次好的国家中法是主宰(参见 715d)。当然,《法义》的一个不同的方面在于立法法典的解释。

在扬布里柯给阿格里帕的信中,在称赞法律之后,我们看到法的守卫者:

> 然而,对法律负责的统治者必须在涉及法律的最高标准时完全纯粹,不能因无知被谎言欺骗,不能诉诸强权,也不能陷于任何非正义的借口。法律的救星和守护者必须尽人类最

---

① *Or*. VI, 262a—b。
② 奥林匹奥多罗斯,*In Alcib*. 2, 18—20。在普罗克洛,*In Remp*. I,第 200 页,21—4 中,梭伦与毕达哥拉斯和莱可格斯(Lycurgus)有联系。关于梭伦,参见下文第九章注释。
③ 第 213 页,1—6(这似乎是从 Sopatros 的信的开头摘录的)。参见普罗克洛,*In Tim*. I, p. 81, 5—7,他记录了梭伦所说的话,即他的法律并非(译按,此处原文有缺漏)。
④ 参见 Aalders(1969),Squilloni(1991:107—36,以及第 25 页,注 9 的参考文献)。

大可能做到清廉。①

我认为,如果我们能够解释其与次好国家的关联,比如柏拉图《法义》中关于人类所能寻求的最好的政治改革层级构想,我们能更好地理解扬布里柯对于法的强调。如果柏拉图哲学王的"众神之城"对于人类来说是不可及的,那么法律就成为城邦神圣化的关键。扬布里柯宣称,法律表现了德性,通过法律,我们能够实现所有善。我们可以推断出,在这里所讨论的德性是"政治的"德性,若在人类中提升这种德性,政治生活就能使人共享超越的善,并因此变得神圣。

5. 政 体

[101]新柏拉图主义者们熟悉柏拉图在《理想国》中建立的不同政体类型的理论。这些类型包含(按照价值降低的顺序)贵族制、荣誉制、寡头制、民主制以及僭主制。② 这五种类型可以扩展成六种,即加入君主政治。虽然柏拉图自己认为,在他的理想城邦中,哲学王的统治是在一人手中(君主制)还是在很多人手中(贵族制)并不太重要。③ 在他的理想城邦中,其他的所有政体类型都是原始(君主制—贵族制)种类的降级或者堕落。然而,在《法义》中,柏拉图所设想的政体形式是一种混合类型,结合了君主制和民主制的元素;在此,人们也能看到关于次好城邦中的人性特点的解释

---

① Stob., *Anth.* IV,第 223 页,24—第 224 页,7;参见扬布里柯,*Vit. Pyth.* 32, 223 中毕达哥拉斯的话:"总是帮助法律,打击非法。"
② 《理想国》445c—d 以及第八卷;奥林匹奥多罗斯,*In Gorg.*,第 14 页,8—21;Pseudo-Elias,*In Is.* 22, 10—11。
③ 《理想国》445c—d;《治邦者》292c。Sallustius(*De dis*,第 11 章)更鲜明地区别了君主制和贵族制,前者与灵魂中的理性统治相符,而后者与理性和心灵的统治相符。奥林匹奥多罗斯,*In Gorg.*,第 221 页 11—17(引用 Ammonius)更加传统。

角度。① 那么新柏拉图主义者们倾向于这些政体中的哪种呢？这种秩序（我们可以称其为积极法律）②又是怎样反映自然的、数学的或神圣的法律所提供的典范呢？

如果我们从最低的范式等级，即自然法开始，那么，君主制（或贵族制）似乎是宇宙秩序所推崇的政体。因此，至少有这样的论证，即一个回溯到伊索克拉底（Isocrates）时期③的传统论证，也是希腊化时期伪毕达哥拉斯主义非常重要的论证"王子之镜"：因为宇宙被神统治，因此，国王应统治国家。④ 奥林匹奥多罗斯也采取了宇宙类比，为此他引用了荷马史诗（《奥德赛》II，204），"多个领导者并不好，就让一个领导者存在"。奥林匹奥多罗斯得出结论："众多平民无法统治，但是那个智慧的、政治的人可以。"紧接着他补充道，[102]在柏拉图看来，这除了支持君主制同时也支持贵族制。⑤ 我们可以在普罗提诺的著作中找到一种对于贵族制特别是君主政体近似的偏好。⑥ 普罗克洛也在宇宙中找到一种在《理想国》中理想城邦所表现的类型的层级结构。然而，正如我们在新柏拉图主义的进路中所期待的那样，这种层级结构有许多等级。⑦

我认为，对君主制和贵族制政体秩序的偏好，不应该被视为

---

① 参见《法义》693d—702b；Aalders(1968：38—49)；Stalley(1983：77—9,116—20)。
② 波斐利区分了神圣的、自然的和积极的法律(θετός；*Ad Marc*. 25，第 120 页,8—10)；参见奥林匹奥多罗斯，*In Gorg*.，第 240 页,21—3；Calcidius，*In Tim*. VI，第 59 页,19—20(积极法和自然法)似乎促进了中世纪时期西方积极法和自然法的区分(参见 Kuttner 1936)。
③ Isocrates，*Nicocles*，通过参考宙斯的君主制，他论证了君主制优于其他政体。
④ Diotogenes，见于 *PT*，第 72 页,18—19。
⑤ 奥林匹奥多罗斯，*In Gorg*.，第 221 页,1—17；参见第 166 页,6—18；第 167 页,17—18；第 208 页,5—7(奥林匹奥多罗斯，第 236 页,3—13，讨论毕达哥拉斯主义更倾向于贵族政体)。波爱修，在 *Cons*. I，5，10—12 一个类似的反君主制的语境中引用了荷马史诗；当然，在亚里士多德主张世界是按照一个基本原理组织的观点之前，这已经成为主流(*Met*. XII, 10)。
⑥ 普罗提诺，《九章集》IV 4,17,24—36。
⑦ 普罗克洛，*In Remp*. II，第 99 页,10—第 100 页,28。

第八章 政治学科:立法

承认在晚期罗马帝国时期,在帝国层面和地方层面上世界的实际政体。不基于哲学知识和完善德性的专制统治是僭主制,而不是柏拉图意义上真正的君主制和贵族制。① 统治者拥有完善知识和德性的可能性,在任何时代,即使存在也是非常小的。一种更像人类并且更可达成的政体,是《法义》中次好等级的城邦所拥有的。这种政体正如在《法义》中一样,是混合的政体,我将在稍后讨论。

向上追溯政治典范的层级,从自然法提供的典范到数学原理提供的典范,我们可以读到柏拉图著作中关于这一主题的迹象,这种迹象被新柏拉图主义者所论证。正是这种"几何比例"的数学概念,特别地引起新柏拉图主义者的关注。这种在不同项之间的比例,比如项之间等比(例如,$1:2 = 2:4$),被柏拉图应用于一种政治语境中。② 柏拉图在《高尔吉亚》(508a)中引入这一概念:

> 现在有智慧的人说……,天地、神人是由共同体、友谊、秩序、节制和正义等联结在一起;这就是他们为什么将宇宙称为"世界秩序"(κόσμος)……你可能没有注意到在神和人中,几何平等有着巨大力量……(Irwin 译)

[103]"几何平等"(或几何比例)的政治重要性在于,它是关于比例的平等,而非在代数比例上的数量平等(例如,$4 - 3 = 2 - 1$):在政治术语中,后者关系意味着每个人得到相同的数量,而前

---

① 参见扬布里柯,*Vit. Pyth.* 32, 214—22;普罗克洛,*In Alcib.* 165, 9—11(参见柏拉图《治邦者》292e9—293a1);Sallustius. *De dis* XI, 2. 僭主制并不反映自然秩序,而是事实上违背它;普罗克洛,*In Remp.* II, 第 176 页, 11—15. 它将统治者的善置于共同善之前(本书第 109 页注释 1)。
② 这里的比例是普罗克洛在,*In Alcib.* 3, 5—13 中所指的一般数学原理。

者意味着按照合适或应得的进行分配。① 在此,我们认识到在《理想国》中柏拉图的理想城邦的基本原理,即每个人都应被分配应有的社会功能(作为统治者、护卫者或生产者),这些功能相应于每个人的能力。换句话说,按照柏拉图的正义原理,即为"各司其职"。② 因此,柏拉图反对在民主制中,给不平等的人无区别的平等这一观点就并不奇怪(558c)。扬布里柯从上文引用的《高尔吉亚》中摘录了这段。③ 而奥林匹奥多罗斯对此给出详细的评论。奥林匹奥多罗斯给几何比例补充了完整的数学解释,④详细说明预期的分配(διανομή)并且是按照恰当和应得而来。⑤

扬布里柯认为毕达哥拉斯也给比例平等这一观点另一个数学定义。毕达哥拉斯给人类的科学贡献中,政治学科⑥,特别是"最好的政体",被明确地解释为一种不等边直角三角形的结构,其重要的特点似乎就是不相等的边的和谐统一。在后文中,我们也会再次引用这一三角形,作为通过不平等的相等比例达到平等和正义的模型。⑦

比例平等的原理是否意味着在《理想国》中柏拉图的理想城邦

---

① 参见 Dodds 针对《高尔吉亚》文段非常有用的注释(1959:339),引用了伊索克拉底,Areop. 21; Harvey(1965:107—10)认为柏拉图对几何平等的政治应用源自阿库塔斯(105—7,145)。
② 《理想国》433b4(参见 Neschke 1995:129—30,134);参见扬布里柯,Vit. Pyth. 30, 179;普罗克洛,In Remp. I,第 216 页,21—第 217 页,5。关于宇宙层面的正义原理("几何平等"),参见普罗克洛 In Remp. II,第 236 页,1—4;Calcidius, In Tim. VI,第 59 页,22—第 60 页,3。
③ 扬布里柯,Protr. 第 90 页,7—14。
④ 从尼各马可,Intr. arith. II, 22—7 中得出,这本书被扬布里柯用作新柏拉图主义课程的核心书籍(参见 PR. 51—2)。
⑤ 奥林匹奥多罗斯,In Gorg.,第 181 页,24—第 183 页,13;参见普罗克洛,In Tim., II,第 227 页,5—6。
⑥ 本书第 123 页注释 6。
⑦ 扬布里柯,Vit. Pyth. 27, 130—1; 30, 179;参见扬布里柯,De comm. Math. Sc.,第 69 页,4—22(特别是第 69 页,15—16)。

的政体,会选择体现了这一原理的政体? 似乎并不必要:《理想国》中的体制假定了统治者能够并且配得上君主的职能,这些职能是必须投入的。如果我们找不到这样的人,那么,比例平等原理[104]就需要其他政体设计。我们可以在柏拉图的《法义》中看到这是怎样实现的。在《法义》中,柏拉图鲜明地论证了次好城邦的混合政体(君主制的和民主制的),其目的在于达成几何比例的平等。①

我认为,正是在这一语境中,波爱修中神秘的、令人惊讶的文段可以找到其位置。在他的《算数导论》(II,45)中,波爱修写道:

> 因此,算数(方法)就好比被少数人统治的城邦,因为更大比例的人在其较短的边,他们说和谐的方法是城邦由最优秀的人统治(*optimates*),因为这样更多数的人就在更长的边。同样的道理,城邦的几何方法就是民主制的(*popularis*)和使人平等的。因为它是由所有人的平等比例组成,既在较长边又在较短边,并且在所有经调解后达到平等,即保有比例和平等权利(*aequum ius*)。

在此,有三种政体结构与三种数学比例相对应:寡头政治对应算数比例,贵族政治对应和谐比例,民主制对应几何比例。在波爱修的文本中令人惊讶的一点在于,他将民主制和几何比例相联系。因为,正如我们已经看到的那样,传统来讲,民主制(的弊端)与算数比例有关。② 波爱修所依据的文献来源(假定是古希腊的)是神秘的,它似乎并非新柏拉图主义的标准数学教科书,即尼各马可的《算数导论》,而这本书是波爱修在其书中经常

---

① 柏拉图《法义》756e—757c,普罗克洛在 *In Tim*. II,第 227 页,1—9 中引用;参见 Dillon(2001:249)。关于柏拉图参见 Neschke(1995:157—8)。

② 参见柏拉图《理想国》558c,《法义》756e—757c。

用的。①

波爱修的参考文献很可能是以毕达哥拉斯主义者阿库塔斯（Archytas）为作者的文本《论法和正义》。② 其中，我们找到了贵族政体代表和谐比例，寡头政体代表代数比例，民主政体代表几何比例的说法。③ 伪阿库塔斯（Pseudo-Archytas）阐明了，比较的不仅仅是数量上平等和不平等，同时也是平等和不平等的比例，其中几何比例代表了不等数量的平等比率。这一[105]在数学比例上比较的不同，意味着一种比例种类和政体结果之间的新的对应。在这种对应中，民主制转而与几何比例对应，而算数比例（代表了不平等的比率和相反比例中不平等的数值）则相应于寡头制。④

在这第二种关于政治比例主题的变体中，并没有按照民主制现有的代表比例说明它的比例（因为这是在第一个且更知名的主题的变体中），认为它高于其他政体形式。事实上，如果我们进一步阅读波爱修的参考文献，我们可以看到，伪阿库塔斯认为一个融合了民主制、寡头制、君主制和贵族制的政体是最好的政体。⑤

那么，我们可以推断，在新柏拉图主义圈子中出现的，与柏拉

---

① 参见 Silvestre(1996)。

② 在 Stobaeus(PT 第 33 页 f.)中保留着摘录。波爱修在他之前的著作 Instit. arith.（II, 41, 3）中提及了阿库塔斯的名字。Harvey(1965: 125)虽然没有充分的论证，但认为波爱修与伪阿库塔斯共享了同样的资料，而非使用了伪阿库塔斯的文本。

③ PT，第 34 页，4—10。

④ Moraux(1984: 670—1)解释了这段文字，并比较了柏拉图和亚里士多德对几何比例的政治理解。

⑤ PT，第 34 页，16—20。另一篇波爱修的著作部分地保存于 Stobaeus，并被归为 Hippodamos 的观点（PT，第 102 页，10—20）。在波爱修的这篇文献中他更倾向于认为，王权是最像神的，但因其很早被歪曲了，因此推荐一种混合的政体。如果我们用其他反民主制的文本来解释，波爱修自己的偏好似乎是贤人政治（régime of optimates）。他在上文引用的篇章 Cons.（本书第 126 页注释 5）中提及这一点。伪阿库塔斯以及 Pseudo-Hippodamos 的混合政体，以及希腊化和罗马帝国时期其他关于混合政体的理论，都在 Aalders(1968: 15—21)中得到了讨论。

图在《法义》中的方法相统一的混合政体理论,被认为是由以阿库塔斯为首的古代毕达哥拉斯主义者提出。阿库塔斯是塔伦特姆的主要政治家,也是柏拉图的朋友。[①] 我们将会在下文第十三章中考察,一个处于柏拉图《法义》所代表的政治层级中的,新柏拉图主义混合政体的例子。

---

① 关于扬布里柯对阿库塔斯的运用,参见 O'Meara(1999b)。

第九章　政治学科：司法

[106]政治学科最基本的立法部分的目的是公民的善。这种善是就其道德性而言：作为政治整体的成员，公民按照法律所表现的德性接受教育。这些德性，即"政治的"德性，反过来构成导向超越善的阶段，即灵魂的神圣化阶段。作为神圣典范（宇宙的、数学的或者工匠神的）的模仿，法律也使政治生活神圣化。一种神圣化的政治整体，在其结构、社会功能的分布中，展现着几何平等结构原理的映像。这种几何平等统治着宇宙，以及超越宇宙的神圣秩序。

政治学科次级的、司法的部分有一种矫正的功能：如果犯罪发生，它恢复对法律的遵守。奥林匹奥多罗斯也认为，立法与司法的区别就在于，前者与一般性有关，而后者处理特殊情况。① 与个体犯罪的特殊性相比，这似乎与立法的一般性有关。② 因此，政治学科的司法部分，需要与特定例子的知识密切相关的实践智慧。我们将会在下文（第十一章，第2节）讨论这一主题。

考虑到这样的司法理论，为了复原新柏拉图主义者在这一主

---

① 奥林匹奥多罗斯，*In Gorg.* 第78页，10—15。
② 参见柏拉图，《治邦者》294a—c；朱利安，如上文第99页所引用的。

题领域的多个角度的进路,我们应用了各种各样的参考文献。普罗提诺是法官和其学园中纷争的仲裁者,他的活动和他的"政治的"德性的实践为我们提供了具体的例子。① 扬布里柯也在他的《毕达哥拉斯的一生》中,为我们提供了"毕达哥拉斯主义"正义的例子。晚期新柏拉图主义者认为,这些例子是相关的。② 我们也会考察皇帝朱利安在司法领域的政策,在某种程度上可以推测这些政策反映了朱利安的哲学观点。

[107]然而,我们并非试图以这种方式,从实践回归到这一实践所展现的理论,而是最好先建立起独立于实践的,新柏拉图主义司法理论的元素。

从上文可以看到,《斐多》(107d—115a)、《高尔吉亚》(522e—527e)以及《理想国》(614a—621d)中的审判传说,可以用于说明柏拉图主义政治学科的司法部分。这意味着关于司法主题的新柏拉图主义解释,我们可以求助于新柏拉图主义对这些文本的评论。现存有普罗克洛、达玛士基乌斯和奥林匹奥多罗斯的评论。然而,审判传说阐明了神圣的,而非人类的正义。不过,它们可以被当作人类正义的范例。新柏拉图主义对传说的理解,使我们能够描述司法理论的一些普遍层面,特别是正义的"矫正"功能的本质。然后,我们会继续考察关于这一主题的一个较少被阅读的文本,即骚帕特写给西莫瑞乌斯(Himerius)的信。这一文本并非是关于人类正义的管理,而是关于现实条件下权力运用的特殊实践。

1. 柏拉图末世传说的审判

人们认为柏拉图的《斐多》、《高尔吉亚》和《理想国》中的三

---

① 上文第十二章,第1节和第3节。
② *Vit. Pyth.* 17,124—6。

个审判传说关乎司法理论。然而,这里有一点不同。如果柏拉图在大体上强调正义和惩罚之治愈的、革新的目的,[①]那么我们就会说,在这三个末世传说中,他采取了不同的进路:因为在这三个传说中,惩罚的主要目的是报应(retribution),而非革新。作为基本的目标,报应和革新是不兼容的。[②] 然而,柏拉图的新柏拉图主义读者并没有察觉这种不兼容性。[108]他们所理解的惩罚,必须是治愈和革新的,因此,这也就和柏拉图对惩罚的大致观点相符。在解释柏拉图在传说中提及的无可救药的灵魂和外在的惩罚时,他们的方法变得十分清楚。在考察过这些解释后,接下来我会简要说明,在普罗克洛的观点中末世正义和惩罚究竟是什么。

在他的《论灵魂》(De anima)一书中,扬布里柯提出了关于末世审判的一种不同意见的评论。[③] 他的观点与一些柏拉图主义者和毕达哥拉斯主义者不同。他区分了审判(κρίσις)和审判的效果(δίκη),例如,惩罚和净化。扬布里柯认为,按照一些人的观点,审判的目的在于区分什么是善、什么是恶,并确认善的绝对优越性。[④] 这似乎与扬布里柯接下来提及的另一个观点相接近,即认为审判是给较好的人和较坏的人一个正确的排序,[⑤]换句话说就是给每个人找到合适的位置。而审判的作用则是带来较善者的胜利并抑制恶,从而产生一种应得的平等比例。[⑥] 对于这一观点,扬布里柯补充了其他人的一些看法。这些人主张正义的作用就是报应(即在惩罚中为一个错误付出同等或者成倍的代价),就是移除

---

① 参见 Mackenzie(1981:第 11—12 章)。关于柏拉图立场的简要陈述,参见《高尔吉亚》525b。
② 参见 Mackenzie(1981:223,237,239)。
③ Stob. Anth. I,第 454 页,10—第 457 页,6。
④ 第 455 页,7—11。
⑤ 第 455 页,12—15。
⑥ 第 455 页,15—19(关于正义作为几何平等,参见上文第八章,第 5 节)。

恶或者是其他类似的好处。① 这后一种观点与扬布里柯接下来说明的一种关于末世净化的效用的观点相接近:它净化了灵魂,使其免于尘世的负累,使其获得升至更高存在的自由。② 在他对于这些不同观点的评论中,我们无法清楚地看到他自己的观点。然而,在他的研究中,有两个重要的观点:在恢复和实现宇宙中正确的道德秩序的意义上,末世审判和惩罚是矫正的;以及,灵魂在得到其应得的方面,也可能从其惩罚中获益,并到达一种更高的生活。③ 但是,是否所有的末世审判都是治疗的,能够引起被惩罚灵魂的道德革新?

在赫罗克勒斯《〈金诗〉评注》(*Commentary on the Golden Verses*)中,有一篇有趣的文章,对于积极回应这个问题很有帮助。赫罗克勒斯将犯罪的灵魂描述为,知道其自身的恶,害怕[109]地狱中的惩罚,从而给自己定罪到虚无的状态、④到自我毁灭,以作为其唯一的"治愈",作为一种逃离末世审判的方式。赫罗克勒斯补充说,这一犯罪的灵魂给它自己的自我毁灭宣判,有些过于极端,因为地狱中法官要消除的并非灵魂自身,而是其罪恶,即为了灵魂自身的救赎而处罚。他们把惩罚比作运用切除与烧灼的医生,治愈灵魂、免除邪恶,使灵魂净化,免受自身邪恶的激情,并引领其上升到更完整的状态。⑤ 柏拉图的惩罚作为治疗手段的定义,因其恢复道德健康的作用而类似于医学治疗。⑥ 柏拉图的这一定义,似乎也可以在此处赫罗克勒斯的文本中应用,至少可以用于一些犯罪的灵魂。然而,在其末世传说中,柏拉图似乎并没有将

---

① 第 455 页,15—25。
② 第 455 页,26—第 456 页,11。
③ 对于这两者,正如考虑宇宙正义,参考普罗提诺《九章集》IV,4,45,47—52。
④ οὐδένεια;扬布里柯指的是意识的虚无状态,οὐδένεια,在 *De myth*. I,15,47,17。
⑤ *In carm. aur.* 第 65 页,5—25。
⑥ 《高尔吉亚》477e7—479c6;比如,这一医学的比喻在普罗提诺《九章集》IV 4,45,47—52 中和扬布里柯 *De myst*. IV,5,189,1—3 中也能找到。

这一惩罚的革新功能扩展到特定的无可救药的灵魂。他认为这些灵魂要遭受外界的惩罚。①

普罗克洛否认特定灵魂是绝对的无可救药这一观点,因为这意味着所有灵魂,或者某一类型的所有灵魂,不再出现于这个世界中,永远被限制于地狱中。在他看来,这一结论是荒谬的。他认为,某种灵魂的不可治愈,与他们缺乏治愈自身的能力、认知其罪行的能力(正如赫罗克勒斯犯罪的灵魂)以及作为内在道德革新第一步的忏悔能力相关。在特定时期,这种灵魂可以被宇宙的旨意所治愈。它们依赖于外界的帮助实现救赎。②

即使是这样,大多数灵魂也并非无可救药的,对他们的惩罚也不会没有尽头。因此,普罗克洛认为,对这种灵魂的外部惩罚,是一段特定时间的整体跨度。③ 达玛士基乌斯提及了他的这种观点,但达玛士基乌斯并不同意其中涉及的特定时段的时间的判定。他也提到了关于外部惩罚的另一种解释。在柏拉图提到的外部惩罚中,有一种宣称是政治的:这意味着柏拉图外界惩罚的传说是希望有其政治功能的,即作为当下道德生活中遏制犯罪的功能。其他观点强调了[110]对特定灵魂的救助概念,或者是对他们惩罚的连续性。④ 简而言之,所有的这些观点,否认了一种对外界惩罚的字面理解。

最后,关于这一主题,我们还要考虑奥林匹奥多罗斯的观点。他认为如果灵魂被永远地惩罚,那么他们就不可能再享受善,而总是处于邪恶之中。然而"惩罚就其目的而言是有些好处的"。那

---

① 《高尔吉亚》525c,e;《斐多》113e;《理想国》615e。
② 普罗克洛,*In Remp.* II,第 178 页,5—24;参见达玛士基乌斯,*In Phaed.* I,546,9—10。关于"无可救药的"灵魂的救赎,也参见普罗克洛,*In Remp.* II,第 184 页,14—28。
③ *In Remp.* II,第 178 页,2—8;第 179 页,9—19。
④ 达玛士基乌斯,*In Phaed.* I,547(以及 Westerink 的重要注释,第 279—280 页)特别是 II,147(一个更全面的解释)。

么,如果惩罚不能对我们有利,提高我们的生活,它就是徒劳的。然而,神和自然都不可能做无用功。一位确定是基督徒的学者,在其手稿中,给奥林匹奥多罗斯的论证补充了这样的评论:"外界的惩罚是绝对真的,看看这个人是怎样地误解了它!"①

2. 末世审判和惩罚

但是末世审判和惩罚实际上是什么呢？在解释《理想国》的结尾的厄尔神话时,普罗克洛认为,必须沿着普罗提诺和扬布里柯所主张的进路研究末世正义;②它是宇宙中的秩序原理,每个灵魂借此获得其应得,获得在存在秩序中或高或低的合适位置。这一秩序统治一切。在这种正义的统治下,善者根据其功绩找到崇高的地位,而恶者处于最低层的处境,恶者遭受的处境与其过失成比例。在一些特定的灵魂中,正义的普遍原理的施用,是结合了灵魂自身寻找其合适位置的主动动机,和代表着天意的世界秩序所对应灵明的行动的结果。③ 因此,[111]在柏拉图的"无可救药的"灵魂之外,灵魂会通过激情给其自身设下"地狱"(正如赫罗克勒斯的

---

① 奥林匹奥多罗斯,*In Gorg.*,第263页,13—25,以及关于第263页,26的旁批。奥古斯丁,《上帝之城》XXI,13页批评了柏拉图认为的惩罚是治疗性、使灵魂净化的观点。然而,在他年轻时,他写道(*De ord*. II,8,25):nihil puniant quod non valeat ad melius(他们没有施加任何惩罚,无法到达更好的效果)。对于一些基督教思想家,比如 Origen,外界惩罚的问题仍旧是开放性的。一个关于惩罚的治愈性观点是,对于有罪的灵魂,缺乏惩罚可能是一种更大的恶,因为它缺少了一种治愈的方式;参见柏拉图《高尔吉亚》476a—479e;在奥林匹奥多罗斯,*In Gorg*,第130页,9—10引用了普罗克洛,*X dub*. 52。
② 普罗克洛,*In Remp.* II,第145页,15—第148页,15;第150页,9—第151页,3;第151页,25—第152页,26;第182页,9—第183页,25;参见上文第108页以及Clarke(1998:226—339)关于朱利安和撒路斯提乌斯(Sallustius)。
③ 参见普罗提诺《九章集》IV 8,5,22—4(惩戒灵明);扬布里柯 *De myst*. IV,1,181,13—19;*De anima* 在 Stob., *Anth.*,第454页,25—第455页,5。关于宇宙正义和命运之间的关系,参见 I. Hadot(1978:121—5)。

自我毁灭的灵魂),或者是为自身创造出天堂,与神圣的宇宙正义者相结合。这本来是普罗提诺所主张的:

> 但是既然有给每个人和身体一样多的位置,那么人们之间的不同一定来源于灵魂的性情和事物本性中的正义。因为没有人能逃离他因自身罪行所应遭受的一切:因为神圣法则不可避免,并且在其自身中已经包含宣判其死刑的审判。接受审判的人也并不知道他会遭受什么;在其漫游的不稳定过程中,他的所有地点都是未知的,而在最终,在经过种种挣扎和抵抗的努力后,他就好像完全疲倦了,落入到属于他的地方,拥有了他所愿旅程的不情愿的结果,即他不愿面对的惩罚。但是,在法律中已经列出了他要经历多久和多少惩罚,并且,一并而来的是,通过使宇宙结合的和谐力量,从惩罚中解脱并有能力从这些地方逃走。(《九章集》IV 3,24,5—20)

新柏拉图主义末世论也包括许多其他问题。例如,是灵魂的哪一部分犯了邪恶之罪并应受惩罚?是所有灵魂都被审判,还是只有邪恶的灵魂被审判?是否有办法能从灵魂转世和受罚、被奖赏的轮回中跳脱出来?这些问题关系到柏拉图的末世传说,可以被作为政治哲学司法部分的表现,因此也被讨论过了。[①] 这些传说被这样应用的可能原因在于,新柏拉图主义者所寻求建立的一致性,即在柏拉图关于正义与惩罚的治愈性定义,和他们所认定的在柏拉图的末世论中所能找到的同样的概念之间的一致性。

当然,我们要允许不同的存在:拥有全知和权力的完美形式的神圣宇宙正义,与有着许多限制的人类政治正义之间的不同。神圣正义的运行并不在我们的理解中,无论如何它有着比人类正义

---

① 参见例如 Smith(1974:第4—5章)。

更广、更高的目的。"人们将正义定义为每个灵魂的恰当活动,以及根据强势和主导的政体的法律进行的,应得的分配。然而,神关照着整个宇宙的秩序,以及灵魂对神的贡献,并决定合适的惩罚。"①

3. 骚帕特给西莫瑞乌斯的信

[112]晚期新柏拉图主义者解读柏拉图的末世传说,以便找到其中关于神圣正义和惩罚的理论,与柏拉图在其他著作中所说的正义与惩罚的遏制和治愈功能相一致。神圣正义,在它恢复并确保宇宙中正确道德秩序的意义上,是矫正的。它治愈犯罪的灵魂,部分通过这些灵魂的自主行动,部分通过宇宙正义的神圣主体(灵明)的行动。我们可以推断,人类正义应该寻求尽可能模仿神圣正义,并且具有相同的矫正功能。

一篇关于人类正义管理的有趣文本,涵盖了人类正义的治愈功能,以及其与特殊情况相关的实践智慧。这篇文本是在西莫瑞乌斯就任权职之时,他的弟弟骚帕特写给他的信。这封信大体上只有六页得以流传,保存于斯托布斯(Stobaeus)的文集的摘录中。② 它的作者应该是扬布里柯的学生骚帕特的儿子(也就是骚帕特二世)。他是一个哲学家,是扬布里柯所在城市阿帕米亚的什长,也是西莫瑞乌斯的弟弟。西莫瑞乌斯的儿子也以扬布里柯为名(即"扬布里柯二世")。根据利巴尼乌斯(Libanius)说,他在公

---

① 扬布里柯,*De myst*. IV,5,187,13—188,1。
② IV,第212页,13—第218页,9。在这一节,我总结了O'Meara(2003b)所详细论证的观点。对这一文本唯一较早的研究是Wilhelm(1917—18),他提供了一个连续的评论,部分是用改述的方式,部分是用引用,包括了很多有用但不加区别的参考文献,包括了伊索克拉底、伪毕达哥拉斯、狄奥·克里索斯托、扬布里柯和其他作者的文本。

元357年之前,曾任多个不确定的掌权职位。① 他们的名字意味着骚帕特二世和西莫瑞乌斯属于扬布里柯主义出身的知识背景。在这种新柏拉图主义出身中,家庭关系与所属的哲学流派经常是紧密相连的。② 斯托布斯文集中留存的骚帕特信件内容,也体现着其新柏拉图主义的出身。在这之后紧接着伪阿库塔斯在《论法与正义》中引用的扬布里柯的摘录。③

从骚帕特信件的摘录中,我们可以注意到以下观点。在第一段摘录中,骚帕特区分了基于最高规则的道德表扬和与行动(πράξεις)相关的赞扬。[113]在这后一种赞扬中,所给定的最好的倾向于是"本性上的",即绝对地最好的。④因此,骚帕特认为,当我们考虑政治行动时,最高原理必须实现于给定的环境和需求中。在接下来的摘录中,他提供了许多关于这一绝对在实践中实现的建议。在骚帕特给他弟弟的信中,他表述了"王子之镜",因此谈及了一种中立位置,即在道德的绝对理想和对要求无原理遵循之间的位置。骚帕特推荐一种适度水平的政治抱负(上文第八章,第2节)。

骚帕特的信也在他弟弟的权职意义上是中立的,即他的弟弟担任的职务并非出于绝对的位置,而是一方面从属于一个更高的权威,另一方面则位于其他人之上。(一个人能够想象一种在地方性水平上的、有基本政治责任的职位。)骚帕特因此给他的弟弟提出了关于(1)面对其上级,以及(2)面对其从属和管理对象的建议。⑤

---

① 参见 *PLRE* i. 437 以及 846—7。Wilhelm(1917—18: 401—2)认为 Stopaeus 摘录的信的作者是 Sopatros 1(也就是是扬布里柯的学生),但是和他弟弟 Himerius 的关系反对这一点(*PLRE* i. 846)。
② 关于晚期新柏拉图主义学园的朝代层面,参见普罗克洛,*Theol. Plat.* I,引言(xxvi—xxxiv)。
③ 关于一些斯托布斯文献中与扬布里柯的联系,参见上文第97页。
④ Wilhelm(1917—18)给这封信命名为"执政明鉴"。
⑤ (1)第213页,8—第215页,10;(2)第215页,12—第218页,9。

(1) 关于上级,骚帕特区分了三种由上级指派给较高级别的官员的任务:第一种,是那些不能被拒绝,但是能够在无法承担时,可以通过调整实施的方式和时机以及劝说来缓和的任务;第二种是那些在任何情况下都无法接受,①但是都可以被那些宁可经受恶也不愿为恶的官员所忍耐的任务;②第三种则是能够通过机敏的建议来避免或推迟的任务。③ 这第三点可能与骚帕特摘录的另一个主题相关,即恰当的自由言论(παρρησία)的运用和对上级表现出的合适尊重:如果对那些被统治者无害,则有时可以应用自由言论;而当对那些被统治者有利时,则尊重是恰当的。在讨论中层统治者应如何处理一些来自上级的,强加给他们的无法接受的责任时,骚帕特始终考虑到政治的目标——公民的善,即被统治者的优势。这一目标[114]是"最好的生活",④道德"美好"的生活。通过他的道德勇气和政治智慧(πολιτικὴ φρόνησις),高级官员可以带领他的统治对象达到这一生活,从而编织成一个和谐的政体。⑤

　　(2) 关于西莫瑞乌斯与其下属和统治对象的关系,骚帕特信中的摘录强调了两种应说明的德性:慷慨和正义。慷慨的德性对应于在希腊化时期和古典时代晚期"王子之镜"中,经常被称赞的博爱的德性。这一德性在扬布里柯写给杜斯考

---

① Sopatros 在这里引用了亚里士多德,《尼各马可伦理学》III,1,1110ᵃ26—7。
② 参见柏拉图《高尔吉亚》474b3—4,475d—e,479c4—5,508e4—6;波爱修,*Cons.* IV,4,32:infeliciores eos esse qui faciant quam qui patiantur iniuriam(实施不公正的人比遭受不公正的人更不快乐)。
③ 第 213 页,16—第 214 页,3。
④ ἀρίστη ζωή,一种对神圣生活的柏拉图主义描述(《形而上学》XII,7,1072ᵇ28),被普罗诺用来指神圣化的人类目标,即理性的生活(《九章集》I 4,3,30—5;IV 8,1,4)。
⑤ 第 214 页,8—9 以及 15—20;第 215 页,1—4;第 212 页,16—第 213 页,1;参见柏拉图《治邦者》279a—b,关于政治编织的图景。

利乌斯(似乎是另一个高官)的信中已经讨论过,在这封信中掌权者的慷慨赠予和共同善相关,也与关于共同善的统治者的更大功效有关。① 关于正义的实践,骚帕特推荐一种治愈性的、教育性的方法,能根据西莫瑞乌斯的统治对象道德特点的不同而作出调整。② 这意味着,尽管法律就其规定的完全严格的惩罚而言,表明了对恶不可妥协的敌视,以避免助长放任,但是在应用的过程中,应该适度并且考虑人性,既不出于愤怒,也不是残酷地苛责每个小错误。因为人性并非不可堕落的,"犯错在人类本性中"。③ 官员应该关注这些被审判者的道德矫正及革新,恰当地展现慈悲,大体上用适应性的方法统治这些被统治者。"给正派的人以评估,给消极的人以活力,给无耻之人以严厉,给胆怯之人以温和"。④

我们可以得出结论,关于管理正义,骚帕特大体上沿着柏拉图的刑罚学进路。在这一进路中,他主张威慑和道德革新或治疗的结合,并特别强调了后者。然而,骚帕特的信中剩下的摘录只能让我们注意到这种趋势,而不能帮助我们进一步分析。不管怎样,高官被要求时刻铭记我们之前发现的,在扬布里柯的通信中被强调的[115]原理:⑤那些被统治者的善和共同善的首要地位;通过德性提高"最好的生活"的目标;法作为德性的表现和实现国家中德

---

① 参见上文第 77 页;在 Stob., *Anth*. IV,第 222 页,7—第 223 页,12 中的扬布里柯;Sopatros,第 215 页,12—第 216 页,3。
② 第 216 页,15—第 218 页,9,我在下文中总结了其中的一些观点。
③ 第 217 页,20—2。关于在司法管理中对适度的赞扬,参见朱利安,*Or*. III, 30。关于避免出于愤怒的惩罚,普罗克洛应用了柏拉图和毕达哥拉斯主义者 Archytas 和 Teano(*X dub*. 54)中的例子。关于 4 世纪地方长官的司法实践的印象,参见 MacMullen(1990:第 20 章)。
④ 第 217 页,7—10。
⑤ 参见上文,第八章,第 1 节和第 4 节;扬布里柯给杜斯考利乌斯和阿格里帕的信,被斯托布斯和骚帕特在同样的章节中摘录,也可能是书信体的"王子之镜"。

性的手段的运用。骚帕特清楚地表明了他对于自己弟弟的最高道德标准的期待,就好像扬布里柯对法的守护者的期待一样。扬布里柯希望的守护者正直,并且拥有政治智慧,从而表现出对特殊情况和不同个体的适应的灵活性。我们可以比较骚帕特的建议,和接下来所说的道德不灵活性,以及处于与西莫瑞乌斯类似地位的塞福瑞雅努斯(Severianus)的糟糕后果。①

---

① 达玛士基乌斯,*Vit. Is.*, fr. 278,280。

第十章 宗教的政治功能

[116]在古典时期的希腊城邦国家中,将圣所(教堂)和国家分开是让人很难理解的。城邦中公民生活的宗教层面和政治层面紧密结合。城邦国家真正的特点,其起源、集体凝聚力以及它的良好存续,都能在宗教中得以表达。城邦国家中,公民的日常生活都充满了宗教节日,包括我们现在所认为的文化体育事件,都证明了使共同体和他们的神结合在一起的纽带。无论他们真实的动机是什么,以不虔诚之罪指控一些哲学家,例如,苏格拉底,与其批评神所表现出的政治威胁有关。即使古典的希腊城邦国家在某种程度上共享万神殿,每个城邦国家的具体特点,仍体现于特定的宗教神话和仪式中。

基于这种公共的或城邦的宗教在地域上的不同,我们可以比较不同的原始习俗和动机,特别是厄琉西斯(Eleusis)和俄耳浦斯(Orphic)传说的动机。他们的动机并没有像回应个人需求那样,回应共同体的需求。个人的需求是例如个人死后的救赎需求。① 如果我们打算将这种比较进行以下区分,即(1)城邦宗教通过神不断出现在集

---

① 这两种宗教趋势不应被区分为两种互相排斥的相反的倾向,参见 Burkert(1987:10—11)。

第十章　宗教的政治功能　　145

体生活中实现城邦的神圣化,以及(2)一种较为个体化的宗教实践,使个体在死后实现神圣化;那么我们可以将这种区分反过来与(1)新柏拉图主义政治哲学所寻求的城邦的神圣化,以及(2)新柏拉图主义中代表着达到更高水平神圣生活的灵魂的神圣化相联系。在新柏拉图主义中,这两种神圣化并非截然相反的:它们代表着神圣化的不同等级,较低的等级(城邦神圣化)是实现更高的等级([117]灵魂神圣化)的前提,反过来,较高等级的神圣化也使较低的等级成为可能。而在宗教中,这就意味着城邦宗教在城邦的神圣化过程中有重要作用,即作为过渡到更高等级的灵魂神圣化的准备阶段。

在本章中,关于宗教政治功能的问题,将会扩展到关于新柏拉图主义对神圣化阶段的概念,以及其与更高形式的神圣化的关系。对于新柏拉图主义者而言,因为这一问题并非上文我所描述的,与古典希腊城邦国家有关的非常普遍的方式,而是一种与对柏拉图处理宗教政治功能的文本的理解有关的更加具体的方式,因此,简要地重新考察柏拉图在《理想国》和《法义》中对宗教态度的一些相关文本,对我们的研究是很有帮助的。

1. 柏拉图作品中宗教的政治功能

在《理想国》的理想城邦中,并不缺少城邦的宗教。最初,在理想城邦中的成员,就过着田园牧歌般的生活,他们一起享受宴会并向神唱着赞歌(372b)。当城邦建立时,最重要的立法大体都提及了关于庙宇,祭祀,对神、灵明(Demon)和英雄的供奉,以及对死者的供奉。但是柏拉图却没有考虑,关于应分配给德尔斐神庙中的阿波罗神的东西(427b—c)。在《理想国》中更受关注的问题是宗教神话,例如荷马(Homer)和赫西奥德(Hesiod)所吟唱的神话的教育功能,因为这些神话塑造了年轻人可塑的灵魂。对此的有力反驳,批评了这些神话中神的不道德和不相称的行为,并形成很多的准则或规范(τύποι),[①]以构成恰当的宗教传说应告诉人们的内容的基础。这些规范保证了神性是善的,并且是善的原因,而非恶的原因(379b,380c);保证了神既不会在言语上骗人,也不会在行动上骗人(382e);也保证了神是德性的化身,因此不会作恶,例如受贿(390e)。这些神是理想城邦道德价值的化身,他们是善和道德生活的首因。这些道德价值也体现在与灵明和英雄相关的神话传说中(392a)。因此,柏拉图最为关注的是通过宗教传说,[118]对孩子道德品性的政治教育。这种教育通过他们对模范的充满想象力的模仿(395c—d),成为在理性教育之前的阶段。而理性教育则是未来统治者通过学科学习所获得的教育。

除了法的首要地位,对私有财产的接受,女性相对较低的地位,以及一种混合政体的构想,柏拉图《法义》中的城邦与《理想国》中的城邦的不同,还体现在对城邦宗教的广泛关注。[②] 在正式的公开演讲中,人们已经明确了,宗教的基本价值指向所设想的城邦的未来成员,即个体的良好发展。在那里,城邦被认为是依赖于"一切事物的尺度"——神,而非人。城邦依赖于"跟随神",[③]或者成为"像"神一样的。这种基本原理就转化为虔诚德性的实践,例如,持久地供奉于神。这种供奉尊重神的等级秩序,并扩展到对灵明与英雄的供奉。父母也应得到尊崇,在其生时被服从,在其逝去后得到合适的供奉(716a—718a)。如果我们考虑到虔诚的根本政治价值,那么柏拉图反对不虔诚的严格立法(907d—910d)就能够得以更好地解释。在《法义》中,他宣称,不虔诚来源于三种错误的观点:(1)神不存在;(2)神不关心人类;(3)神会受祭品和祈祷者的

[①] "规范"(norms)是 Burnyeat 的翻译(1999)。普罗克洛在 In Remp., diss. IV 中讨论了这些规范。

[②] 参见 Reverdin(1945)的整体解释。关于与古希腊特别是雅典实际宗教机构的关系,参见 Morrow(1960),Piérart(1974)。

[③] 参见《法义》716b;关于这一毕达哥拉斯主义的摘录,参见上文第三章(在《法义》中文段的全部内容有明显的毕达哥拉斯主义基调)。

影响(885b,907b)。柏拉图反对其中第一个观点的论证(888e—899d),在当下被视为论证上帝存在的一种早期版本。人们将这种论证从其政治语境中抽离出来进行解读。然而,值得注意的是,这一论证寻求建立一种德性的层级(在理性、灵魂和德性的宇宙等级中的优先性[①])。这种德性层级和城邦赖以设计的德性层级相符:理性和德性的优先性,和它们带来的自由与和谐。[②] 在宇宙秩序和政治秩序之间的联系也是如此。在《法义》889b—e 中,这一点在与柏拉图所反对的立场的关系中得到阐明。柏拉图反对"无神论者"的立场,他们反对规划的城市是基于根本原理。对于无神论者,柏拉图表明:他的不虔诚代表了一种对良好政治秩序的严重内在威胁。作为对照,在《法义》中广泛的宗教规划,[119]代表了向国家基础原理的宗教实践的转化。而在《理想国》中,神为孩子提供了政治和道德价值的教育典范,作为共同体目标的表现,普遍地服务于在《法义》中的公民。哲学精英可能会从一个高度抽象的方面,来理解在柏拉图反对无神论者论证中的神,但是大众对相同价值的认识是由较低层面的宗教来提供的,[③]这种不变的实践对于国家的凝聚和良好运作来说是十分重要的。

在《法义》中所设想的宗教机构的特例,不能够在此应用。然而,我们应该回想起一些对柏拉图的新柏拉图主义读者来说很重要的层面。柏拉图《法义》中的立法者面对神和神庙时必定是保守的:他不会认为要违背德尔菲神庙中阿波罗的神谕的启示,也不会违背多多那神庙中的宙斯和阿蒙神的神谕,或者是那些古代传统中本地的和外来的信仰(738b—c)。信仰的空间组织和众神的神庙符合于国家的空间分布:一些主要的神(赫斯提女神、宙斯、雅典娜女神)在国家中心的神殿接受膜拜,位于卫城之中。以卫城为中心,国家土

---

① 《法义》892b,896c—d,898c。
② 《法义》688a—b,693b—c,701d,963a。
③ 参见 Reverdin(1945:244—5)。

地呈放射状分布,在每部分的土地上,建立了很多地方信仰中心,以及属于地方众神的神庙。① 在地理上,公民的生活被属于神和灵明的圣地所占据;而在时间上,人们的生活中充满了各种宗教节日、宗教仪式、宗教比赛和文化事件。② 负责神圣处所和庆典的祭祀职务,由阿波罗和赫斯提女神的祭司率领,他们由"高级祭司"担任。③ 这些和其他神职人员,包括祭司和女祭司、解经者、神庙的管理者、占卜者,都是通过选派而任命,或者是通过命运的指引所任命。④ 宗教官员的候选人,则根据其道德品性进行筛选。这种统一但有地域差异的宗教机构的公众、集体的目的,很明显源于对私人神龛的禁止。这种私人神龛脱离并可能公然反抗国家的控制(910b—d)。柏拉图的"教会"是一种国家机构,服务于共同体的政治目标。

2. 皇帝朱利安的宗教规划

[120]在《法义》规划的次好的政治改革模型中,虔诚被强调为根本德性,因为它带来公民与神圣的相似,因此公民变得有道德并且像神。我们已经在可能的毕达哥拉斯主义文本中看到,柏拉图将虔诚与"跟从神",以及按照合适的次序供奉神、灵明、英雄和父母相联系。根据扬布里柯和柯罗顿(Croton)的年轻人所说,毕达哥拉斯的演讲中表达了同样的对虔诚的定义。⑤ 并且,这一定义

---

① 参见 Reverdin(1945:57—60)的总结。
② 参见 Reverdin(1945:62—8)。
③ 参见 Piérart (1974:315—54,以及 321—3 关于"高级官员"是否是柏拉图中的创新的问题)。
④ 命运的指引似乎将对人的选择权交给神(759b—c)。
⑤ *Vit. Pyth.* 8,37—38,第 21 页,20—第 22 页,20;参见第 50 页,20("跟随神")。关于毕达哥拉斯的虔诚定义,参见 28,134—7,第 75 页,27—第 77 页,15(ὁσιότης [第 75 页, 28]相当于εὐσέβεια[第 77 页, 12])。参见 Stobaeus,*PT*,第 228 页,24—32;第 227 页 23—5 中毕达哥拉斯主义者 Zaleubos 的立法序言。

第十章 宗教的政治功能

在赫罗克勒斯对伪毕达哥拉斯主义的《金诗》中前四首诗的评论中,发展到一定篇幅。对于赫罗克勒斯来说,《金诗》首先劝谏我们要虔诚,要按照合适的次序尊重神、灵明、英雄和父母。因为虔诚是首要的德性,它使我们提高到宇宙的神圣因。①

在朱利安的自传体传说中,他很清楚地表明了政治改革与虔诚之间的关系。在这部自传体传说中,他解释了他的政治使命。这一使命,被他描述为紧接着神的超越版本"下降"到帝国规则。②它源于君士坦丁的不虔诚的统治,在其治下,帝国被许多恶侵蚀。③ 年轻的朱利安服从于最高的神,宙斯。为了改革帝国,他从对神的沉思中下降,听从关于合适地服侍神的根本指导。④ 这意味着,政治改革需要君士坦丁统治下猖獗的"无神论者"(朱利安基本上认为是基督教徒)的逆转,⑤也意味着要加强国家掌控的宗教机构,以便合乎与神相关的、恰当的虔诚的实践。如果我们记得柏拉图的《法义》,并且回想到朱利安的抱负并非《理想国》中的哲学王,而是更为谦逊的状态,[121]即与《法义》中次好的政治规划或者更次一级的规划相应,⑥那么我们就能更好地理解,他强调的虔诚和宗教在政治改革的语境中的重要性。

那么,我们至此是否可以宣称,在这一普遍的关系之上,朱利安具体的宗教政策是受到《法义》中宗教政策的启发?不必得出这样的结论。但我们至少可以注意到,朱利安的宗教规划在很多方

---

① 赫罗克勒斯,*In Carm aur*. 第7页,23—第8页,16;参见被认为是普罗克洛观点的《金诗》的阿拉伯评论,第9—23页,扬布里柯,*De myst*. V,21,230,9—10(以合适的次序供奉神)。赫罗克勒斯用了εὐσέβεια,但似乎是指θεοσέβεια,这一术语,以及其同义词,ὁσιότης(第14页,9—10)。
② 参见上文第七章,第1节。
③ 朱利安,*Or*. VII,22,228d—229b;(基督徒)的不虔诚与政治灾难之间的关系也见于普罗克洛,*In Tim*. I,第122页,8—12。
④ *Or*. VII,22,233c—d;关于朱利安的虔诚,也参见212b以及*Ep*. 89,299b—300c。
⑤ 也参见在 *Or*. VIII(180b)末尾的朱利安的祈祷。
⑥ 参见上文第八章,第2节。

面都可与《法义》中的宗教规划相比照。①

（1）朱利安的宗教政策在原理上和《法义》一样保守：古代传统不能被打破。② 这意味着，比如，犹太宗教因其遵循古代传统能够被接受，但基督教因为在犹太教的基础上创新，就不能被接受。

（2）对于朱利安来说，地方性的神有其正确的位置，而在《法义》中也是如此。对于朱利安来说有众神，相应于地理、文化、国家的不同而有很多神。但是这些神并没有什么排他或普遍的宣称，③即像犹太人的神那样。地方神是大量宗教神的一部分，他们从属于希腊万神殿中的主神。如果在《法义》中，地方神统一于由卫城里神领导的城邦国家中的集中体系；那么，在朱利安的帝国中，不同地区和国家的神是由古希腊传统中的最高的神领导，这一传统也与晚期新柏拉图主义形而上学等级中的基本原理相符。④

（3）朱利安从事于修复神庙（包括耶路撒冷的神庙）、圣坛，以及恢复包括祭祀在内的宗教仪式的广泛规划。⑤ 他的规划对他的重要性在于，如果如同《法义》中暗示的，我们重新回想起虔诚的政治功能，那么他所追求提高的宗教仪式的密度（包括有时荷马比例的动物祭祀）就是明确的。⑥

---

① 参见 Athanassiadi-Fowden(1981)的不同立场，以及 Smith(1995：第 2 章和第 7 章，批评 Athanassiadi）。然而，这两者都没有考虑到政治哲学与主体的关联，以及在这一语境中《法义》的重要性。Smith 的讨论也会经受新柏拉图主义哲学的讽刺观点（"难懂的"，"深奥的"，还原到扬布里柯的神工），并且没有看到它是怎样与传统的多神宗教相关的。

② 朱利安,*Ep*.89,453d；罗马保留了古希腊的宗教传统(*Or*.XI,39,152d—153e)。

③ 朱利安,*Ep*.89,454a。

④ 参见本书第 148 页注释 1。关于柏拉图中的从属的地方神，参见《治邦者》271d, 272e—273a(更多关于柏拉图的内容参考 Riedweg 1999：78)；参见扬布里柯,*De myst*.V,25,236,6—7(神圣总督),Athanassiadi(1981：166)。

⑤ 关于证据的研究，参见 Athanassiadi(1981：110—11)。

⑥ Ammianus Marcellinus 22,12。

第十章　宗教的政治功能

[122]（4）宗教仪式的重建引发了在宗教和地方层面神职人员的任命。基于这种关系，朱利安作为最高祭司（Pontifex Maximus），他给亚洲地方的大祭司（HighPriest）泰奥多罗（Theodore）发了一封重要的信，即一种教宗通谕。① 这封信包含了许多关于朱利安对异教神职人员的定义、任命、获取资格和责任等方面的关切。这一神职的政治重要性和地位，与人是"政治动物"的本性相关，因此被反复强调。② 朱利安将其与"无神论"基督教禁欲者的反政治的厌世行为相比，他认为这是从属于邪恶灵明，而非超越的、仁慈的神的结果。③ 神职人员的委派是"从上至下的"：朱利安作为最高祭司，显然是根据其朝廷中的一名扬布里柯学派的哲学家马克西姆斯（Maximus）的建议，④ 任命地方大祭司，再由这些人任命较低等级的神职人员。这一任命方法并非《法义》中构想的（由选拔和天意任命），而是由一种新柏拉图主义的形而上学方法出发，将所有善、权力和知识，通过中介从较高等级到较低等级纵向传递。⑤ 这种任命完全基于候选者的道德和智力才能。也是在此处，我们可以注意到这与《法义》中构想的不同。在《法义》中，候选者必须符合特定的身体和社会条件，同时也有道德要求（759c）。朱利安坚持了其中的最后一项，即道德要求，详细地解释，就如同为神职人员写"王子之镜"，这种道德是一种能够区别出祭司（priests）的德性，这些德性与他们作为神与人的中间人的角色有关。祭司要格外

---

① *Ep.* 89。吕底亚的主教是 Chrysanthius 和他的妻子。关于朱利安的主教们的扬布里柯主义关系，参见 Athanassiadia(1981：185—6)，他也讨论了朱利安的神职改革（第 181 页 ff.）。
② 亚里士多德的著名表述（《政治学》I,2）；朱利安，*Ep.* 89,288b；参见 292d(人是"社会动物")以及上文第 44 页。
③ *Ep.* 89, 288b—c。
④ 参见 Athanassiadi(1981：185—6)。
⑤ 参见下文，第十三章,1,ii. 朱利安的做法对应于专制统治。

地虔诚,致力于为神的服务,同时要"博爱的",致力于善行与人性的关照。① 这种祭司的博爱,如同朱利安的理解,并不必须是现代研究中经常假定的,基督教慈善实践的异教版本:②它仅仅应被理解为神的博爱、仁慈品性的拓展:模仿神、变得像神,意味着实践神的博爱。③ [123]朱利安理想的博爱祭司因此与晚期新柏拉图主义的哲学王相同。④

从这些比较中,我们可以得出结论,朱利安对宗教的政治重要性的定义与柏拉图《法义》中的定义,沿着大致相同的进路:虔诚作为政治德性的首要地位;宗教机构的政治中心性,以及"无神论者"所表现的威胁,这种威胁包括宗教理念与政治秩序的不兼容;建立一种有着活跃的宗教仪式的密集网络的必要性,这种结构既是集中的又有宗教差异;以及在宗教组织中可见的传统主义。然而,朱利安的路径似乎并非对《法义》中宗教规划的简单应用。抛开历史的偶然性因素,特别是罗马宗教体系的出现和国家的帝国扩张,朱利安的规划似乎从新柏拉图主义哲学中吸收了一些新元素。特别是我们已经看到(在第七章,第1节和第八章,第2节),这些元素包括善的传递过程中的下降等级的概念。这一概念在朱利安的哲学王版本中,以及在他向往成为的没有那么高尚的哲学皇帝的版本中,也很有影响力。

3. 扬布里柯的宗教仪式

在柏拉图《法义》中宗教机构的一个功能是教育,这与朱利安的神职人员的作用一样。在《理想国》中,神学传说被恰当地设计,

---

① *Ep.* 89,453a,293a,305b。
② 关于一个当下的例子,参见 Smith(1995:43)。
③ *Ep.* 89,289a—290a。
④ 参见上文,第七章,第1节。

第十章 宗教的政治功能

以便作为一种在道德和政治价值方面,前理性的、想象的教育。在《法义》中,这种宗教指导是一般性的,就好像他没有期望大多数公民成长到远远超过幼儿期想象的程度。① 朱利安也说了类似的话,他认为我们的灵魂有较低的、幼稚的部分,民众无法接受更纯粹的神圣真理,因而才诉诸神学传说。② 正如在柏拉图《理想国》中的那样,在这一基本的、普遍的、前理性的道德教育水平,神学传说需要将它们认为属于神的不道德和无价值的特点彻底清除。在犹太教和基督教的"传说"中,朱利安也批评了这些特点。③ [124] 然而,在哲学框架下,传说不仅有基本道德启迪的作用;它们也有更高的理性功能来暗示和隐藏出众的神学真理。④ 这一更高的功能必定也应属于朱利安的神职人员的工作部分。

除了教育,朱利安的神职人员也负责其他传统的宗教功能:祈祷、唱诗、祭祀以及其他仪式。关于宗教信仰的物质层面的主体,朱利安认为这与我们的有形肉体的条件相关:物质标记与物质形象对于我们在物质条件中发现自身来说,是必要的,因为它是作为连接我们与超越的非物质神性的中介。⑤ 因此,我们可以推断,正如人类条件作为具身的灵魂包含政治生活,并且需要"政治的"德性作为灵魂神圣化的第一阶段;这一物质条件对于宗教信仰来说是必需的。宗教信仰的物质性,是神圣化第一层次的一部分。然而,不同的新柏拉图主义哲学家,对宗教仪式的重要性和功能的理解不同。比如,正如我们所见,以下普罗提诺和扬布里柯之间的比较。

---

① 参见 Morrow(1960:468—9)。
② 朱利安,*Contr. Christ.* 39b;*Or.* VII,2,206c—d;参见柏拉图《治邦者》268d—e。
③ *Contr. Christ. passim*(例如,75b,106e,155e,171e);朱利安在 44a—b 中暗指柏拉图在《理想国》中对神学传说的批评。
④ 朱利安,*Or.* VII,11,216c;参见普罗克洛,*In Remp.* I,第 79 页,18—第 81 页,21; Sheppard(1980:157—9);Clarke(1998:344)(Sallustius);Lamberton(1986:197)(普罗克洛)。
⑤ *Ep.* 89,293b—296b。

如果说,普罗提诺将"政治的"德性的重要性,归于其作为使具身灵魂的生活变得有序的方式,因此假定其为更高神圣化层级的初步阶段,那么,在具身生活的改革和灵魂真正的神圣化之间,就存有一些间断。① 在普罗提诺看来,我们可以通过关注灵魂,在与其具化的身体条件的关系中,所拥有的强大的外在性和独立性来解释这一点。无论是怎样的身体条件,灵魂总是植根于并展现于(即使是无意识地)神圣理性的超越生活中。灵魂通过德性与哲学的实践,能够随时回到这种超越生活中。② 物质性并没有对灵魂的神圣化起到积极作用,而是代表了灵魂回到至善以成就超越的阻碍。正是基于这个理由,普罗提诺才对出席罗马各种各样的宗教仪式缺乏兴致。③ 这也是让他的学生阿麦利乌斯(Amelius)和波斐利感到很困惑惊讶的一点。

然而,对于扬布里柯来说,灵魂到肉体的下降通常[125]导致的具身化条件,对灵魂有着深远影响。如果某些灵魂能够在它们下降到身体的过程中保持"纯净",就像毕达哥拉斯的灵魂那样,那么它们就保存了与超越的神圣存在之间的联系。④ 而其他的很多灵魂失去了这种联系:它们完全地下降,并且它们的具身状态成为其身份的构成部分。⑤ 这意味着,对它们来说,物质性是在神圣化或灵魂得救问题上一个更加重要的问题。大部分人类灵魂不再享有接近或到达神圣的机会,而这是普罗提诺的灵魂所拥有的。准确地说,大部分人远离了神圣,切断了与神圣的联系,他们的灵魂在与神圣的距离中被削弱。他们用不同种类和不同层次的物质存在构筑其自身身份。灵魂的多种物质条件,因此成为灵魂神圣化

---

① 上文,第四章,第 1 节。
② 参见《九章集》IV 8,8,1—6。
③ Porphyry, *Vit. Polt.* 10,33—8;文本参考 Van den Berg(1999)。
④ 参见 *PR* 37—8。
⑤ 参见上文第三章,第 3 节。

第十章　宗教的政治功能

的基本的重要因素,灵魂神圣化必须首先通过物质条件的方式来实现。① 这反过来产生了政治和宗教生活的物质性,对扬布里柯来说,物质性有着比普罗提诺所认为的更大的工具性价值。在灵魂通过政治生活进行神圣化的过程中,灵魂与肉体关系的重要性已经在上文提及。② 如果我们研究扬布里柯的《论秘仪》(Demysteriis),我们也能在宗教实践中看到这种重要性。

《论秘仪》的正确标题是"导师阿巴蒙(Abammon)回应波斐利给阿奈博(Anebo)的信,以解决其中的问题"。③ 在这一著作中,扬布里柯假定一个埃及祭司的角色,他的学生阿奈博是波斐利信件的接收者。④ 在评判扬布里柯引用波斐利信中的文段时,我们可以看到,波斐利似乎在寻求关于很多实践的解释和信息,特别是那些被我们描述为包括操纵、引诱,甚至是通过各种方式欺侮神和灵明的通神实践。而其他的问题则是关于神圣显现和阻止邪恶与防止欺骗灵明等问题。奥古斯丁总结了波斐利写给阿奈博的信,他想知道波斐利在问这些问题时,他自己的态度究竟是什么:他是真的向阿奈博寻求指导吗?[126]还是通过提出各种通神实践背后可耻的假设,来暗示对它们的批评?

如果我们参照柏拉图在《理想国》中批评宗教传说所应用的术语,以及《法义》中所明确表示的虔诚原理,那么,我们就能够更确切地识别出,对于柏拉图主义者来说,在这些实践中什么是可耻的:神圣是善,并且是善而非恶的源泉;

---

① 这些物质条件包括灵魂的物质"载体",它在提升灵魂方面的功能在晚期新柏拉图主义中有更加重要的地位。参见 Dodds 关于普罗克洛的研究,*El. Theol.*,第 313 页—第 321 页。
② 上文第八章,第 1 节。
③ 《论秘仪》1,1—3:当代的标题可追溯到斐奇诺(Marsilio Ficino)的著作(*De mysteriis Aegyptiorum Chaldaeorum Assyriorum*)中给的标题。
④ 关于扬布里柯的作者身份和他选择作为"阿巴蒙"来讲话的原因,参见 Saffrey(1971)。Saffrey(2000a)提供了一种对《论秘仪》结构的有用分析。

神圣不能被人类的实践所影响、贿赂、腐坏；神圣并非欺骗与不正当。① 扬布里柯也完全同意这些原理，波斐利也必定如此：真正的宗教实践，与失当的行为不同，我们必须按它与神圣的善在必要性、形式和效力等方面相一致去解释。它的力量是所有善而不是恶的来源，它的超越性和不可侵蚀性统治着所有较低等级的存在，包括人类行为及其正当性。② 我们可以补充说，扬布里柯希望守护的宗教实践，和这些柏拉图主义的原理一致，而不仅仅是波斐利在他《给阿奈博的信》中最感兴趣的那种边缘的、奇怪的、极端的实践。扬布里柯也希望包括更传统的、更集体的公共信仰在内。③ 事实上，他自己的方法关注所有恰当开展的宗教实践，无论是埃及人的、迦勒底人的抑或是希腊人的实践，无论是公众的还是私人的。他关注所有对神以及从属于这些神的灵明的正确服务。

扬布里柯对正确的宗教实践的解释，与柏拉图的术语和原理相同，这一解释进一步包括了，有关神和特别是从他的新柏拉图主义形而上学而来的人类灵魂的前提。神不仅是非物质的、完美的、善的，是所有善而非恶的来源，即作为物质现实中所有力量、形式和结构的起点，神和神的力量在物质存在中也是无所不在的，只是在物质存在的不同接受能力下被部分接收。④ 它们构成了[127]通过中介（特别是灵明的）等级向下扩展的层级，以连接分等级的

---

① 上文，第 1 节；参见朱利安批评犹太教和基督教神学违背这些原理（上文第 2 节）。
② 《论秘仪》IV, 1, 181, 1—10；V, 4, 205, 9—206, 14；I, 11, 37, 14—38, 13；I, 12, 42, 1—5；IV, 6, 189, 4—11；IV, 10, 194, 15—16；I, 21, 64, 13—65, 14；I, 18, 53, 2—5；II, 3, 70, 12—17；II, 10, 90, 7—91, 7；II, 10, 94, 1—5；III, 31, 178, 2—179, 12；IV, 6, 189, 4—11；IV, 10, 194, 15—16。朱利安（*Ep.* 89, 301a）也运用了《法义》中的虔诚原理（参见 Riedweg 1999：63—4）。
③ 参见《论秘仪》V, 10, 211, 6—18；V, 15, 219, 18—220, 6；Van Liefferinge(1999：第 1 章)，一个有用的当下研究。
④ 《论秘仪》III, 12, 129, 1—13；V, 23, 232, 10—233, 10。普罗提诺在《九章集》VI 4—5 中发展了这种理性的无所不在性因物质接受能力不同而不同程度地被接受的理论。

人类灵魂,并因此构成了"神与人之间的共同体(κοινωνία)"。① 至于人类灵魂,它们也根据下降程度和陷入到物质性的程度不同而有所区别。他们的神圣化或救赎分别需要不同的恰当方式:对于"纯净的"灵魂来说,要一种纯粹的"非物质的"信仰;对深陷物质性的灵魂来说,需要一种符合他们特定状况的物质的信仰;而对于处于中间的灵魂,则需要一种中间的信仰。② 因此神灵供奉是基于一种"类似对类似"的原理,即把开展仪式的人与相应的神圣性联系起来的相似性,③这与灵魂的秩序和众神的合适秩序相符。④

考虑到柏拉图主义和新柏拉图主义的原理,那么我们应该怎样理解正确进行的宗教实践?正如已经提到的,这类实践的大体目的是,使坠落的灵魂得以提升和神圣化。这是一种净化的、治愈的功能。扬布里柯将这种功能与喜剧和悲剧的涤情功能相比。⑤ 因此,祈祷者们祈求神,将灵魂带到一个更像他所向之祈祷的神的相似状态,从而使灵魂得到提升。⑥ 由此,如果这些中间层面被表达,那么通过祈祷获得的与神圣的进一步结合,就意味着进一步分有神圣生活,因此也意味着分有神圣生活的完美状态,或者是灵明和英雄的完美状态。⑦ 这样,祈祷就既是一种灵魂上升的方式,也

---

① 《论秘仪》V,10,211,16—18。
② 《论秘仪》V,15,219,1—220,18;V,18,223,10—225,11;V,20,227,1—228,12。关于纯粹灵魂的超越信仰,也参见 V,22,231,1—2;关于纯粹的灵魂可能实践怎样非物质信仰的大胆猜想,参见 Shaw(1993)。
③ 《论秘仪》V,20,227,17—18。
④ 《论秘仪》V,21,230,10。关于在相应合适秩序下的虔诚的重要性,正如在《法义》中所描述的,参见上文第 120 页。Shaw(1995)很好地分析了扬布里柯学说中的灵魂神圣化过程中仪式的不同应用。
⑤ 《论秘仪》I,11,40,1—15。
⑥ 《论秘仪》I,15,47,16—48,4;I,12,42,6—15。
⑦ 《论秘仪》V,26;II,9,87,14—88,16。关于祈祷的新柏拉图主义理论,也参见普罗克洛,*In Tim.* I,第 210 页,30—第 212 页,11;Esser(1967)。关于新柏拉图主义圣歌作为一种祈祷形式(因此是哲学,作为一种灵魂的圣化),参见 Van den Berg(2001:ch 2)

是灵魂获益的来源;不包括神圣的操纵和强迫,神圣仍旧是一切善和力量的来源,包括那些使灵魂得到提升的善和力量。

扬布里柯强调了在祭祀中祈祷的重要性,这种祭祀有着与净化和提升灵魂相同的目的。① 他强烈反对祭祀仪式中点燃祭品的行为能够使其动摇,[128]甚至"提供食物"给他们所祭祀的神或灵明的观点。相反,正是高级的存在(神、灵明)使较低级的存在(灵魂)得到滋养。因为祭祀是在进行一种由低级到高级的净化(通过燃烧的物质)、提升和近似。② 因此,通过宗教祭祀中的燃烧,灵魂使自身脱离物质性并得到净化,使自身更好地加入到超越性中,这就意味着更好地分有以超越性作为源泉的善。善以这种方式从神下降,即通过由祭祀完成的灵魂的提升,不仅对个体灵魂有益,也对城邦、人民和国家有普遍的好处。③ 这些好处根据所涉及的灵魂的不同层次,祭品的不同类型,以及所祭祀的神的不同等级而有所不同。似乎很少有灵魂能够建立与最高等级的神之间的非物质联系。然而,较低等级的祭祀,更加适应于大多数灵魂的条件与需求,也是较高等级祭祀的一个阶段。④ 扬布里柯认为,在这些例子中,祭祀的效果,他们的运作力,并非来源于参与其中的人类中介者,即祭司,而是来源于作为所有力量之源的神。人类中介者仅仅起辅助作用,因为他们能够恰当地处理参与神圣力量的方式。⑤ 因此,由一致性、相似性所联系,通过合适的工具,在物质和非物质的不同层面上,不同层次的灵魂和神,通过与恰当的人类宗教仪式

---

① 《论秘仪》V,26,237,8—15;V,11,215,1—7。
② 《论秘仪》V,10,212,1—214,3。
③ 《论秘仪》V,10,211,8—16。
④ 《论秘仪》V,9,209,11—210,14;V,14—18.
⑤ 《论秘仪》II,11,97,2—98,15。参见 III,1,100,10—101,7;III,7,115,2—10(关于占卜)。关于术语"辅助",συναίτιος(97,15),参见柏拉图《蒂迈欧》46c7—e2,在此处,初级的可理解的理性原因与次级的物质原因相对比(也参见《论秘仪》III,1,101,8—9)。

的一致性，构成一种"共同体"，一种宇宙的和跨宇宙的同情和"友谊"体系，由此，从超越性而来的善被不同层次，以不同方式分有。①

4. 神工与向私人信仰的撤退

在《论秘仪》中，扬布里柯在与服侍神有关的描述中，用到了"神工"(theurgy)、"神力"(theurge)、"通神的"(theurgic)等术语。术语[129]"神工"似乎是由《迦勒底神谕》(Chaldaenan Oracles)的作者杜撰的。《迦勒底神谕》是一部神谕集，可以追溯到公元2世纪。这部著作被扬布里柯完全接受，并整合进新柏拉图主义哲学中，作为最高价值的神圣启示的来源，与其他（假定为古代的）希腊的和蛮族的，哲学的和宗教的这类启示相同。② 当下，学者们倾向于将神工与《迦勒底神谕》中表明的通神实践相联系，并且倾向于看到新柏拉图主义中对神工的强调，即自扬布里柯以来，脱离了普罗提诺的理性主义哲学，并实际上屈服于非理性的通神实践。然而，如果术语"神工"是实际上在《迦勒底神谕》中首先出现的新词，那么，它就不会在扬布里柯和晚期新柏拉图主义中有限定于特定通神仪式的意思。我们可以在晚期新柏拉图主义的解释中看到这一点，即他们将神工解释为使人变成神。③ 那么，从更广泛的意义上说，"神工"能被比作神圣化，因

---

① 《论秘仪》I,12,42,6—15;I,13,43,8—12;V,9。
② 关于术语θεουργός,参见 Lewy(1978: 461),关于《迦勒底神谕》,参见 Majercik (1989)。在这一节，我并不试图处理新柏拉图主义神工的复杂问题（关于一个有用的研究，参见 Van den Berg 2001: 第4章），我的目的只是暗示神工适合于宗教实践的方式，正如这种实践与政治哲学相关。
③ Psellus,*Omn. doct.* 71 以及 74。Lewy(1978:461)引用了这部分，他认为 Psellus 的理论来源于普罗克洛；然而，这些章节可能是来自扬布里柯的《论德性》（上文第四章，本书第59页注释2)。

此,从更广泛的意义上说,它也被认为是近似于神的术语,也就是晚期新柏拉图主义者的目标。① 在这种更广泛的意义上,扬布里柯在《论秘仪》中对这一术语的应用,并非只是关于《迦勒底神谕》中的实践,也涉及其他种类的宗教信仰。②

我们也可以在另外两个与"神工"一词密切相关的术语,即"神秘宗教的"(telestic)和"祭司的"(hieratic)中得到相同的观点。它们同样不必仅仅指定迦勒底的实践。③ 在赫罗克勒斯(Hierocles)的观点中,我们可以找到这一广泛应用的有趣例子:

> 所以哲学的理论部分作为理性是在先的;而哲学的实践部分作为力量是其次的。但是我们区分了两种形式的哲学实践部分,即政治的和神秘宗教的。其中,政治实践通过道德使我们从非理性中得到净化,而宗教实践则通过宗教仪式的方式,来减少物质的幻象。政治哲学的主要例子是共同体建立起的法律,而宗教哲学的主要例子是城邦的神圣仪式。哲学的最高部分是理论的理性;在中间的是政治(理性);而排在第三位的是宗教(理性)。第一个在与其他两者的关系中,起着眼睛的作用,[130]而紧跟着它的另两者则在与其的关系中起到手和脚的作用。三者互相联系。因此,如果没有与其他理性的合作,其中任何一个都是不完美或者说几乎无用的。④

因此,赫罗克勒斯认为传统城邦信仰是"神秘宗教"。⑤ 他也

---

① Psellus,*Omn. doct.* 71。参见 VandenBerg(2001:74)。
② 参见《论秘仪》I, 8, 28, 6—9; III, 20, 149, 13—17; V, 14, 217, 17—218, 10; V, 18, 224, 11—225, 10; VIII, 4, 267, 6—10; X, 6, 292, 15—18; Van Liefferinge(1999: 124)。
③ 参见 Lewy(1978: 495—6)。
④ 赫罗克勒斯,*In Carm. aur.*,第118页,4—17。
⑤ 参见 K. Harl(1990: 12—13)。

将这一信仰与政治哲学紧密联系起来,并认为它从属于政治哲学。而根据新柏拉图主义学科和德性层级的要求,政治哲学从属于哲学的理论部分:政治哲学和德性纠正了肉体中灵魂生活的非理性,[1]而宗教信仰则似乎纠正了较低等级的物质性。在此,我们可以参考扬布里柯在《论秘仪》中所理解的物质的、具体的宗教行为。

扬布里柯并没有将作为神圣化的过程的"神工",界定为灵魂陷落的存在的较低表达。他也认为神工超越了宇宙存在中人的状况,代表着与超越的、非物质的神圣性结合的行为,这种结合超出了理性和哲学所能达到的边界。[2] 事实上,在近似于神圣的层级中,"政治的"、净化的以及理论的德性似乎都被神圣化的最高等级超越,即"宗教的"德性,通过这种德性人类能够真正变成神。[3]

尽管在4世纪开端,扬布里柯仍旧能够设想,在传统城邦信仰的语境下,以及与迦勒底人实践的关系中,陷落灵魂的提升,并且在一个世纪后,朱利安推行复兴这些公共信仰的宏伟规划,以作为他政治改革的一部分,但城邦宗教却越来越成为朱利安的"无神论者",即基督徒的领域。异教徒神庙以及圣地的遗弃和损毁,限制了根据柏拉图的原理进行的公共的、城邦的宗教生活的范围。新柏拉图主义的哲学家,遭受了政治和宗教上的排挤,他们越来越需要在哲学学园和私人生活的更受限的狭小范围内,以宗教和政治神圣化的形式生活。

在马里努斯讲述的关于普罗克洛的故事中,我们可以看到关于这点更为鲜明的例子。在神庙被毁的过程中,雅典比其他城邦

---

[1] 上文,第四章,第3节。
[2] 《论秘仪》IV,2,184,1—13;II,11,96,14—97,19。
[3] Psellus, *Omn. doct.* 71 以及 74(关于 Psellus 的文献来源,参见本书第159页注释3);参见上文第四章,本书第62页注释2。

所受影响更小。异教徒仍能够住在那里,并且相对不受干扰地实践他们的宗教信仰。[131]然而,在公元 482—484 年间,当雅典娜的神像被移出帕特农神庙,[1]女神出现在普罗克洛的梦里,让他为她准备房屋:正是现在她要居住在普罗克洛私人的家中。[2] 哲学家城邦的女神,同时也是柏拉图城邦的女神,从卫城中撤退,在哲学家的私人领域,过上了一种隐秘的生活。[3]

---

[1] 参见 Trombley(1993—4: i. 81—2)。
[2] 马里努斯,*Vit. Procl.* 30。
[3] 关于普罗克洛的宗教,参见 Festugière (1966),Saffrey(1984),以及关于他与基督教的关系,Saffrey(1975)。

第十一章　政治行动的限制

[132]在本章中，上文(第四至第十章)提出的新柏拉图主义政治理论的重建大纲，将以考察与政治改革的界限与可能性有关的因素而结束。如前所述，我们所讨论的问题并非具体的历史事件，也并不是新柏拉图主义者在现实政治中已实现的(或没有实现的)程度。相反，我们考虑的是，那些大体上在新柏拉图主义哲学理论中限制了政治学科的可能性和影响政治学科成败的因素。我们不能忽视在新柏拉图主义中，什么是哲学家可能的政治抱负这一问题(上文第八章，第1节)。我们已陈述了政治改革的一系列层级(上文第八章，第2节)，即从我们认为是柏拉图《理想国》中所代表的"众神之城"(但考虑到人类的条件，这几乎不是一种可能的选择)，到例如柏拉图《法义》中次好城邦所表现的政治改革层级，再到政治进步的略逊一筹的版本。我们已经说明，朱利安的政治规划，可能刚好处于次好或者更低的层级中。骚帕特给西莫瑞乌斯(上文第九章，第3节)的提议，考虑到在更高的当局者之下权力的运用，这一规划有着更受限的适用范围，并且提供了能使哲学理想适应于具体的既定环境的，灵活的、有区别的方法。政治改革的层级，人们所能设想的可能的层级，一方面，由灵魂居于肉体的人类条件的限制所决定；而另一方面，由哲学家所处的特定环境决定。

当然,这些环境有时过于恶劣,以至于无法采取任何行动,这时隐退是被推荐的选择(上文第八章,第 2 节)。

政治改革就其可能性及其所能达到的而言,被进一步限制:(1)被我们的行为在其发生的物质世界中依赖于我们无法控制的因素限制;(2)被知识(θεωρία)向行动转化的困难所限。[133]在接下来几页中,我会更详细地展示这些额外的限制因素和困难,并且这些因素和困难也引出了判断新柏拉图主义者政治行动成功与否的简要评论。

1. 行动的他律

在《九章集》III. 8 中,普罗提诺将行动描述为一种知识(θεωρία)的副产品或替代品。对于那些不能拥有纯粹知识的人来说,行动是知识的替代品。他们把行动作为那些难以理解的东西的隐晦表达。然而,对于那些获得了纯粹知识、成为超越的理性的人来说,行动是一种副产品,它们从知识中来,并且是知识的表达(上文第七章,第 1 节)。然而,在这两种情况中,我们的行动都脱离了我们的控制:它们是外在于灵魂的(《九章集》15,10,21—2),都是与另外的事物(πρὸς ἄλλο)相关,并受其他事物的影响,它们发生于物质世界的语境中(《九章集》IV. 4,43,16—24)。我们的行动与他者的相关性意味着,即使它们是自主的,因为它们从我们的自主决定中产生,在我们的灵魂中产生,它们也并非(完全)自主的,因为它们与外界因素有关。而这些外界因素并非受我们控制。这些外在的环境使行动必要,并影响着这些行动。① 对于普罗提诺,行动的这一他律维度意味着,在许多例子中,存在着我们被外

---

① 《九章集》VI 8,1,22—30;5,1—27;关于斯多亚哲学中的这一主题,参见 Annas (1992:99—100)。

第十一章 政治行动的限制

界因素影响的可能,即被激发我们激情和欲望的对象所影响的可能:我们可能落于世界的"魔力"(spell)之下。然而,即使我们保有我们的自由、自主,我们的行为也部分地由超出我们掌控的东西所迫使和决定。① 因此,"即使理性占据主导,在行动领域的所有事,都是混合的,并且没有'完全由我们掌控'的纯粹情形"(《九章集》VI.8,2,35—7)。行动从哲学知识中来,因此也是部分地自主的,这是因为它们源于自主的理性;但它们也是部分地他律的,因为它们的发生需要物质世界赋予其必要性和条件。这种他律被一个很流行的概念——"命运"所表达,普罗提诺将其理解为根据"世界—灵魂"关系的理性组织和物质世界规则。它自身表达着神圣理性的超越法则,即普罗提诺提及的"天意"(providence)。② [134]这种指向他者的政治生活,与指向个人的知识和净化的生活相对,由普罗克洛和其他新柏拉图主义者建立,③作为政治行动中自主与他律的混合主题。关于最后一点,普罗克洛将许多引人注意的观点引入讨论。④ 在他的《论天意》(De Providentia, 34)中,他在柏拉图的《法义》中,找到普罗提诺所认为的限制人的行动的三个因素(天意、命运以及人类理性)。下面是他所引用的柏拉图《法义》的文段(709b5—c1):

> 神是一切,尽管在神之下的运气(τύχη)和时机(καιρός),决定了我们生命的整个历程,然而我们必须允许第三种因素的出现……技能(τέχνη)。(Taylor 译)

---

① 参见《九章集》IV 4,44,16—25。
② 参见《九章集》III,3,5 关于命运和天意之间的区别。
③ 参见达玛士基乌斯,*In Phaed.* I,74(在彼处有 Westerink 的注释);奥林匹奥多罗斯,*In Phaed.* 4,2—3;5,1。
④ 参见 Brunner(1992)。

普罗提诺的第一个因素，天意，相当于神；而第二个因素，命运，则被普罗克洛分别描述为"运气"与"时机"（正如在上文引用的柏拉图的文本），或分别描述为宇宙的运行与"时机"，或为命运与"时机"。① 第三个因素，来自《法义》文段中的"技能"，相当于人类自主主体，特别是"政治的"技能。② 在这里，我们需要进一步讨论两点：在普罗克洛那里受到重点强调的"时机"这一主题的重要性；以及普罗克洛所主张的政治技能可以与时机合作，"'因为飞行的技能能够导致风暴的时机'（《法义》709c1—2），医疗技能能够进行治愈，因此总体来说，政治技能能够作用于实践事务"。③

普罗克洛在时机、运气和命运以及宇宙运行之间建立的联系，说明了前三者并非指世界偶然的、任意的方面，而是指统治着宇宙的自然法，特别是在它与其现实维度的关系中。正如时间中存在的世界由天体的运行所度量，行动也是如此，它们有其合适的时刻，即时机。④ 普罗克洛在另一个文本中很好地说明了这一时机的定义，⑤他引用了毕达哥拉斯将"时机"看作第一因，正如[135]事物源自其完美状态的观点：⑥比如，时机是医学中善的来源，因为对于治疗一种疾病来说，正确的时机是至关重要的。因为每个人体都有其合适的位置，所以每个行动都有其合适的时刻。因为世界时间中的不同时段关乎生物体的成功繁衍，⑦所以特定的行为能够在特定时刻成功完成。⑧ 因此，我们可以推断，时机是命运

---

① 参见 Brunner(1992：176)中的表格。
② 普罗克洛《论天意》34,25—30；我们也能在 Stob., *Anth*. II, 第174页5—11中，扬布里柯给 Macedonius 的信中找到这三个因素。
③ 普罗克洛《论天意》34,28—30。
④ 亚里士多德将"时机"（καιρός）归入时间范畴的善（《尼各马可伦理学》I, 4, 1096^{a}23—7）。
⑤ *In Alc*. 120,12—121,26。
⑥ 关于毕达哥拉斯的文献，参见 Segonds(1985)关于这一段(194, n. 6)的笔记。
⑦ 关于这一点参见扬布里柯 *Phys. arith*. 10—11,33—64（在 *PR* 218—20）。
⑧ 关于这一点的经典背景，参见 Trédé(1992：第3章—第4章)。

的一部分,也就是说,在事物当下的演替中,一个特定的行为有其合适的时刻。因此,政治行动中的成功包含了选择行动的恰当时刻,即一个被命运固定的时刻,以便在与命运的共通中进行这一行动,正如成功的医生在疾病的演变过程中选择恰当的时机干预。①

政治技能包含选择行动的正确时机,这使得数学知识成为必要,正如我们在普罗克洛对扬布里柯的《论毕达哥拉斯主义》卷 III, 15 的修订中看到的:扬布里柯认为数学"引领行动有秩序地进行",而普罗克洛认为它是"行动的时机(καιρούς)、不同的宇宙周期、繁衍的合适数量"的尺度。② 对于最后一点,普罗克洛在他关于柏拉图《理想国》的第 13 篇文章中,进行了长篇讨论:《理想国》中的哲学统治者在管理婚姻和生育时,需要数学的、特别是天文学的知识。《理想国》认为正是因为他们在这方面政策的错误,才导致理想城邦堕落的开始(546a—d)。因此柏拉图的文本赋予受数学启发的生育政策以极大的政治重要性。正如普罗克洛所强调的,这一政策必须选择其行动的正确时机,因为宇宙的运行已决定了这些时机。③

普罗克洛也注意到事情可能会与我们所做的选择相反地发展。在这些例子中,最终我们无法依照自然法行动,我们必须接受自己的失败,也必须承认自然的智慧统治着一切。④ 在普罗克洛之前,朱利安已经详细地引用[136]柏拉图《法义》(709b)中的文段,这一文段也被普罗克洛所解读。朱利安强调了柏拉图文本中的另一个术语,即对于新柏拉图主义者来说,和"时机"一起构成命运的"运气"(τύχη)。他强调了它对于那些活跃在政治中的人的重

---

① 也参见普罗克洛,*X dub.* 51。
② 扬布里柯,*De comm. math. sc.* 第 56 页,5—6;普罗克洛,*In Eucl.* 第 23 页,14—16。
③ 普罗克洛,*In Remp.* II, 第 79 页,6—第 80 页,5;在第 73 页,27—9 普罗克洛提到统治者应该掌握"时机的知识"(science of καιροί)。
④ 普罗克洛,《论天意》34, 15—22。

要性，以及接受它带来的一切的必要性。①

政治行动的混合特点，即既是自主的又是他律的，基于知识寻求获得与自然法共通的最佳可能结果，必定与这些行动发生的混合王国有关。这个王国是灵魂出现于肉体之内，与肉体相关，并运用肉体的王国。然而，当灵魂离开肉体，拥有更高等级德性的生活时，它就超越了命运的王国；它生活的自主性就不再受宇宙法则所限定和束缚。②

2. 实践智慧

恰当的政治行动，必定是由知识引起的：宇宙的知识、数学以及可能的形而上学知识（上文第八章，第3节）。但是也必须关注具体的环境，即与这一行动相关的、不断变化的、物质对象的世界。因此，行动的不足可能并非来源于缺乏理论知识，而是源自缺乏对特定环境的关注。亚里士多德在他对实践理性的分析中，早已发现它们与理论知识的区分（《尼各马可伦理学》VI，5和7）。普罗提诺接受了实践理性的观点，并强调了行动所分有的"外在"(ἕξω)的相关性。扬布里柯也提及关于偶然的（例如物质的）对象的智慧(φρόνησις)，他将这种智慧描述为"实践审慎"(practical deliberation)。③

[137]那么，恰当的政治行动就并非仅仅直接来自理论知识

---

① 朱利安，*Or.* 4—5（将柏拉图的主题与皇帝的Τύχη/ Fortuna[运气]的帝国主题结合）。朱利安中的这一主题，被Candau Morón(1986)所强调。Simplicius，引用了《法义》709b9，提到了Τύχη作为一种神圣性(*In Phys.* 第333页5—17；也参见Sallustius，*De dis* IX, 7)。

② 参见Brunner(1993)。普罗克洛描述了在世间的灵魂是怎样参与到世界必需的事物中，他将灵魂比作乘坐小船的哲学家，因此必须遵循水手和驾驶者以及天气的规则(*In Remp.* II，第345页，19—25；关于这一形象参见Epictetus, *Discourses* II, 5, 10—11)。

③ *Eth. arith.* 31—2(在 PR 224)；参见亚里士多德《尼各马可伦理学》VI, 10, 1142^{b}31—3；赫罗克勒斯，*In carm. aur.* 第63页，12—64，10；Schibli(2002：84—8)。关于普罗提诺和扬布里柯的φρόνησις，也参见上文第40页和第90页。

(我们也需要考虑与行动相关的偶然性),虽然我们可以从普罗克洛的一段话中看到这一点:

> 政治(家)从知识与检视(ἐξέτασις)开始,按照这种方式,他统治整个国家,在行动中展现从这种知识得出的结论。①

普罗克洛所提到的"检视"可能是指审慎的某些中间过程。我们也应当注意到,政治行动在某种程度上,构成由知识作为大前提的论证的"结论"(συμπεράσματα)。这反过来让我们想起亚里士多德的"实践三段论",奥林匹奥多罗斯清晰地表达了这一定义:

> 政治家从一个普遍的基于反思的大前提,和一个特殊的小前提中得出他的结论,因为他将肉体用作工具,并因此与实践相关,实践是特殊的,而这种特殊是个体性的,所以政治家依据特殊的前提得到他的结论。②

因此,政治家的实践智慧包括理论知识(大前提),以及物质具体的知识(小前提),由这两者一起得出如同结论的行动。③

在亚里士多德中,具体知识包括感觉(《尼各马可伦理学》1143^{b}5);行动的不足可能由此产生,因为对于新柏拉图主义者来说,感觉是不可靠且有误导性的。普罗提诺的学生阿麦利乌斯(Amelius)继承了柏拉图(《理想国》546^{b}1—2)中的观点,在关于柏

---

① 普罗克洛,*In Alc.* 95,19—23。
② 奥林匹奥多罗斯,*In Phaed.* 4,4;参见 4,3;在政治家的灵魂中,普遍的大前提是 λόγοι(逻各斯)。关于实践三段论也参见扬布里柯,*De myst.* V,18,223,15 以及阿摩尼乌斯的 *In De interpr.* 第 135 页 19—25 中的扬布里柯,以及关于亚里士多德《尼各马可伦理学》VI,12,1143^{a}32—1143^{b}5 中的资料。
③ 关于作为具体知识的政治学科的司法分支,参见上文第 106 页。

拉图《理想国》里哲学王的讨论中提出了这一点：

> 阿麦利乌斯认为，德性是双重的，一方面存于内在，例如知识(θεωρία)；另一方面存于外在，例如实践(德性)。护卫者因为拥有知识而被称为"至人"(《理想国》546^{a}8)，但是他们的实践活动，是基于反思和感觉结合所构成的不可信的标准，因此他们就会在这些活动中出错。①

[138]统治者由感觉产生的错误，是关于导致《理想国》中理想城邦堕落的生育的错误。② 更普遍的是，就行动依赖于对物质详情的感知程度而言，无论政治哲学家有多么强大的理论知识，他们都会遭遇失败。

这种失败的可能性不仅在于对物质详情的不可靠的把握，也在于对关于普遍的物理、数学或者形而上学原理的知识掌握不足。在对关于这种原理的知识掌握不全面时，人们需要另一种审慎，即决定一个行动的不同思维主体所共有的集体审慎。正是以这种方式，普罗克洛解释了审慎集会的需求，即通过将很多有缺陷的思想者集合在一起，构成一个更强大的理性。这一理论在亚里士多德那里已有所体现，并且通过普罗提诺传到普罗克洛。③ 然而，普罗克洛立即补充说，知识的分布是不平均的。一个更高等级的思维

---

① 普罗克洛，*In Remp.* II，第29页，7—9。
② 也参见普罗克洛，*In Remp.* II，第56页，10—15；第70页，28—第71页，2；第79页，16—17。然而，普罗克洛认为这种错误，和那些包括其他种类专门知识的错误相似，都是稀少的(第9页，20—5)。
③ 普罗克洛，*In Alc.* 182，12—20(Segonds 1985在彼处提及亚里士多德《政治学》III，11，1281^{b}1—10以及普罗提诺《九章集》VI 5，10，18—26。也许是普罗克洛的文献)。这种集会的需求解释了相应建筑的设计：普罗克洛，*In Alc.* 182，18—19。Anon.，*Prol. Plat. phil.* 5，40—3告诉我们柏拉图发明了政治集会的圆形大厅。

会出现,他"分有更多至善并使其自己的灵魂充满(πληρώσας)理智"(182,24—5),他可以作为其他人的辅导者(σύμβουλος),换句话说,我们可以假定他是柏拉图主义哲学家。①

3. 成功与失败

我们在上文已经注意到可以解释政治行动失败的不同理由:缺乏理论知识,对偶然具体事实的不良把握,行动的他律,以及"命运"规则推翻行动。但是,无论哲学家行动的结果是什么,成败的尺度并非力量、繁荣或者命运等标准;它只能是公共善。公共善自身(正如与"政治的"德性相符)也从属于更高的善,这些更高的善由更高层次的德性所代表。因此,我们可想象的最好的政治成功,不可能超出"政治"德性一般条件的实现,即政治德性作为导向更高层次神圣化的最初的、准备的阶段所要实现的条件。

[139]关于古代晚期政治行动的现实,我们已经看到,新柏拉图主义者对于其政治哲学所指定的成功形式的实现可能,持有消极观点的很多原因。事实上,朱利安认为,通过教学和示例,哲学家比很多国王合在一起的行动,更有益于人类生活。② 在实践中,政治神圣化能够达到的最大的范围,仍旧是哲学学园以及它所能影响的范围。

---

① 参见普罗提诺《九章集》VI,4,15,23—32。
② 朱利安,*Or.* VI,11,266a—b;参见达玛士基乌斯,*Vita Is.* fr. 366:"与卓越的国王相比,哲学家是人类生活更好的施惠者"(Athanassiadi 1999 在彼处认为这是学园讨论的主题)。

第三部分
基督教和伊斯兰教中的柏拉图式政制

概　　要

[143]我们可以看到,本书中概略地重建的新柏拉图主义哲学,对于古代晚期和中世纪早期的基督教和伊斯兰教政治思想者来说,有着重要的作用。接下来,我会说明这一点,并且也会研究这些思想者著作中的新柏拉图主义柏拉图式政治的影响、评论以及转化。这些也会有助于拓展到现在为止我们从新柏拉图主义哲学家自己的文本中重建的内容。

接下来我们会讨论一些选取的例子,它们与不同的时代和语境相关。在第十二章,我首先讨论在4世纪早期,巴勒斯坦的凯撒利亚主教尤西比乌斯(Eusebius),他为皇帝君士坦丁所规划阐述的基督教神学思想。几乎在一个世纪后,北非希波(Hippo)的主教奥古斯丁(Augustine),抛弃了尤西比乌斯的政治规划。有一个问题是:尤西比乌斯和奥古斯丁的观点,在何种程度上,与他们时代的新柏拉图主义哲学家的政治理论有关联?在6世纪的开端,在讲希腊语的东罗马帝国的伪狄奥尼修斯(Pesudo-Dionysius)创立了一个教会理论,在第十三章中我们可以看到,这一理论是新柏拉图主义政治哲学的基督教教会的翻版。第十三章也考察了与皇帝查士丁尼的朝廷相关的文本,即阿格皮图斯(Agapetus)的《纪要》(*Ekthesis*)和匿名对话《论政治学科》(*On Political Science*)。

我们将会在后者中发现包含源自新柏拉图主义的有趣的政治观点。最后,在第十四章,我们将会分析一个伊斯兰教版本的新柏拉图主义的"柏拉图式政制",即9世纪阿尔·法拉比(al-Farabi)的"完美国家"构想。这个突出的例子,在很大程度上是个未被探索的主题,但在此,我们无法更全面地考察古代晚期新柏拉图主义学园的政治思想,和那些处于中世纪早期伊斯兰世界中哲学家们的思想之间的连续性。

在接下来的章节中所讨论的例子展现的是新柏拉图主义"柏拉图式政制"命运(fortuna)的很多重要时刻,而非完整的历史。我们关注的是新柏拉图主义理论的影响,并非历史事件,而是一些基督教和伊斯兰教思想者的观点。当然,这一主题的研究可以扩展到中世纪晚期,例如,拜占庭,一直到意大利的文艺复兴,我会在结论中简要说明这一点。

第十二章　尤西比乌斯和奥古斯丁

1. 尤西比乌斯《君士坦丁赞辞》

[145]尤西比乌斯大约比扬布里柯年轻一代,他是凯撒利亚的主教,离扬布里柯学园所在的叙利亚阿帕梅亚不远。尤西比乌斯在某些方面使我们想起异教徒哲学家。他也创作了很多纲领性的研究著作,这些著作是对大量更早期作家的摘录的汇编。与扬布里柯的著作《论毕达哥拉斯主义》相比,尤西比乌斯的著作,例如《福音的准备》(*Preparation for the Gospel*),根据他的目的选取并调整文本,不仅包括希腊哲学的(特别是柏拉图主义的)文本,当然也有犹太教和早期基督教的文献。① 然而,在此我们特别感兴趣的,并非尤西比乌斯所广泛开展研究的,具有里程碑意义的有关《圣经》、历史和论战的文集。与本文更相关的是他在晚年创作的演讲,即他的《君士坦丁赞辞》(*Praise of Constantine*)。

尤西比乌斯在标志着君士坦丁执政三十周年的庆典上,在皇

---

① 参见 Barnes(1981:168)关于扬布里柯和尤西比乌斯作为汇编者的比较。

帝出席时发表了这一演讲。这一庆典发生在公元336年7月25日。① 尤西比乌斯所表达的可能并非仅仅是君士坦丁朝廷的官方帝国宣传。② 然而,他的演讲至少表现了一种对君士坦丁大帝长期统治的可接受的解释和辩护。③ 尤西比乌斯没有看到君士坦丁统治的结束(君士坦丁在第二年去世)。在尤西比乌斯的这篇演讲中,精巧的语言,异教和基督教词汇的流畅质感,融合于卓越的学识,以及帝国、宇宙的恢弘形象。它必定完美契合于其被发表之处,即帝国朝廷庆典中可见的华美辉煌。④ 因为其他文献已经总结了《君士坦丁赞辞》的内容,⑤[146]那么在此我们要强调涉及更具体的关注点的一些主题。

尤西比乌斯所赞美的君士坦丁的王权,是他所认为的"真实的"(参见第204页,15),也就是正确地以基督教的神的普遍王权为范本。它与虚假的政权相反,虚假的政权以我们能够设想的其他事物为模版。⑥ 那么他的主题本质上来说是基督教的神的普遍王权,⑦以及君士坦丁的王权怎样反映它。神的王权是所有人和生物都认可的绝对君主统治(I,3—5),但它也是超越的,超越所有人和生物(第196页,18),统治着被不同天体,即太阳、月亮和星辰区分开人间领域的,由天使般的群体所构成的天国(I,2)。正是神

---

① 参见 Barnes(1981:253)以及 Cameron 和 Hall(1999:184)关于这一演讲的日期和场合。
② Barnes(1981:267—8)反对尤西比乌斯是君士坦丁密切且不变的参谋者的一般假设。
③ Straub(1939:118)。
④ Straub(1939:120)。
⑤ 参见 Barnes(1981:253—5);Cranz(1952);Farina(1966)。这一演讲只有前十章文本被 Drake(1976)翻译了;参见 Maraval(1997)关于演讲与之后的文本的关系。Granz(1952),Farina(1966),以及 Barnes(1981),对于将《君士坦丁赞辞》的观点与尤西比乌斯早期著作中的观点相联系,也很有助益。
⑥ 《君士坦丁赞辞》V,4;序言,第196页,8—11。
⑦ 他在其《君士坦丁的生平》IV,46 中这样描述他的这一演讲。

令人敬畏的超越性,他的难以接近性(I,1),使他的人间形象,人类中真正的王,并非是直接模仿他,而是模仿圣言/逻各斯(God's Logos),即基督教三位一体中的第二个位格。他表现了神,传达神的旨意,并管理着天国和所有的人间生物(III,6;参见 VI,9)。因此,就君士坦丁反映了神的理性的超越、可知的统治而言,即作为基督的映像而言,他是一位真正的王。

我们需要进一步关注映像和范本之间的关系,即人类真正的王和圣言/神圣逻各斯(the divine Logos)之间的关系。尤西比乌斯认为,人类的王是以神圣王国的形象塑造,仿佛是看向他所统治王国的原型形式(ρχέτυπος ιδέα)(III,5)。我们可能注意到,这很像《理想国》中的哲学王。尤西比乌斯也认为(V,4),正是以最高的王的"原型形式"为典范,分有源自他的德性,君士坦丁才成为一个真正的王。但这种原型形式是神的理性吗?这种理性是君士坦丁的德性的范本吗?这种理性是君士坦丁行动的范本吗?或者更广泛地说,它是以基督为中介,作为君士坦丁政治行动典范的天国吗?

我们并不完全清楚这些问题的答案。① 如同不同的范本,也许我们不应该反对最高的神的王权,[147]即以言/逻各斯(the Logos)作为中介的王权,以及天国。无论如何,尤西比乌斯确实列出了被君士坦丁模仿的神圣理性的特定活动(II,1—5):正如(神圣)理性使整个宇宙为他的父(Father)做好准备,君士坦丁也引领他的臣民朝向基督,并使他们为天国做好准备;正如(神圣)理性保护人类灵魂,使其免受恶的驱使,君士坦丁也避免被真理的敌人征服;正如(神圣)理性给予灵魂理性,以使他们能了解他父亲的王国,君士坦丁也呼吁所有人学习关于神和虔诚的知识;正如(神圣)理性引导所有脱离(肉体)的灵魂到达更高的世界,君士坦丁也

---

① Straub(1939:124)注意到这一困难。

净化了他不虔诚的王国并寻求拯救人性。当他克服不虔诚,引导他的臣民,使其为得救和天国做好准备时,君士坦丁作为基督的映像,也是一个寻求这一天国的人类灵魂,他并没有赋予权力、威望和易逝的物质善以价值(V,5 和 8)。

有了这一"哲学王"的肖像(V,4,第 204 页,21),尤西比乌斯对比了那些不以基督教的神为范本的虚假统治。与基督教神的王权相比,尤西比乌斯反对异教多神论的"多头政治"(polyarchy)。① 正如多头政治是无政府状态和社会冲突,多神论也是无神论,它与唯一的神,即宇宙唯一的王相悖,也与神圣理性,即唯一的皇家法则相反(III,6)。否认这一神,不成为其映像的统治者并不是统治者,而只是其激情的奴隶,屈服于各种恶,于内在施行暴政,是所有恶的创造者(V,2—3),这一形象使我们想起柏拉图的僭主的肖像(《理想国》571a—575a)。

2.《君士坦丁赞辞》的哲学背景

对尤西比乌斯在阐述《君士坦丁赞辞》的神学规划时所用哲学文献的研究,并非仅仅是确定尤西比乌斯在写作其演讲时的博学程度。这一研究也有助于我们找到与这一神学理想有关的[148]哲学背景,至少是这一神学理想所部分回应的背景。鉴于尤西比乌斯的研究广度,以及他在整合利用这一研究中所展现的修辞能力,这一任务并不简单。②

---

① 关于尤西比乌斯早期教父文献中,试图统一基督教一神论和基督教化的罗马帝国的普遍君主制的努力,参见 Peterson(1935),他也追溯了尤西比乌斯在此对晚期希腊和拉丁神学家的影响,以及在神的普遍君主制和政治的君主制之间类比的崩溃,他将这一崩溃与三位一体的教义相联(参见第 82—97 页)。
② 我们可以在 Farina(1966:270—8)中找到尤西比乌斯所用希腊异教文献的详细清单。

第十二章 尤西比乌斯和奥古斯丁

启发尤西比乌斯的明显而主要的文献是柏拉图的《理想国》。在上文总结的《君士坦丁赞辞》的部分内容中,我们很难不提及柏拉图的哲学王。这一哲学王根据超越的原型进行统治,并且被柏拉图与僭主相对比。我们很容易找到更多这种对《理想国》和柏拉图的其他对话中文段的参考。无论怎样,在其《福音的准备》所包含的对柏拉图对话的广泛摘录中,我们可以很清楚地证实尤西比乌斯熟悉柏拉图。① 然而,如果君士坦丁是尤西比乌斯的哲学王,显然他并非《理想国》意义上的哲学王:他统治着一个庞大的帝国,事实上统治着所有人,而非一个城邦国家;他的范本是被圣言(the Logos)所表达的基督教的神的天国王权;他的目的是通过教育将灵魂带到超出这一世界的天国,以实现人类的得救。

除了柏拉图,我们也能够在尤西比乌斯的神学理想中找到其他的文献,特别是爱克范图斯(Ecphantus)、斯蒂尼达斯(Sthenidas)和戴托吉尼斯(Diotogenes)所主张的,伪毕达哥拉斯主义的"王子之镜"中所表达的君主制思想。② 在尤西比乌斯的《赞辞》和这些文本中,确实有很多惊人的相似之处:国王是神的映像,并且是神与人之间的中介;国王之于他的国家就如同神之于宇宙;国王通过模仿神成为完全道德的,他被神所爱,他是其统治对象的道德模范,并使其统治对象变得与神相似。然而,其中一些观点确实是相当陈腐的。我们能从扬布里柯的《尼库拉斯》(Nicocles)到狄奥·克里索斯托的演说(Ⅰ—Ⅳ)中涉及王子之镜的文本中,找到这些观点。我们可以找到宙斯的君主制与国王的君主制的比较,这是一种对国王典范的德性与其模仿神

---

① 例如,第 XII 卷中包含从《法义》、《理想国》(包括在第 XII 卷,19 中关于《理想国》500—1 哲学王模范可知模型的文段)、《高尔吉亚》、《治邦者》中的摘录。关于尤西比乌斯对柏拉图的运用,参见 Des Places(1981: 199—219,233—8,249—58)。
② 参见 Baynes(1934);关于这些文本参见上文第八章,第 3 节。

的相似强调。① 无论怎样,这些观点都被尤西比乌斯融合进他的形而上学体系中,这一体系显然比[149]伪毕达哥拉斯主义的文本或其他传统的王子之镜更为精巧。传统的王子之镜,是柏拉图主义的形而上学。其中有一种统治着超越世界的可知理性,它代表着最高的不可言说的第一原理。而易逝的物质世界从属于这种超越世界。这一形而上学使我们能够接近公元2世纪柏拉图主义者,例如努麦尼乌斯(Numenius)对柏拉图的理解。努麦尼乌斯也是尤西比乌斯非常了解的哲学家。通过尤西比乌斯引用的选段,我们可以说他保存了我们当下所掌握的努麦尼乌斯著作几乎所有的片段。

那么,2世纪的柏拉图主义是尤西比乌斯思想的大体哲学背景吗?② 或者我们是否应该将与他时间上更为接近的柏拉图主义者考虑在内,例如普罗提诺、波斐利和扬布里柯?也许我们应该注意到,上文所描述的柏拉图主义形而上学并非2世纪所独有,同时也是贯穿于普罗提诺和扬布里柯世界中的简单表述。③ 事实上,尤西比乌斯借鉴了普罗提诺的写作,那些他认为很有价值的引用。④ 他也借鉴了波斐利的文本,并且他以很大篇幅回应了波斐利对基督教的批评。尤西比乌斯没有引用与他处于相近时代的扬布里柯的文本,但他似乎已经关注了离阿帕梅亚不远的,扬布里柯

---

① 参见Calderone(1973:235—9),他通过表明对于尤西比乌斯来说这是很常见的,并且这些文本是相对陈腐的,反驳了Baynes所持的尤西比乌斯运用了伪毕达哥拉斯文本的主题(然而,我们需要注意,Baynes将这一主题表达为一个问题[1934:18])。然而,Calderone的观点是伪毕达哥拉斯主义的文本的君主制理论与尤西比乌斯立场的不同,不能证明尤西比乌斯没有运用这些文本:尤西比乌斯可能很好地调整并改变了从他们而来的观点。
② 参见Ricken(1967),(1978),Barnes(1981:183)。
③ 参见 PR 34,42—4,79,84 关于比扬布里柯《论毕达哥拉斯主义》更早的书籍所给出的为教学而简化的形而上学。
④ Henry(1935)。Kalligas(2001)认为,尤西比乌斯在柏拉图主义者朗吉努斯(Longinus)于272年被处死后,获得了朗吉努斯的图书馆的使用权,朗吉努斯是波斐利的前教师和普罗提诺的批评者。

著名的哲学学园的活动。① 我们可以进一步注意到扬布里柯的主要学生骚帕特,成为君士坦丁的亲信顾问(上文第二章,第2节)。那么,如果尤西比乌斯确实运用了伪毕达哥拉斯主义关于王权的文本,我们就不会对此感到太意外。正如上文(原文第97页)提到的,扬布里柯在其时代赋予这些文本重要地位,以作为他提升毕达哥拉斯主义背景在新柏拉图主义哲学中地位的一部分。②

扬布里柯在他的著作中讨论了柏拉图《理想国》中的哲学王,并且从他的解读方式中,我们可以看到尤西比乌斯的进路:人类的得救、神圣化,是在哲学王统治的政治结构中实现的,哲学王受到超越的可知典范的启发。而灵魂与神圣的近似,③[150]超越了这一政治层面。这种近似通过德性导向可知世界中的更高存在,其自身从属于一种最高的、不可言说的第一原理。④ 4世纪早期,在说希腊语的东罗马帝国中,受过教育的异教徒圈子面对过这些观点,这些圈子接触了扬布里柯的教育。这些圈子中包含了高等级的管理者,例如那些与扬布里柯所述相一致的人。⑤ 如果我们将尤西比乌斯的神权政治规划看作至少是部分地回应了他所处时代流行的异教哲学理论,那么他的理论就和这些异教哲学理论更为相关。⑥

尤西比乌斯的规划与新柏拉图主义的理论在结构上相匹配,但是有一个重要的不同:这种结构中的居住者改变了。基督教的神,基督教的逻各斯,以及由天使和圣徒组成的天国朝廷,取代了

---

① Barnes(1981:168,183)。
② Calderone(1973),在其反对Baynes(1934)的论证中,并没有注意到这些文本可能在扬布里柯学园中具有的当代的相关性。
③ 尤西比乌斯在《福音的准备》XII,29中,引用了柏拉图《泰阿泰德》中著名的语句(参见上文第三章)。
④ 参见上文第四章,第3节;第八章,第1节。
⑤ 上文第八章,第1节和第4节;第九章,第3节。
⑥ 这一哲学理论出现的政治重要性,在三十年后被君士坦丁的侄子朱利安说明。Sopatros 2给Himerius的信(上文第九章,第3节)在时间上甚至与尤西比乌斯的《赞辞》更接近。

哲学家们不可言说的第一原理，他们的神圣理性统领着可知世界——（这就是）同样的结构但是不同的居住者。这一改变意味着，真正的哲学王并非受模仿异教神圣原理所启发的人，而是模仿基督教的神的人。君士坦丁是"真正的"哲学王，而非例如新柏拉图主义者在其最积极的时刻所设想的统治者。正如尤西比乌斯大体上相信的那样，基督教已经取代了希腊宗教和哲学，包括最好的希腊哲学：柏拉图主义（这是《福音的准备》中的部分论证）。第一个基督教皇帝也取代并消灭了任何新柏拉图主义者所假想的哲学王的主张。我认为，尤西比乌斯并非仅仅是个博学的编纂者，将相当传统和不相关的文献整理成空泛的修辞，并展现出来，以取悦君士坦丁。他运用了被他的时代的异教哲学家所讨论和解释的柏拉图的文本，他像他们一样解读这些文本，但是他站在了试图使异教哲学家们的立场被淘汰的角度。

尤西比乌斯是否真的认为君士坦丁是理想的哲学王？他是否真的认为君士坦丁已经实现或者说能够实现，比柏拉图主义者所认为的人类可能的政治改革（上文第八章，第 2 节）更高层级的政治改革？也许他相信其描述的君士坦丁已经做到了"王子之镜"的作者可能相信的，他自己所描述的统治者那般。对他来说最关键的也许是，[151]使基督教超越包括柏拉图主义者在内的异教徒，取得胜利的神学保证。①

3. 早期奥古斯丁的"毕达哥拉斯主义"政治学

这一节和下一节的目的并非在于尝试从奥古斯丁的著作中提

---

① 关于教会（the Church）在此的地位，参见 Cranz(1952：61—4)；教会的功能并没有在《君士坦丁赞辞》中被具体说明；在其他地方，尤西比乌斯倾向于将教会和国家结合，以作为天国的映像。Dagron(1996：145—7)认为，尤西比乌斯对于使教会的等级从属于君士坦丁这一观点是很谨慎的。

炼出"政治哲学",如果存在这样的政治哲学的话。在更有限的方法中,我们认为在奥古斯丁留存下来的最早的文献中,即在他386年改变信仰时写成的作品中,我们能够找到他接近于在本书前面章节中重建的新柏拉图主义政治哲学的观点。然而,奥古斯丁几乎没有发展这些观点,随着他逐渐采取了一种非常不同的观点,这些观点被抛弃了。他特别是在《上帝之城》(写于413年至427年间)中阐述过这一不同的观点。这一新立场不仅关注于反对新柏拉图主义中政治生活给定的结构功能(政治生活是灵魂向神近似的等级中的一个阶段),也反对这一功能在基督教帝国思想中给定的基督教应用,就比如尤西比乌斯所造成的深远影响。关于这一点,还有其他领域,奥古斯丁最初接近于新柏拉图主义者,但是最终却从根本上反对他们,即从一种同谋关系,转变为对说拉丁语的西罗马帝国而言有极大影响的冲突。

就像尤西比乌斯一样,奥古斯丁阅读了普罗提诺和波斐利的作品。在奥古斯丁改教的关键阶段,他很可能阅读了从普罗提诺的《九章集》和波斐利的著作中选取论文的拉丁语译本。① 奥古斯丁在他的一生中持续地引用《九章集》,并且特别关注波斐利,例如在《上帝之城》中的论战。他不一定完全局限于运用他最初阅读的拉丁语译本,但他即使参照了希腊语原本,可能也只是在非常有限的意义上运用。② 我们仍需证实关于扬布里柯著作的知识:奥古斯丁当然了解扬布里柯,并且他可能也比我们看到的更加熟悉扬布里柯。③

[152]在奥古斯丁留存的最早的一部作品《论秩序》(*On Or-*

---

① 参见 Madec(1996:38)关于这一问题的争论的阅读列表;O'Daly(1999:257—9)。
② 参见《上帝之城》XIX,23;Altaner(1967:129—53)。
③ 《上帝之城》VIII,12。参见 O'Brien(1981),他提及了(426,nn. 10—11)奥古斯丁与扬布里柯关系的早期讨论。Jerome 在 *Ep. adv. Ruf.* 中提及了扬布里柯对《金诗》的评论(现已失传)。

der)中,他写了一部对话,是关于他改教之后所主持的在卡西亚库姆(Cassiciacum)进行的一些朋友之间的哲学讨论。他们讨论了被描述为代表灵魂朝神上升的旅程的研究课程。这一课程很明显受到了新柏拉图主义的启发,[1]并且强调了数学的重要性:对数学学科的研究表明了数字在宇宙中的重要性,显示了引领灵魂达到纯粹可知的数字的知识,和灵魂自身本性的发现。[2] 对话中的一个参与者,奥古斯丁的密友阿鲁皮乌斯(Alypius),在作品的结论(II,xx,53)中提及了由奥古斯丁描述的数学的上升,即作为一种被毕达哥拉斯认为是庄严的,近乎神圣的学科。他们接受了阿鲁皮乌斯对毕达哥拉斯的参考,并且奥古斯丁还加倍地称赞了毕达哥拉斯,他说他自己几乎每天赞颂这位伟人(II,xx,54)。特别是在他解释灵魂的旅程中遗漏的重要一点,对此他引用了瓦罗(Varro)作为参考文献,(在这一文献中)只有当学生们完成了这一旅程,只有当他们已经变得有知识、完美、智慧和幸福,毕达哥拉斯才会向他的学生传授政治统治技艺的实践(regendae rei publicae disciplina)。因为只有这样,他们才能抵制政治统治的混乱。在维吉尔(Virgil)(*Aen*. VII,586)看来,"这样的人能够顽强抵抗,就像海洋里不动的岩石"。[3] 这一对话以此结束。

根据扬布里柯,毕达哥拉斯给人文学科带来的一个益处在于,他向其学生传授政治学科。[4] 正如奥古斯丁所描述的,这一指导发生在完成向道德和理性完美,向智慧的上升之后。因此,最根本的

---

[1] 参见 I. Hadot(1984:101—36)。

[2] 《论秩序》II,xiv,39—xvi,44。

[3] 比较 Marcus Aurelius IV,49。Frend(1989:252—4)将《论秩序》中的这一部分与《忏悔录》(*Confessions*)(VI,xiv,24)中提及的共同体的规划相联系,在这一规划中,所有东西都是共有的(参见上文第八章,第2节),这一规划是奥古斯丁改教前与其米兰的朋友共同制定的。关于所讨论的共同体中女性的加入问题的难题,使他们放弃了这一规划。

[4] 参见上文,第八章,第4节。

第十二章　尤西比乌斯和奥古斯丁

政体模式,就是从《理想国》的洞穴中上升之后,下降回到政治统治。如果这一模式被认为具有"毕达哥拉斯主义"的特征,那么它作为理想,即作为新柏拉图主义的教育、知识和现实理想的理论,对于奥古斯丁,同样也对于扬布里柯,仍有很强的时代相关性。①

[153]奥古斯丁参考了毕达哥拉斯的政治指导是在数学课程之后的观点,但他并未明确数学知识和在这一学科中获得的形而上学知识之间的具体关系,如果这种关系存在的话,他也并未说明随后给出的政治指导的内容。毕达哥拉斯的学生是否学到数学和形而上学原理,以及接下来能够指导他们进行统治的模型?或者,受到新柏拉图主义影响的,上升到数学和形而上学知识的学科,在奥古斯丁心中并非与毕达哥拉斯的政治指导有关,奥古斯丁仅仅是从瓦罗引用了一个观点并将其加入到自己的文本中?②

《论秩序》较靠前的章节(II, viii, 25)提及了有智慧的人获得的关于神圣秩序的知识,即不可言说地存在于神,并且可以被智慧的灵魂"转录"的神圣法则。③ 对这种法则的遵守决定着有智慧的人沉思的完美和他们生活的模式。渴望获得这种智慧的年轻人,被呼吁在他们的个人生活和更属于政治领域的活动中实践德性行为:他们应该用节制来惩罚,并且为了改革的目的,他们应该宽宏地原谅,并且绝不容忍腐败,他们统率着从属于他们的人就好像为这些人服务。④ 但是,奥古斯丁补充说,除非他们已经变得完美,

---

① 在奥古斯丁的卡西亚库姆对话中,还有另一个对新柏拉图主义课程的呼应,参见 Cont. Acad. III, xvii, 37("政治的"德性是真实德性的映像,只有有智慧的人才能够了解它们;这是普罗提诺—波斐利的德性等级,它的功能是作为灵魂的旅程,上文第四章)。关于早期奥古斯丁中新柏拉图主义神圣化,参见 Folliet(1962: 233—5),以及 Bonner(1986)关于奥古斯丁晚期的观点。
② 关于奥古斯丁在《论秩序》中对瓦罗的运用问题,参见 I. Hadot(1984: 132—5, 156—90)。
③ 关于新柏拉图主义的神圣灵魂转录在人类灵魂中的理论,参见 Steel(1978: 148)。
④ 参见上文,第九章,第 3 节。

他们不应该渴望统治国家(rempublicam nolint administrare nisi perfecti)。那么在此,我们就看到在文章的最后所展示的"毕达哥拉斯主义"实践,即政治统治紧接着朝向智慧的,道德和理性的上升。奥古斯丁认为,这一统治从属于至人灵魂中获得的神圣法则的知识,并且这种知识是在肉体条件和社会关系下,通过一种有道德生活的教育实现的。我们可以将这种道德教育[①]加入到对话最后提到的数学课程中。

总之,奥古斯丁《论秩序》的这些章节描绘了一种在新柏拉图主义课程中所寻求的,道德与理性训练的一贯的、相当完整的图景。这种训练想要通向智慧,通向反过来启发政治功能的超越的知识。这种政治功能就是有智慧的人在获得知识之后所假定的。

4.《上帝之城》中对新柏拉图主义的反对

[154]奥古斯丁早期著作中的这些文段,只是表现了他对新柏拉图主义主题暂时的亲近。[②] 接下来的二十年,在公元390和410年之间,奥古斯丁似乎与他的基督教同仁们一样,对基督教化的帝国在人类得救中的作用有着积极的观点,比如在尤西比乌斯神学思想中表达的观点。[③] 然而,奥古斯丁后来也反对这些观点:不管是异教的政治结构,特别是新柏拉图主义提出的那些,还是基督教化的帝国,都不是灵魂重归于神,和人类得救的方式。

这一反对似乎与两个原因相关:奥古斯丁神学立场的演变和他自己作为北非有权力的主教的经验。在4世纪早期,尤西比乌斯积极的乐观主义取决于基督教的广泛传播,在戴克里先(Dio-

---

① 参见上文第四章。
② 奥古斯丁在 Retract. I,3,3 中反对他对毕达哥拉斯的称赞。
③ 参见 Markus(1970:第2章—第4章),我将在本段和下一段中跟随他的观点。

cletian)统治下基督教教会的幸存,以及第一位基督教皇帝的成功、漫长的统治。从那时起,帝国的基督教化变得十分普遍。尽管有朱利安的努力,但是到奥古斯丁时期,在狄奥多西(Theodosius)的统治下(公元 379—395 年),异教徒们被迫害,他们的神庙被摧毁,并且异教的宗教实践被严厉打击。如果奥古斯丁接受这种方法,并且也接受运用国家强制力反对基督教异端的运动,特别是在北非反对清洁教教徒(Donatists),那么他也知道,即使很多公民当时成为了基督徒,那么很多也只是出于必要或者方便。他们宗教的深度值得怀疑。他也很清楚,当下已经基督教化的帝国本身,并非尤西比乌斯所主张的,在君士坦丁统治下所能成为的宇宙秩序。对此的说明是哥特皇帝阿拉里克(Alaric)在 410 年对罗马的洗劫,这使其更具象征价值。异教批评者也看到了这一事件,并且认为这是抛弃了赋予罗马权力和繁荣的罗马众神,支持基督教的神的结果,是不虔诚带来的灾害。①

《上帝之城》首先回应了这些批评,尽管它涵盖的主题远超出最初促使其写作的那些论争。在这一著作的第一部分(卷 I—X),奥古斯丁宣称异教徒的神和灵明被称颂,并非因为罗马所获得的人间的善[155](罗马的德性是其原因),也不因死后在生命中灵魂获得的超越之善的作用(在此新柏拉图主义者,特别是波斐利,是奥古斯丁的批判目标)。在这一著作的第二部分(卷 XI—XXII),奥古斯丁追溯了两个城邦的起源和历史,即神之城和撒旦之城,也即神圣的耶路撒冷和巴比伦。以这样的方式排除任何帝国的借口,甚至如尤西比乌斯所倡导的基督教帝国,是一个预期的形象或实现天上的耶路撒冷的阶段。因为这两个城邦的主题既能够表达对异教徒的明确反对,特别是对新柏拉图主义对宗教的政治运用

---

① 关于东罗马帝国中对基督教的类似批评(在朱利安和普罗克洛中),参见上文,第十章,第 2 节。

的反对；又能够表现对基督教神学思想的隐晦反对，例如对尤西比乌斯的神学思想的反对，所以我们在此简要地考察这一主题是非常有帮助的。

奥古斯丁在写《上帝之城》之前的很长一段时间里，发展了两个城邦的理论。① 他认为在可知世界，即普罗提诺想让我们前往的超越的"祖国"，和神之国度之间存在着联系。② 当然，柏拉图自己也在《理想国》中提到一种天堂范式的城邦，而在《法义》中提及"众神之城和众神之子"。③ 在新柏拉图主义中，超越的城邦和它的人间映像重新出现。④ 然而，我们在下文中可以看到，奥古斯丁两个城邦的理论，与柏拉图主义或新柏拉图主义的可知的典范城邦及其人间映像的概念十分不同。奥古斯丁的理论似乎更像是一种原始的综合，他受到包括犹太教和早期基督教等文本在内的很多文献的影响；奥古斯丁自己也提到了（《圣经·旧约》中的）《诗篇》中的神之城（86，3；47，2.3.9）。⑤

方向的不同能够区分神之城与撒旦之城，这种不同在于其成员所爱对象的不同：一方面，人们以信仰与谦逊爱着神，唯一的真神；另一方面，是这一方向的对立面（反面），对虚假的善、对自己、对虚假的神和灵明（堕落天使）的爱，即一种出于骄傲的扭曲的爱。⑥ 因此，《上帝之城》由天使和向神前进的人类灵魂构成。在这一凡人的存在中，朝向或者已经享有在永生中的真正的善。奥古斯丁同意哲学家的幸福是"社会的"（*socialis*），在友谊中公共善

---

① 参见 Lauras 和 Rondet(1953)关于这一发展非常有用的研究。
② 参见 Fuhrer(1997：99,101—2)(以及奥古斯丁后来对这种比较的反驳)。
③ 参见上文，第八章，第3节。
④ 参见上文，第八章，第3节。
⑤ 参见 van Oort(1991)对奥古斯丁可能运用的文献的广泛研究(199—359)；O'Dlay(1999：53—62)。
⑥ 《上帝之城》XIV,28；XIX,17；J. O'Meara(1961：41—6)；Markus(1970：60,66—9)。

被完全共享的观点。[156]然而,只有神之城中的成员才能享有这种生活。① 并且对于这一共同体来说,就其朝向神的方向,代表着每个成员(神和灵魂)应得的,因此它是唯一建基于正义的共同体:共同体在结构上是有等级的,每个人因其功绩都有相应的排序,这种排序在这个完全和谐的整体中被完全接受。②

相比于神之城,奥古斯丁反对错误的方向,这种方向由罗马多神论中虚假的神的中介所追寻的物质善所代表(卷 I—V),并且依赖于虚假的神和灵明以获得死后的幸福(卷 VI—X)。在后一方面,奥古斯丁将例如普罗提诺和波斐利等柏拉图主义者排除在外,他认为他们已经通过哲学获得了关于真正的善的知识,但是他把非哲学的大多数人称为灵明的中介,和作为通往至善的迦勒底通神实践的中介。这种中介是不合理的,并且波斐利自己似乎也对这一中介并不满意。③ 而唯一真实的中介就是基督,但波斐利并不承认这一点。我们可以补充说,奥古斯丁对新柏拉图主义运用宗教作为灵魂得救的解释,与波斐利的反对者和回应者,即扬布里柯的宗教中介理论相符。正如《论神秘》中所描述的,这种理论被朱利安应用于政治。④

但是,对于作为神的中介的基督教皇帝,什么使他将从属于他的基督教帝国统治的世界(正如尤西比乌斯所主张的),带回到神身边?奥古斯丁赞赏基督教皇帝所代表的优点,并且在与异教徒和基督教异端的争论中,利用了现在是基督教的政治权力。一个妥善治理的国家,能提供有利于神之城中的成员向着终极目标朝圣的条件,特别是和平的条件(XIX,17)。然而,即使是这样的国

---

① 《上帝之城》XIX,3 和 5;XV,3。
② XIX,21;XXII,30。神之城的这些特点(正义、和谐、团结)当然也是柏拉图主义理想城邦的特点。
③ 参见 X,27 和 32;Fuhrer(1997:102—8)。
④ 参见上文,第十章,第 2 节—第 3 节。

家,也不能避免凡人的痛苦,非正义、冲突,并且对神之城的公民来说,它所能提供的善是虚假的善。因此,这一公民必须在某种程度上独立于这样的国家,并完全朝向以爱真神为方向的共同体。世俗国家就其组成来说,更不可能成为神之城的映像或预示,[157]事实上就和制度化的教会一样,世俗国家由神之城和撒旦之城的公民共同组成,这些公民是混合在一起的,只有当最终审判时,即已存在于天堂的神之城被完全实现,而相反的城邦的拥护者得到命定的惩罚时,这些公民才被分开。① 因此,没有哪一种人间的政治共同体,能代表神之城的初步阶段或映像,无论是异教的还是基督教的,也没有哪种政治共同体的统治者,能成为神与人之间救赎的中间者,即使是基督教的统治者也无法做到。简言之,奥古斯丁用跨越所有政治结构历史,甚至是教会历史的一组相反城邦的二元论,取代了(新柏拉图主义和尤西比乌斯神权政权中)政治生活代表着通向更高存在阶段的等级结构。这种二元论似乎接近神之城,但并非神之城。②

总之,我们可能会想起在柏拉图的《法义》中的城邦和新柏拉图主义哲学中,宗教、神、虔诚的重要性。③ 尤西比乌斯用基督教的神取代了异教的众神,用基督教皇帝取代了哲学王。然而,他仍旧保留着向神同化的等级结构,即通过基督教哲学王进行改革的政治生活,帮助灵魂回归于神。当然,奥古斯丁也保留了宗教方向的根本的重要性。然而,他从最初对新柏拉图主义方法的兴趣发展其思想,发展出一种近似于尤西比乌斯的观点,即对异教众神,和对哲学家的政治生活等级集合在基督教中的应用的反对观点。虽然他在后来也反对了这种观点。这一关于新柏拉图主义政治哲

---

① I,35;XV,1;参见 Markus(1970:59—63)。
② 参见 O'Meara(1961:52—3)。关于教会和神之城的关系,也参见 Ladner(1967:270—82)。
③ 参见上文,第十章,第 2 节—第 4 节。

第十二章 尤西比乌斯和奥古斯丁

学的反对是全面的,既反对其宗教内容(它的多神论),也反对其结构(等级的近似)。[1] 虽然奥古斯丁认可在前一方面的尤西比乌斯的例子,但他并不接受后一方面(即等级的近似结构),即使考虑到尤西比乌斯神权政治中的基督教应用。

我们可以认为尤西比乌斯和奥古斯丁提供了在4世纪和5世纪早期,回应新柏拉图主义政治哲学的两种不同但都非常有影响力的例子:在尤西比乌斯那里,是部分地接受;[158]而在奥古斯丁那里,是从相反的立场长时期演化而来的完全拒绝。如果尤西比乌斯和奥古斯丁不需要仅仅回应哲学反对者,那么事实就是,4世纪的新柏拉图主义政治哲学,仍旧提供了使这章变得清楚的一些背景,以及他们各自立场的关联。

---

[1] 学者们大体上同意奥古斯丁两个城邦理论的反新柏拉图主义倾向;参见 van Oort(1991);Neschke(1999a:234—42)。关于批评将奥古斯丁的理论视为新柏拉图主义的较早尝试,参见 Cranz(1950),他也追溯了(1954)奥古斯丁从新柏拉图主义中发展出的二元论立场。Parma(1968)重新启用了对奥古斯丁两个城邦的理论的柏拉图式解读,但这并非基于对《上帝之城》的充分研究。

第十三章　6世纪的教会和国家理想

[159]在6世纪的东罗马帝国,有两位匿名作者,建立起详尽的理论框架,一个是关于理想教会的理论框架,另一个是关于理想国家的理论框架。两位作者都精通晚期新柏拉图主义哲学,特别熟悉普罗提诺和他的学园。第一位作者(伪)狄奥尼修斯,正如我试图展示的,他调整了新柏拉图主义的政治思想,使其成为基督教的教会学。而第二位作者,可能是皇帝查士丁尼(the Emperor Justinian)(公元527—565年)朝廷中的一位高官。我也将论证,他编辑了一部对话《论政治学科》,在这部著作中,他提出了沿着晚期新柏拉图主义进路的政治改革。我们需要注意,在这两种形成鲜明对比的教会理想和国家理想之间的令人费解的相互关系。同时,我们也要简要考虑,阿格皮图斯(Agapetus)在查士丁尼掌权时写给他的"王子之镜"。这是新柏拉图主义影响6世纪政治思想的第三个可能的例子。

1. 伪狄奥尼修斯的新柏拉图主义教会学

(1) 伪狄奥尼修斯的年代与新柏拉图主义文献

一系列被共同认作"狄奥尼修斯文集"的作品(《论圣名》[Divine Names]、《神秘神学》[Mystical Theology]、《天国的等阶》[Celestial Hierarchy]、《教会的等阶》[Ecclesiastical Hierarchy]、《书信》[letter]),给读者留下了这样的印象:它们的作者是在雅典的最高法院里,在圣保罗(St. Paul)的影响下改宗的狄奥尼修斯(Acts 17,34)。这一观点使中世纪的人们赋予狄奥尼修斯的文集以类似使徒的权威。当人们将(伪)狄奥尼修斯认作是圣丹尼斯(St. Denis),即一个被认为是使高卢(Gaul)皈依基督教的主教,这种权威得到进一步的强化。[160]因此,当公元827年拜占庭皇帝的大使向法兰克的国王呈现狄奥尼修斯文集的手稿本时,拜占庭皇帝几乎不可能摆出更恰当的姿态。而这份手稿我们至今仍能在巴黎阅读到。① 这种民族主义的联合,强化了对狄奥尼修斯文集的使徒宣称,然而,这种宣称显然有着严重的问题。例如,在6世纪之前,从没有基督徒引用过这部文集。此外,这部文集的语言和语境似乎与晚期新柏拉图主义的文本,例如普罗克洛的文本,有着显著的相似性。然而,人们很快打消了对这部文集真实性的早期怀疑。比如,有的人宣称,与普罗克洛在知识上的近似意味着,普罗克洛必定运用了狄奥尼修斯的文集(正如曾经犹太教和基督教的作者宣称的那样,古希腊的哲学家们受到了《圣经》的启发)。然而,现在我们已经证明了这种关系无疑是相反的,即伪狄奥尼修斯运用了普罗克洛的具体作品。② 抛开这种使徒装扮,狄奥尼修斯文集的作者仍留给我们一个神秘的形象,我们无法知晓他的确切身份。③ 但是,他的年代必定是在普罗克洛的成年时期,即5世纪后半叶,以及6世纪30年代,因为这一时期狄奥尼修斯

---

① 在de Andia(1997:pl. I)中复制了这页。
② Saffrey(1998);Steel(1997)提供了普罗克洛和伪狄奥尼修斯关于恶的文本的详细的哲学比较,这为1895年Stiglmayr和Koch提出的伪狄奥尼修斯依赖于普罗克洛的观点提供证据。
③ 参见Hathaway(1969b),31—5关于伪狄奥尼修斯真实身份的推测列表。

文集在其宣称中辩护了它的真实性,并且约翰(John of Scythopolis)也对它做出解释。①

人们进行了伪狄奥尼修斯的教会理论和柏拉图的政治理论之间的有趣比较,并且这一比较表明,伪狄奥尼修斯重拾了柏拉图的政治抱负。② 然而,人们也指出狄奥尼修斯的教会与柏拉图的理想城邦之间,显著的结构上的不同,③从这种意义上说,我们可以选择一个更接近于狄奥尼修斯的哲学家与其的比较,即普罗克洛与伪狄奥尼修斯的比较。④ [161]在后面的章节中,我打算根据在本书前些部分已经整合的观点,研究这些观点,并详细说明狄奥尼修斯的教会学是晚期新柏拉图主义对柏拉图哲学的理解的变体的观点。随着研究我们会明显发现,狄奥尼修斯的教会并非在他所处的时代中可能描绘的真实教会,⑤而是"真正的"的教会,即他所希望看到的理想教会。

(2) 作为神圣化结构的教会⑥

狄奥尼修斯文集的读者一定会注意到它的总体目标与新柏拉

---

① 关于约翰(他也熟知普罗提诺和普罗克洛),参见 Deierwaltes(1972),Saffrey(1998);Rorem 以及 Lamoreaux(1998: pt. i,第 5 章)。当然新柏拉图主义者(特别是扬布里柯)也提出了他们自己的(伪)古代作者,毕达哥拉斯主义、俄耳浦斯主义、埃及的和迦勒底的。
② Roques(1954: 81—3,89[在目录中名为"République platonicienne et cité dionysienne"(柏拉图的理想国与狄奥尼修斯的城邦)的一节]);(1962: 122)。我们会在下文说明 Roques 的比较。
③ Goltz(1970: 70—1);参见下文注释。因此 Goltz(1970: 70—1)区分了狄奥尼修斯的等级所代表的社会范式,以及柏拉图理想城邦中的社会范式,他将后者描述为许多不同功能和知识的形式之间的协调,而前者是垂直决定的结构,在这种结构中不同功能在递减的程度上得以发挥和相通。我认为,这一区分描述了柏拉图的城邦和晚期新柏拉图主义版本的柏拉图的城邦之间的区别。因此,它使伪狄奥尼修斯与新柏拉图主义政治哲学更为接近,而非与柏拉图。
④ Hathaway(1969b:38);"(伪狄奥尼修斯的)人和天使等级的外在特征是模仿普罗克洛的天上理想国(politeia)的理论,所有的人间理想国(politeiai)都是其映像";也参见 45,102。
⑤ 参见 Roques(1954: 198—9,287)。
⑥ 在这一节和后两节,我总结了我自己的文章(1997: 77—86),并添加了一些内容。

图主义哲学的目标一致,即人向神同化,或者说神圣化。这一同化实现于一个由教会等级构成的结构,这一教会等级通过天堂等级与神相联系。我们已经看到,例如,在伪狄奥尼修斯对"等级"的定义中,这些等级结构和向神圣同化之间的密切关系。伪狄奥尼修斯似乎自己创造了这一术语:

> 在我看来,等级是一种神圣秩序,是一种理解的阶段,也是尽可能近似于神的活动。它被提升到模仿神的程度,以便与神给予它的启蒙相称。(Luibheid 译)①

人们总会特别强调教会等级的这种同化功能或者神圣化功能。②

教会等级和天堂等级共同构成了神圣同化的层级,这一层级可比于新柏拉图主义中借以实现神圣化的德性、学科和文本层级。而狄奥尼修斯的结构由具身的理性(人类,构成教会等级)以及纯粹的理性(在天堂等级中天使的排序)构成,就其层级中的较低等的存在模仿并使其自身同化于较高的等级,而较高的等级是向较低等级传递神圣力量必不可少的中介而言,这种结构是一种神圣同化的层级。

[162]这一通过中间层级的神圣同化的整体结构可以按照下表从上至下表示出来:

天堂等级:		
第一组:	1.1. 六翼天使(Seraphim)	
	1.2. 智天使(Cherubim)	
	1.3. 座天使(Thrones)	

---

① *CH* III,1,164d.
② *EH* I,369a—372b,第 63 页,3—第 64 页,14;376a,第 66 页,12—19;II,392a,第 68 页,16—17;III,424c,第 79 页,7—12;441c—444b,第 92 页,2—第 93 页,10.

(续 表)

天堂等级:		
第二组:	2.1. 统御天使(Dominations)	
	2.2. 德性天使(Virtues)	
	2.3. 力量天使(Powers)	
第三组:	3.1. 权天使(Principalities)	
	3.2. 大天使(Archangels)	
	3.3. 天使(Angels)	
教会等级:		
圣礼(Sacrament)	1.	
教导者(Initiator)	2.1. 主教(Bishops)	
	2.2. 神父(Priests)	
	2.3. 助祭(Deacons)	
受教者(Initiated)	3.1. 修道士(Monks)	
	3.2. 可参与圣礼的净化者	
	3.3. 不可参与圣礼的净化者	

从这一层级的下层开始,首先我们可以考察教会等级中较低的两组,即那些"教导者"和"受教者"。

"受教者"要想成为教会的成员,必须接受按"生活的神圣方式"(ἡ ἔνθεος πολιτεία)进行的指导,以便过上这种生活,使其自身从恶的生活中得到净化(ἡ ἐν κακίᾳ πολιτεία)。① 因此,他们需要教育和道德改革,之后再通过净化,达到模范生活的沉思模式的最高等级,即"受教者"等级的最高等级,修道士的等级。② 这些神圣同化的步骤可以与晚期新柏拉图主义者描述的神圣化层级相对

---

① *EH* II,396a,第 71 页,10—16;II,397b,第 73 页,15—第 74 页,2。关于狄奥尼修斯对πολιτεία的解释,参见 Roques(1954:82)。
② *EH* III,428b,第 81 页,19—第 82 页,4;Roques(1954:261—2);(1962:207—9)。

第十三章　6世纪的教会和国家理想

比。比如,伪狄奥尼修斯按柏拉图《理想国》中所给出的四枢德的定义来表达道德改革。① 四枢德即新柏拉图主义者所述的"政治的"德性。② [163]狄奥尼修斯使神学中的这一"政治"模式从属于"净化"模式,③正如新柏拉图主义者区分了同化的"政治"层面和它所朝向的"净化"层面。在新柏拉图主义中,净化反过来能够到达更高形式的生活,即知识的生活。所以在伪狄奥尼修斯中,道德("政治")改革和净化也会使受教者到达他们所在等级中的最高级,"理论的"或者沉思的生活,即传道士的生活。

在狄奥尼修斯的教会等级中,受教者的等级从属于由助祭、神父和主教构成的"教导者"的等级。教导者的层级,正如受教者的层级那样,代表了向神圣同化的进路,而每一等级都朝向一种更高、更神圣的生活。每一等级都是通过其上一级带来神圣化,而最高等级,即主教的等级,则从属于天堂等级。然而,在排序中等级整体当然也有不同,区分教导者作为一个整体与受教者作为一个整体的因素是:如果说两者都显示了朝神上升的相同活动,那么,只有教导者可以作为神圣力量下降到较低等级的中介;即使是受教者等级中的最高级,即传教士,也没拥有能传递赋予较低等级神圣化的力量。④

接下来,我们也应注意到教导者等级的整体特征。例如,伪狄奥尼修斯坚持认为,通过中间层级传递神圣化是很重要的;这种中介规则是必要的,不仅对于教会的教导者等级来说是必要的,对于天堂等

---

① 参见 *Ep*. VIII,3,1093a—b,第 182 页,3—第 183 页,4;Roques(1954:89)为此作注。
② 参见上文,第四章。
③ *Ep*. IX,2,1108b,第 199 页,2—6(以及 apparatus fontium)。Hathaway(1969b:87,99),强调了 *Ep*. VIII 中的"政治"词汇。他将政治词汇与 *Ep*. IX 中"沉思的"语言相对比,也论证了(79)在 *Ep*. VIII 中对柏拉图《高尔吉亚》的运用(根据新柏拉图主义者,这是一部"政治的"对话,上文第六章,第 2—3 节)。
④ 参见 Roques(1954:286);(1962:210—12)。

级的秩序来说,也是必要的。他认为,因为这是神自身的立法,所以违背等级秩序在教会等级制度中是不可接受的。① 这一原理可与普罗克洛构建的中项法则相比。② 伪狄奥尼修斯也坚信,教会等级中每个层级的成员都必须执行他们恰当的功能,而非其他功能的原理。在这一原理中,我们可以注意到柏拉图《理想国》(433b4)中的正义原理:每个人各司其职。③ [164]我们当然也可以在新柏拉图主义的文本中找到柏拉图的正义原理,例如,在普罗克洛的文本中。④ 也许,我们可能注意到,关于教导者等级的更深一层的整体特点,狄奥尼修斯认为,在教会的功能和行使这一功能的人的灵魂的道德和精神品质之间,有着本质的联系。⑤ 这一概念,并非西方拉丁语教会的特征,而是使我们想起⑥柏拉图主义的观点,即道德和政治行动的品质,取决于行动者灵魂的道德水平;特别是在政治领域,哲学王必须是在道德上完美的。如果我们更仔细地审视"教导者"等级的最高层,即主教所代表的层级,那么,我们能够通过比较狄奥尼修斯的主教和柏拉图主义的哲学王,进一步发展这一观点。

(3) 作为哲学王的主教

根据伪狄奥尼修斯,摩西(Moses)作为法律等级的建立者,预见了教会等级中主教的等级。例如,基督教《旧约全书》中的神圣秩序,为基督教的教会等级提供参考。⑦ 事实上,在狄奥尼修斯看

---

① *CH* IV,3,180d—181a,第22页,11—17;*EH* V,504c,第106页,24—5;*Ep*. VIII,1,1088c,第175页,14—第176页,3。
② 参见普罗克洛,*El. Theol*. 132。
③ *Ep*. VIII,4,1093c,第183页,11—第184页,1;Roques作注(1954: 89);(1962: 122 n. 215)。
④ 参见 Hathaway(1969b:45,102)。
⑤ *EH* III,445A—B,第93页,26—第94页,10。
⑥ 正如 Roques(1954: 182—3,297)所说。
⑦ 参见 Roques(1954: 69 n.,171ff);Harl(1984)。麦基洗德(Melchisidech),如同摩西,是基督教主教(high priest)的先驱(*CH* IX,3;参见 Dagron 1996: 184—7)。

来，摩西实现了向神同化的极高程度：他变得像神一样，通过模仿神来塑造自身。① 这种与神的亲近和相似，和摩西作为法律等级的建立者和立法者的功能有关：

> 摩西自己作为律法的等级中最初的教导者和领导者，在圣所(holy tabernacle)中告知这些指导。正是摩西，为了其他人的教诲，在这一圣所中描绘了法的等级的建立。他将法的所有神圣行动描述为他在西奈山(Mount Sinai)上所见的景象。②

因此，摩西以他在西奈山上所见的景象为范本进行立法：他的立法以神圣启示为蓝本。我们可以将这一点与柏拉图的哲学王作比较。柏拉图的哲学王就好像画家，通过模仿一个超越的典范来行动(《理想国》500d—e)。[165]我们可以在普罗提诺对作为一个受到宙斯启发的立法者米诺斯的形象的理解中，发现这一将政治行动视为对神圣典范的模仿的观点(上文第七章，第1节)。而柏拉图将哲学王看作模仿超越典范的画家的比喻，也在扬布里柯和赫罗克勒斯的文本中详尽再现。③

柏拉图的画家比喻的影响，在狄奥尼修斯描述那些被摩西预见等级的主教的文段中，体现得十分明显：

---

① *Ep*. VIII,1,1085b,第172页,4—第173页,5。
② *EH* V,501c。
③ 上文第八章,第1节。《出埃及记》确实提到了一种典范(25,8: παράδειγμα；参见26,30: τὸ εἶδος, 25,40: τὸν τύπον)，神向摩西展示了这种典范，而摩西也必定在建造圣殿时模仿了它。然而，狄奥尼修斯将这一典范理解为所有教士机构所模仿的原型，所有的教士机构都是它的映像。在斐洛(Philo of Alexandria)(*De vita Mosis* II,2,引用了《理想国》473d)、尤西比乌斯(*Praep. Ev*. XII,19,引用了《理想国》500c—501c)以及格里高利(Gregory of Nyssa)(*De vita Moysis* 26)那里，我们都可以找到从柏拉图《理想国》的观点出发，将摩西视为立法者的理解。而 de Andia(1996：第14章)详细比较了斐洛、格里高利以及伪狄奥尼修斯对此的理解。

因此，那些艺术家在其心灵中热爱美。他们在其心灵中创造了它的映像。他们对这一美好进行集中、持久的沉思。秘密的美使他们的创造精确地近似于神。因此，这些神圣的艺术家们从未停止沿着这种概念的、超越的、令人愉悦的美好，塑造出他们心灵的力量。即使如《圣经》所说，他们实践的德性，即模仿神所提倡的德性，却没有被人看见。然而，正如在映像中，他们仍旧神圣地注视着，在教会里美中不足地隐藏着的，那些无限神圣的事物。这就是为什么他们也神圣地隐藏，他们思想中神圣、有德性的似神之物，并模仿和描绘着神。他们仅仅盯着概念的原初。他们不仅不会看与之不同的事物，也拒绝被拉到看到这些的层面。正如人们对这种人的期待，他们只渴望着真正的美和正义，而非空洞的表象。他们并不追寻普通民众所趋之若鹜的荣耀。因为他们所做的是模仿神，他们能够区别真正的美和真正的恶。他们是无限神圣美好的，真正神圣的映像。①

通过比较这些主教"画家"与柏拉图和晚期新柏拉图主义者的哲学王"画家"，我们会注意到，狄奥尼修斯以多种方式修改了柏拉图的想象。特别地，柏拉图和新柏拉图主义的哲学王使其自身灵魂和国家模仿超越的范式的观点，演变成狄奥尼修斯的神圣的人使其灵魂模仿这一范式的观点。狄奥尼修斯强调了内在，即灵魂的"秘密"改革。然而，这一内在化，这种隐藏，就意味着对神圣者道德和精神品质的进一步强调。这种道德和精神品质，是其善行以及向较低等级传达善的源泉。[166]因此，主教的交际秘密体现于其超越的独立性的双向活动，以及构成神圣化特征的善的外向交流的形象中。② 实际上，狄奥尼修斯将新柏拉图主义哲学王的悖论推至极限。

---

① *EH* IV, 473c—476a。
② 参见 *EH* II, 400b, 第 75 页, 3—9; III, 428d—429b, 第 82 页, 13—第 83 页, 10; 437d—440a, 第 89 页, 11—21。

新柏拉图主义的哲学王既超脱于世界以达到与神圣的统一,又向世界传达这一统一的图景。① 狄奥尼修斯的主教秘密表达了新柏拉图主义的原理,即德性向外的力量取决于其内在集中度。

狄奥尼修斯的主教,退回其内在的秘密中,实际上也活跃于教会。他是较低等级的人们赖以获得知识和行动的源泉,他带领这些人更加接近和同化于神。狄奥尼修斯用主教的"博爱"指代这种外向性,即主教的有益功能。"博爱"这一术语在教父的教会语言中十分常见,并且在君主政体的思想体系中也司空见惯。然而,狄奥尼修斯和晚期新柏拉图主义者一样,将这一术语与善相联系,即第一因的、没有嫉妒的无私(ἄφθονος),而主教则是其映像。② 正因如此,狄奥尼修斯的主教也可被称为"按天意的":在向人类传达神圣力量的过程中,他回想起仍旧是超越的神性所表现出的,对较低等级的天意的关怀。③ 晚期新柏拉图主义者也比较了像神的哲学王的政治"天意"和最高因的天意。④ "博爱"和"天意"也因此表达了相同的观点:作为新柏拉图主义的哲学家或狄奥尼修斯的主教,他们的行动无论是政治的抑或教会的行动,都是个人神圣化的反映。

(4) 三个结构性异常

新柏拉图主义的政治观点和伪狄奥尼修斯的教会学之间的比较可以进一步拓展,以便解释这一教会理论研究中产生的难点和困惑。在此,我研究了其中的三个问题。

(i) 狄奥尼修斯将教会等级描述为对天堂等级的模仿,例如,

---

① 这一观点被 Rouche(1996:158—9)所明确表达:"cette dialectique du mépris du monde qui permet, ensuite, d'être renvoyé au monde pour mieux le transformer (这种辩证法是,蔑视世界才可能返回世界,以更好地改变世界)"。
② 参见 *EH* II,400b,第 75 页,4—7;III,429b,第 83 页,3—10;Roques(1954:283n., 316);参见上文第七章,第 1 节。
③ 参见 *Ep.* IX,3,1109c—d,第 203 页,1—5;*Ep.* VIII,3,1093a,第 182 页,3—5。
④ 参见上文,第七章,第 1 节。

通过天使等级使教会等级与神相联系。① [167]然而,正如我们在表格中所见(上文[2]),情况似乎并非如此:天堂等级由三个等级的天使(纯粹理性)构成,每个等级下又分为三层;而教会等级虽然也包含三个等级,其中的中间等级和最低等级也都可以划分出三个层级,它们从属于一个并非由理智(*intelligences*)构成的最高等级,而是由仪式(*rites*)或圣礼(*sacraments*)②构成的最高等级。因此,狄奥尼修斯教会的理性结构似乎是由两部分构成,而非三部分。然而,天堂各等级则完全由三部分组成。那么,他要如何解释这一结构上的异常?③ 对此他给出了以下解释。④ 狄奥尼修斯以普罗克洛的三级一组的体系,构建了天使的世界。考虑到教会是较高等级的映像,他就以相同的进路探索教会的结构。然而,教会组织的现实否认了这一点,因为教会被二分为领受圣秩的神职人员和俗世教众。通过在二分结构中增加圣礼这一等级,狄奥尼修斯找到一个在实际教会组织,和从其普罗克洛版本的天使世界产生的要求之间的折中方案。这一解释的弱点在于,狄奥尼修斯似乎并没有在他所在时代的具体教会实际中进行解释,⑤并且他很轻易地将他的教会图景想象为真正三分的,天堂等级的真实映像。⑥

---

① *CH* I,3,121c—124a,第 8 页,14—第 9 页,15;*EH* VI,536d,第 119 页,12—15;Roques(1954:173)。
② 参见 *EH* V,501a,第 104 页,11—15;510d,第 105 页,21—4;Roques(1954:175,196)。
③ 狄奥尼修斯自己已经察觉到这一问题,因为他坚持认为天使最高等级的活动的仪式层面(τελετή),预见了教会等级的最高等级(EH V,501a,第 104 页,15—18)。然而,后一等级由仪式或圣礼构成,而非施行这些仪式的理性存在。
④ Roques(1954:175,196);(1962:126)。
⑤ 本书第 196 页注释 5。
⑥ Duby(1980:114ff.)注意到狄奥尼修斯教会的二分结构,讨论了中世纪在说拉丁语的西罗马帝国,试图将它转化为有三种功能的结构;我们也可以在拜占庭东罗马帝国中看到类似的努力(Wenger 1957:307—8)。

(ii) 我们可以在"教导者"等级中主教一级的特殊重要性中,找到另一个结构性异常。这种重要性似乎超过了我们对于分等级、连续的中介者结构的期望。这种分等级的连续中介者的结构,就比如在天堂等级中所举的例子。① 这是否是在给定现实和理论需要之间的另一个折中的例子?这一观点必定也会遇到第一个异常中提出的解释所面对的相同的反驳。

(iii) 我们可以看到,第三个难点存在于狄奥尼修斯几乎没有处理"受教者"等级中各层级之间的关系,②[168]虽然神圣化过程的连续分级中介似乎确实需要这种对待。我们似乎不能设想在这些等级中没有中间人。例如,修道士是"受教者"的最高等级,似乎对于较低等级者来说并未起到中介的作用。狄奥尼修斯等级的连续性似乎又被打断了。比如,在此我们可能也想知道,对修道院政治现实的参考(也许是隐晦地批评的),是否是一个问题。

无论狄奥尼修斯心中可能有怎样具体的情形,描述性地抑或规定性地,如果我们能将他的教会学看作是柏拉图政治哲学的变型,那么我们就可以解释这些结构性异常,因为我们已经可以在这一哲学中找到这些异常。从第一个困难(i)开始,我们可以注意到在柏拉图的《理想国》中,理想城邦若普遍被描述为三分结构(护卫者、辅助者和生产者),在概念上理想城邦则是二分结构。在建立这个城邦时,柏拉图区分了两个功能,即护卫者(guardians)的功能和生产者(producers)的功能。只有在后面的文本中(412b—c,414b),他才区分了在护卫者内部,有护卫者和辅助者(auxiliaries)。然而,辅助者仍旧是护卫者,或者说,与能够成为哲学王的"完全的"护卫者相比,他们是不完全的护卫者。③ 我们可以在柏拉图《蒂迈欧》(17c—d)对理想城邦理论的总结中再次找到这种本

---

① 参见 Roques 等人(1970:160 注.1);Roques(1954:183,197—8)。
② Roques(1954:197—8)。
③ 《理想国》414b1—2;参见 428d7: τελέους φύλακας。

质的二分结构。也可以在亚里士多德对《理想国》的参考中找到这一点。① 普罗克洛也继承了这一点。②

在柏拉图的护卫者中,"完全的"护卫者与不完全的护卫者(哲学王和辅助者)之间的关系能帮助我们理解狄奥尼修斯的第二个结构性异常(ii),如果主教可以被相应地看作柏拉图的哲学王。那么,我们可以说,正如哲学王代表了护卫者团体的本质,而团体的其他人(辅助者)则代表了不完美和辅助的成员,狄奥尼修斯的主教也是"教导者"等级的实质,而其他层级则是次级的和辅助的。

最后,考虑到第三个异常(iii),如果我们比较狄奥尼修斯"教导者"/"受教者"等级的区分以及柏拉图"护卫者"和"生产者"功能的区分,那么我们可以注意到,柏拉图忽视了生产者之间的关系,正如狄奥尼修斯忽视了"受教者"之间的关系。在柏拉图那里,[169]不同功能之间的根本区分是统治者和被统治者之间的区分。问题在于什么是进行统治的最佳方式。因此,柏拉图没有讨论那些被统治者之间的关系。类似地,在狄奥尼修斯中同样的区分是在"教导者"和"受教者"功能之间的区分,因此"受教者"之间的关系与教导的基本功能并无联系,所以某种程度上是模糊不清的。

无论狄奥尼修斯的教会等级有怎样的具体意蕴,它似乎都包含了一些结构特征,这些特征从某种程度上妨碍其作为天堂等级的映像的地位,但也与柏拉图《理想国》中的理想城邦的特征相符。进而,如果狄奥尼修斯的教会等级构成了更大的神圣化体系中的一部分,它在大体上以及很多细节上与晚期新柏拉图主义的,通过政治生活、净化和知识的神圣化结构相符,并且如果狄奥尼修斯的主教与新柏拉图主义对柏拉图哲学王的理解特别相似,那么,狄奥

---

① 《政治学》II,5,1264a25—9,1264b20—4。
② In Tim. I,第34页,27—第35页,9;In Remp. II,第77页,20—1。

尼修斯似乎就是受到新柏拉图主义对《理想国》的政治哲学理解的启发，而非通过直接阅读柏拉图受到启发。因此，我们可以得出结论，狄奥尼修斯的教会是新柏拉图主义版本的《理想国》中理想城邦的基督教翻版。

为了考察狄奥尼修斯进行翻版的新柏拉图主义版本的观点可能是怎样的，我们只需要在保留相同功能结构的同时进行置换。因此，我们可以以晚期新柏拉图主义形而上学的神圣性代替天使，以哲学王代替主教，用辅助者代替神父和助祭，用生产者代替受教者等级，用仪式，例如朱利安皇帝企图复兴的仪式代替圣礼。仍旧保留的是，基于柏拉图正义原理的政治生活的结构，以一种由受到神圣典范启发的哲学王统治的二分秩序表现出来，并且融入了一种更广泛的、超出政治生活，导向更高等级的似神存在的神圣化层级。

我们最后的观点是基于[170]狄奥尼修斯的教会学和晚期新柏拉图主义政治哲学之间的比较。如果这种教会学是按照新柏拉图主义的路径构建的，那么我们接下来可能得出，狄奥尼修斯的由（新柏拉图主义版本的）《理想国》中理想城邦所代表的范式的显著地位，就意味着在新柏拉图主义者所设想的政治改革层级的范围内（上文第八章，第2节），狄奥尼修斯的教会代表着最高的、最有雄心壮志的改革，这一层级的完美程度远超《法义》中更接近于人的政治规划，以及其他更无抱负的次级的政治规划。

（5）结论问题

从外部来看，伪狄奥尼修斯的教会引起的一些问题并不能从狄奥尼修斯文集中找到明确、直接的答案。例如，关于西方罗马教皇的宣称，我们可能想知道狄奥尼修斯的等级中，最高等级是否是一人统治，抑或是由很多元老进行统治？换句话说，在政治术语中，教会应该是君主制还是贵族制？我们在狄奥尼修斯的著作中，找不到关于这一问题清楚、有力的观点。① 他似乎认为每个主教对于他的教会而言是居于绝对首位的,而主教作为一个整体,他们之间的关系是平等的。在哲学的术语中,我们可能会回想起柏拉图关于哲学王的立场,重要的不是他们的数量,一个或多个,而是他们的道德和理性的完美。②

另一个开放的问题是关于狄奥尼修斯的教会和国家之间的关系。如果狄奥尼修斯的教会实际上承担了神圣化的功能,而根据晚期新柏拉图主义者,这一功能属于国家,那么,国家保有的功能是什么? 国家与教会的关系是什么? 如果伪狄奥尼修斯并没有详细地说明这一点(他似乎只关注了理想的精神共同体),那么我们可以从《天国的等阶》的一些章节中(IX,4),看到指向他立场的暗示。在这一章中,他将《圣经》理解为对受天使,即天堂等级的成员启示的埃及和巴比伦的统治者进行描述的著作。然而,这并不意味着这些统治者,如同教会的君王那样,直接从天堂的等级中获得他们的知识和权力。这些统治者需要"真神的仆从"作为解释者,来理解他们从天使处获得的启示。而这些"真神的仆从"是犹太教法律等级时期的成员,[171]而现在他们是基督教教会等级的一部分。至少关于异教统治者,国家似乎从属于教会等级所提供的神圣化中介。因此,国家似乎从属于教会。基督教国家的基督教统治者可能高于狄奥尼修斯提及的异教统治者。然而,基督教国家和基督教统治者从某种程度上来说,似乎不能代表平行于教会结构的神圣化结构,这两者都从属于天堂等级。人们可能会怀疑,即使是最好的基督教皇帝,也必须在某种程度上依赖于教会等级所提供的中介,虽然这一问题在伪狄奥尼修斯看来仍是模糊不清的。

---

① 参见 Roques(1954:179—82)的讨论,我在这里总结了他的结论。
② 参见上文第八章,第5节。

2. 关于政治学科的匿名对话

查士丁尼皇帝在公元 527 年掌权后的某天，阅读了"王子之镜"，即由阿格皮图斯（Agapetus）汇编的《纪要》（Ekthesis），并且在可能是君士坦丁堡的圣索菲亚教堂中宣读了它（没过多久这个教堂在尼卡暴乱[the Nika riots]中被烧毁，取而代之的是查士丁尼大教堂）。《纪要》由 72 个关于理想统治的警告构成，其中许多是来自"王子之镜"文献中的惯用语。它们可追溯到罗马帝国时期，再到希腊时期，一直到伊索克拉底时期。这些传统观点在阿格皮图斯的汇编中被基督教价值所采纳和控制。[①] 如果我们不宣称新柏拉图主义哲学构成了《纪要》的部分知识背景，那么这一著作就不会是关于本章节主题的关注点。[②]

然而，在阿格皮图斯和新柏拉图主义的文本之间的比较，并不引人注意，[③]实际上也并不足够充分，[172]来论证新柏拉图主义对阿格皮图斯帝国思想的显著具体影响。总体上讲，阿格皮图斯仍旧处于传统的框架之中：皇帝是由神选出的，他被要求在其统治中模仿神，在其行动中展现（特别是对穷人的）慷慨和正义，修养个人德性到很高的程度。阿格皮图斯对王子之镜的传统中这些常见

---

① 关于不同版本的广泛流行，以及在说拉丁语的西罗马帝国、在拜占庭以及在斯拉夫地区对《报告》的摘录，参见 Dvornik（1966：i. 714—15），Sevcenko（1978）。Dvornik 也提供了（1966：712—14）对《报告》的简要总结。Barker（1957）翻译了章节的节选，也参见 Henry（1967）。

② Frohne（1985：193—4），她将阿格皮图斯中的章节与赫罗克勒斯，In carm. aur. 的文段联系起来，同时她也讨论了其他文献，包括伊索克拉底（238）以及伪毕达哥拉斯主义王权的文本（176）。

③ 参见 Frohne（1985：194），例如，关于阿格皮图斯和赫罗克勒斯在 εὐζως 这一主题上的比较；但也参见她接下来提及（195）的尤西比乌斯的文本。尤西比乌斯的《君士坦丁赞辞》似乎是阿格皮图斯的重要文献来源，阿格皮图斯的第一段可被认为是对《君士坦丁赞辞》的概括。

观点的基督教运用,体现在其著作的章节(第 17 章)中,这一章探讨了柏拉图的哲学王的主题:

> 在我们的时代,生活的善已经呈现在我们面前,正如一位古人预言的那样,当哲学家成为王或者王变得像哲学家那样思考时,生活的善已经来临。在哲学化过程中,你被认为是配得上王位的,而在成为王的过程中你没有远离哲学。因为如果说热爱智慧带来哲学,而智慧的开端在于对神的敬畏(《箴言》1:7),你的心中满怀敬畏,那么我所说的显然是真的。

阿格皮图斯所理解的"哲学"似乎可以还原为基督教的虔诚。正如阿格皮图斯所描述的,在查士丁尼的"智慧"中基本没有真正的哲学内容,他对神的模仿似乎不需要任何特别的形而上学或数学知识。当查士丁尼发起反对异教徒的有力运动,并且其公元 529 年的立法导致新柏拉图主义学园的关闭时,雅典的新柏拉图主义者被流放到波斯,他们自己也开始学习查士丁尼的"哲学"。①

与阿格皮图斯相对,晚期新柏拉图主义作为与查士丁尼朝廷相关的另一文件的灵感来源,它的重要性是十分显著的。这一文件就是一部匿名对话《论政治学科》。如果它流传下来,阅读这一文本显然对于我们的目标而言是十分有启发性的。事实上,我们必须研究其大量未得到妥善保存的片段。这些残篇是人们在重写本的手稿中发现的。然而,这些残篇却有足够的信息量,对晚期新柏拉图主义政治哲学的文本中可能包含哪些内容,给出一些有趣的深刻理解。在一个多世纪以前,②人们通过比较观点和术语上

---

① 上文第二章,第 3 节。
② Praechter(1900)。

的细节，说明了匿名对话所受新柏拉图主义的影响。然而，人们还未就对话中政治学科的概念与新柏拉图主义政治哲学进行整体比较。① [173]本书的前一部分使这一任务成为可能，正如我希望在下文中所呈现的。②

(1) 匿名对话的时间和内容

对话残篇的发现者安哥罗·麦（Angelo Mai）认为它们的作者是贵族彼得（Peter the Patrician），查士丁尼朝廷中的一个高官。虽然这一判断不过是一种猜测，但大家至少认同这一匿名对话必定发生于查士丁尼时期。这一文本最近的编辑者认为，这部著作写于查士丁尼统治的前期，即535年以前，并且它来自查士丁尼行政机构的高层。③ 但是也有人认为对话的时间应被确定为查士丁尼统治末期（公元565年），并且它为元老院贵族的利益发声。④ 后一时期似乎更可信，因为正如我们马上会看到的，对话中的两个交谈者对应于活跃在公元529年查士丁尼行政机构中的高级官员，并且描绘他们的对话似乎不可能写于非常接近他们活动的时期。⑤

麦（Mai）也将对话的片段认作是佛提乌斯（Photius）在他的《书集》（*Bibliotheca*）(cod. 37)中记录的同名对话（在此我们没有理由去怀疑这种认定）。根据佛提乌斯的记载，他所阅读的对话《论政治学科》包括两个交谈者，贵族梅纳斯（Menas）以及审查官托马斯（Thomas）。在那个时代，没有人认识叫这个名字的审查官，但是人们认为他的身份可能是在公元529年，即查士丁尼反异

---

① 一个可能的简单原因是人们并不认为新柏拉图主义拥有政治理论；参见 Valdenberg(1925: 56)。
② 关于接下来几节的较长版本，以及一些困难的讨论，参见 O'Meara(2002a)。
③ 匿名《论政治学科的对话》, p. xiii (C. Mazzucchi)。
④ Cameron(1985: 250—1)。
⑤ 我将这一观点归功于与 J. Duffy 的讨论。

教立法时被清除的异教徒财务官托马斯。[①] 梅纳斯可能是同名的,于公元528—529年担任东罗马帝国的地方执政长官的人。[②] 佛提乌斯告诉我们对话由六篇对话(λόγοι)组成,它介绍了一种不同于之前各种政体的新型政体。这一政体[174]叫作"二元"(dicaearchic)政体,它由最好的皇室、贵族制和民主制政体混合而成,因此它自己是最好的政体类型。佛提乌斯也告诉我们对话"正确地找到柏拉图(理想的)国家或政体(πολιτεία)的错误(ἐπιμέμφεται...δικαίως)"。

面对在重写本手稿中留存的对话片段,我们发现现存仅有第四卷的一小部分和第五卷的稍多一点的部分。对话中的对话者的名字是梅诺多罗斯(Menodorus)和托玛士乌斯(Thaumasius),无疑是柏拉图化版本的梅纳斯和托马斯,这两个名字可能是佛提乌斯在其手稿中阅读到的。在这些片段中,柏拉图对话的构想的印迹十分明显:梅诺多罗斯和托玛士乌斯之间对话的环境和生活使我们很容易想起一篇柏拉图对话,即《理想国》;托玛士乌斯紧跟着梅诺多罗斯的思索,并寻求解释;梅诺多罗斯有时详细说明需要解释和例证的一般原理。第四卷的片段必定与军事学科和德性有关。梅诺多罗斯和托玛士乌斯讨论了军事训练的执行,步兵的重要性,军队的道德法典,以及军事和平民的关系。在残篇中,第五卷的内容列表得以留存。根据这一列表(第15页,2—19),第五卷讨论了王权(βασιλεία)以及君主的学科(βασιλικὴ ἐπιστήμη)还有其他事宜;这一学科与其他学科是怎样的关系;它的立法、准则和实践;君主是怎样模仿神,了解神圣,并相应地进行统治。从某种程度上讲,留存的残篇涉及了这些问题。在接下来几节中,我将特别

[①] Cameron(1985:249)。
[②] Rashed(2000)近期发现纪念一位梅纳斯的警句,这位梅纳斯是柏拉图主义者,也是立法者,Rashed认为他是在创制查士丁尼法典中发挥了重要作用的执政官,是匿名对话中的对话者,甚至是对话的作者。

讨论第五卷的片段中告诉人们的政治学科的目的，政治学科与君主学科之间的关系，以及君主学科模仿神圣的方式。

（2）政治学科的目的

根据第五卷的片段（第 46 页，11—第 47 页，12），政治学科是人类条件的结果，它是一种我们在自身发现的，在理性与非理性之间，在纯粹理性的神圣生活和本性（φύσις）之间的困境。如果超越的理性和本性都懂得和睦，不与对方混淆，那么在它们之间被拉扯的人性，即渴望向上到理性的神圣生活又被本性拉扯着向下，就处于混乱和矛盾中。然而，神圣天意以其自身的善，为人类理性提供了[175]对其条件的两个最佳补救。一个是"辩证法的学科"，它与非物质的（或灵魂的）存在相关；另一个是"政治的学科"，它与物质的事物相关，并关注政治行动。

在之后的片段中（第 49 页，15—22），对话说明了神创设政治学科，以作为人类被流放于尘世间所能利用的神圣方法，人们借此获得好的秩序，以回归超越的国度，即永恒城邦的高贵。因此，政治知识从属于与神圣更高的结合，并为此准备道路；政治知识与肉体相关，在我们的尘世生活中创造善，这反过来也为人们返回神圣故乡提供了条件，而这一神圣故乡正是我们被从之流放到尘世的，属于神圣理性的地方。那么，如果政治学科的目的在于，为了人的得救，根据正义获得幸福，①那么这就是超出尘世存在的神圣生活的观点。

我们已经在上文中发现，②在晚期新柏拉图主义中有着对政治和辩证法学科的相同理解：政治哲学包含从属于理论学科的实践学科，而理论学科中最高的是"神学"（在晚期新柏拉图主义中也

---

① 第 19 页，20—24；参见第 47 页，22—24。
② 第五章。

叫作"辩证法")。实践的和理论的学科被理解为构成针对于渐进的神圣化或者近似于神的层级。政治学科,作为一种实践学科,必定是与肉体相关。灵魂将肉体当作工具,而政治学科的目标在于给灵魂(与肉体)的合并生活带来"政治的"德性,即好的秩序。这一好的秩序使获得更高的知识和德性成为可能,即获得以"神学"(或"辩证法")为首的理论学科和德性。在"神学"(或"辩证法")中,作为理性的灵魂获得了神圣的生活。

匿名对话将这一关于政治学科和辩证法的等级和神圣化功能的理论,作为人类条件的,类似神话或宇宙起源式的部分解释。人们可能会想起在柏拉图的《蒂迈欧》中,构成人性的相反成分的结合,也会想起紧随灵魂与身体的统一后的混乱、道德和认知的结合(43b—44a)。根据《蒂迈欧》,能够服务于检视这一混乱的,是神给凡人的最好的礼物,即哲学(47b)。但什么是哲学?《蒂迈欧》认为,对能够将秩序带入我们灵魂活动中的天界有秩序运行的观察,就是哲学。柏拉图《普罗泰戈拉》的传说(322c—d)中,也提及了在毁灭中给人的神圣礼物的主题。[176]在这一传说中,宙斯通过赫耳墨斯(Hermes)给人们提供方法,即正义和羞耻。我们借此生活在一起,而不互相毁灭。宙斯的神圣礼物在皇帝朱利安的版本中再次出现。在这一版本中,朱利安在完成到神圣最高等级的柏拉图式上升后,获得了关于宙斯的秩序,即关于怎样统治的指导,他学到了能够指导他作为皇帝的政治知识。① 在此,我们再一次非常接近于匿名对话的观点。因为,对于晚期新柏拉图主义者来说,哲学知识大体上是给人类的神圣礼物,它们以一些优秀的灵魂,例如毕达哥拉斯和柏拉图等人的灵魂为中介,②所以我们可以将政治哲学作为这一礼物的一部分。事实上,扬布里柯宣称,毕达哥拉

---

① 上文,第七章,第1节。
② 参见 PR 36—9,149—51。

斯在阐明其他学科的同时,也将"政治学科"传授给他的学生。对于晚期新柏拉图主义者来说,柏拉图在《高尔吉亚》、《理想国》和《法义》中,也阐述了这一学科。①

最后,匿名对话通过流放和回到天上母邦的隐喻,描述了人类存在,也有很纯正的柏拉图主义和新柏拉图主义色彩。这不仅体现在柏拉图《理想国》的天堂城邦和普罗克洛的理性城邦中,②也存在于普罗提诺对奥德修斯回到他的故土,正如灵魂归于太一的理解中。③朱利安也将我们的条件描述为一种从我们渴望回归之地的流放。④

匿名对话中所描述的政治学科的广泛内容和具体功能,明显受到新柏拉图主义启发。但是这一学科的内容(content)是什么呢？鉴于它的目的是人的得救,它包含了法律、准则和实践。法律中的五条基本规定是,国王的选择,贵族(元老院)团体的构成,教会权威和国家高级官员的选择,以及法律的维护(第19页,27—第20页,10)。在这一立法中表达的"政治的学科",等同于王权或者"君主的学科",这反过来被描述为对神的模仿(第18页,5—7)。接下来我将进一步考察这两个观点。

(3) 政治学科作为君主学科

如果我们确信君主学科仅仅是政治学科的一部分,那么在政治和君主学科之间建立起的同一性似乎是令人困惑的。[177]因为政治学科也包括,例如对话第四卷中探讨的军事学科。⑤我们可能会期待,如果军事学科有其自身具体的关注点,那么也与对话

---

① 上文第八章,第4节;第六章,第2节。
② 上文第八章,第3节。
③ 普罗提诺,《九章集》I 6,8。
④ 朱利安,*Or*. III,30,90b;VIII,9,169b—c。
⑤ 柏拉图(*Prot*. 322b5)将军事学科描述为政治知识的一部分。在柏拉图看来,司法和军事学科,与修辞学一起从属于政治学科,《治邦者》304c—305c。

第五卷中讨论的王权的关切是有区别的。确实,柏拉图在很多地方将政治学科与君主学科等同。① 但是匿名对话的作者是怎样理解这一同一性的呢?

对话的一个片段使我们能够看到王权怎样既是政治学科的一部分,又与政治学科相等同。王权是政治之光的源泉,通过科学的方法,政治之光能够被传达给国家中从属于它的等级,并一级一级向下传递,以使每个等级分有在其上统治它的等级所拥有的知识。② 因此,我们可以推断,如果王权将政治知识传达给国家的较低等级,那么政治知识的其他部分也来自王权,就好像从源头流出一样。这一片段的用语与伪狄奥尼修斯的用语,特别是在《天国的等阶》开篇的语言相似。这两个作者都表达了新柏拉图主义形而上学的一种根本原理,即序列中的最初成员先在地包含并产生序列中随后的成员。③ 当这一原理应用于匿名对话,它意味着王权或君主学科既是政治学科的一部分,又等同于政治学科:它是政治学科的一部分,因为仍有其他部分,例如,军事学科;它是政治学科,因为它作为最高的部分和所有政治知识的来源,先在地包含了其他部分。④

为了看到在实践中它是怎样实现的,我们可以尝试去思考,在匿名对话第四卷中描述的军事学科是否源自第五卷中的君主学科,为此,我们需要将涉及的较低等级考虑进来。事实上,我相信我们能够完成这一点,但现在我们最好先探究君主学科是对神的模仿这一概念。

---

① 《欧蒂德谟》291c4—5,《治邦者》259c—d。
② 第 27 页,7—15。关于君主学科和其他学科之间关系的问题,在第五卷的内容列表中列出(第 15 页,3—4)。
③ 参见 Lloyd(1990:76—8)。
④ 参见普罗克洛,In Parm.,第 814 页,23—36。这可以看作对柏拉图的《治邦者》中(本页注释 1)其他艺术或技能从属于政治或君主学科的新柏拉图主义的理解。

(4) 作为对神的模仿的君主学科

[179]有人认为,在第五卷的残篇和内容列表中,君主学科是对神的模仿,或者说向神同化(第16页,6—7;第18页,6—7;第37页,14—15)。我们也在希腊化和罗马帝国时期的君主制文献中,找到了这一观点,例如,在尤西比乌斯的《君士坦丁赞辞》和阿格皮图斯的《纪要》中。晚期新柏拉图主义者对王权是对神圣的模仿的观点给出了自己特别的理解。他们将这一观点与哲学是人类对神的近似的观点联系起来考察,并详细说明了这一神圣化可能代表了什么。他们区分了神圣的两个方面,即知识(θεωρία)或完美思考,以及天意或对较低等级者的关怀。如果神圣生活包含这两个方面,那么向神圣同化或者模仿神圣的哲学家,就要展现两种活动:即理论活动或知识,以及按天意的活动,例如政治统治。①

描述王权作为模仿神圣的按天意的统治,并非特别地解释王权是怎样模仿神圣的。这一问题已经出现在柏拉图《理想国》的读者所提出的,哲学王是怎样根据神圣范式构建起城邦(500e)的问题中:他们是在其统治实践中复制柏拉图式的理念吗?这又意味着什么?我们已经看到(第八章,第3节),对于新柏拉图主义者来说,这些问题必定变得更加困难。例如,普罗提诺在《九章集》VI.9,7中提及了立法者米诺斯以其与宙斯,即太一的结合为蓝本创制法律。但是如果太一超出了知识及确定的存在,那么它是怎样成为模仿其形象的法律的范式?

匿名对话的主导对话者梅诺多罗斯意识到了这一问题,并直接回应了如果神是不可知的,那么他是怎样成为君主学科的原型的问题(第16页,13—第17页,8)。梅诺多罗斯区分了根据理性的合乎科学的发现,和受神圣造物指导的仅仅是正确观点的发现

---

① 上文第七章,第1节。

（第17页，21—4）。这一知识的层级在后面的片段中也再次出现。在后面的片段中，他描述了理性的上升，从意见和运用假设的推理（διάνοια），上升到科学，即光明的景象，同时也是与善的理念相似的、被标记的真理的景象（第35页，16—第36页，4）。这是柏拉图《理想国》中的世界，是未来的[179]哲学王从洞穴来到太阳光下，从假设到达善的形式的上升。在内部的对话中（第36页，6—第37页，2），匿名文本中的上升的理性证实了所有存在的第一因，即超越（ἐπέκεινα）所有事物的原因。这一原因并未离开自身，但在其中却包含了所有事物的原因（λόγοι）。就像是从圆心发展出半径，也就是可知的太阳和可知的世界、理性存在的等级、可见的太阳和世界、所有有序者，按照统治等级下降到元素。这种统治等级中包含人类，他们自身处于君主制结构的统治中。因此，理性发现了新柏拉图主义的形而上学结构，即被超越理知的（supra-intelligible）隐藏的第一因所统治的、从这一第一因中产生了可知的、理性的和可见的存在的复杂等级。但是，由此得到的形而上学知识对于政治哲学来说意味着什么呢？

从这一形而上学知识中，我们似乎可以推断出三个政治原理：(i)在结构上政治秩序是君主制的（参见第37页，3—8）；(ii)君主，即政治的"第一因"，是超越的；以及(iii)权力通过中间等级的体系得到实现。前两个原理以一些限制为条件，我们会在下一节中讨论。而第三个原理，我们可以在对话的主张中发现其应用。对话主张国王选择并且仅仅处理国家行政机构和教会的最高官员的事务（第26页，23—第27页，6；第28页，6—13）。如果国王正确地统治从属于他的最高等级，那么这一等级就会相应地作用于从属于其的更低等级，并以此类推。同样的原理，即晚期新柏拉图主义的中项法则，产生了伪狄奥尼修斯的等级体系（上文，第1节，[2]）。

回归匿名对话，在稍后的片段中（第38页，13以下），关于统

第十三章 6世纪的教会和国家理想

治是怎样模仿神的问题再一次出现。在此,对话挑选出不同的神圣属性(善、智慧、力量和正义),这些属性在神那里是统一的,但是我们只能设想它们是有区别的,并且没有得到充分的表达。① 关于善,它意味着统治者作为神的模仿者,其道德整体必须是善的,对于其臣民来说,是名副其实的德性典范,并且依据对其臣民的按天意的关怀,为了他们的善而非自身的善进行统治。② 关于神圣智慧,这意味着对于统治者来说,尊重第三个原理(iii),即中间原理,因为它在神的造物中展现智慧。因此,统治者仅仅管理直接从属于他的人,而他们依次[180]传达他按天意的统治,由此创造出和谐的政治结构(第 39 页,8—22)。至于神的力量,对统治者来说,这意味着道德卓越和其他实践品质,例如勇气、实践感、胆量和仁慈(第 39 页,22—第 40 页,2)。最后,神圣正义对于统治者来说包含了灵魂的内在正义,例如柏拉图《理想国》中所描述的;以及分配给每个等级应得的外在正义(第 40 页,2—7)。我们可以将其描述为第四个原理(iv)"给每个人应得",例如柏拉图理想城邦中作为基础的几何比例原理。而这一几何比例原理在现实的形而上学结构中得到例证。③

总之,我们可以说,匿名对话在回答政治知识是怎样以超越的范式为范本的问题时,参考了可知原理的科学知识,以及关于可见造物的正确意见这一较低层次。④ 这与晚期新柏拉图主义对相同问题的回答一致。晚期新柏拉图主义者也参考了对于政治模仿而言,神圣范式的形而上学秩序、数学秩序和宇宙秩序等不同层次(上文第八章,第 3 节)。在匿名对话中区分的两个层次,即科学知

---

① 参见 Elias, *In Is.*,第 16 页,19—第 17 页,21;David, *Prol.*,第 35 页,20—第 36 页,34。
② 第 37 页,19—第 39 页,8;参见第 25 页,10—11(对柏拉图的参考似乎是关于《理想国》342e)。
③ 上文,第八章,第 5 节。
④ 参见柏拉图,《治邦者》301a10—b2。

识的层次和正确意见的层次,这一范式源自超越可知的第一因的结构:在科学知识中是完整的形而上学结构,而在正确意见中是宇宙的结构。这一结构表明,第一因及其中的组织原理(君主制的秩序、第一因的超越性、中间的传达以及等级的分配),提供了君主学科的原理。正是以这种方式,君主学科模仿了神圣。

如果说我们已经在斯多亚学派和伪毕达哥拉斯关于王权的文本中,找到了国王在其统治中模仿宇宙秩序的观点,例如(前文所述),① 那么,在匿名对话中,这一观点被拓展到包含受新柏拉图主义启示的形而上学结构的不同层次。而晚期新柏拉图主义者也将这些层次认作政治统治的不同范式。

(5) 法律

在匿名对话中,原理(i)和原理(ii)的应用,在君主统治的获得和这一统治的实践必须受法律限制的意义上,是有限制的。对话的作者[181]认为,政治恶的来源,国家弊病的来源,就在于想要进行统治的统治者缺乏必要的政治知识。他们为其自身的利益进行统治,而非为了他人的利益,他们通过非法的方式获得政权,即通过运用暴力、金钱和阿谀奉承等方式获得统治权。② 因此,必须找到一种方法,柏拉图哲学与王权的统一梦想能够借此实现(参见,第52页,23—第53页,4),也就是一种允许在那些道德和理性上最有能力的人中,合法地选择统治者的方法,虽然这种统治实际并非他们自己想要的。对话提出的这种方法包含复杂的立法,从而规定了王权的最佳可能候选者的确认,国家所有群体头领对这样的候选者的任命,以及通过宗教抽签进行的神圣认可。③ 因此,统

---

① 上文,第八章,第3节。
② 第54页,17—第55页,8;第24页,24—第25页,4(提及暴政)。
③ 第19页,27—第21页,10;参见25,20—26,7。关于抽签,参见本书第148页注释4;Morrow(1960: 161,181)。

治者的立法依赖于他的内在道德和理性能力,取决于他为其利益而进行统治的臣民的指定,也取决于在宇宙秩序中他所从属的神圣认可。统治者被进一步期望维护法律(第 38 页,23),正如在第五个根本规定中所要求的那样(第 20 页,8—10)。另一个在片段中提及的关于君主绝对论的法律规定,涉及了君主卸任的年龄(第 44 页,1 以下)。

这一对法律作为选举管理和统治者行动方式的强调,更使我们想起柏拉图《法义》中所追求的政治改革,而非柏拉图《理想国》中所描述的政治改革。正如按照晚期新柏拉图主义者的理解,这些对话代表着不同层次的改革(上文,第八章,第 2 节)。进一步表明这一方向的是佛提乌斯的报告,他认为匿名对话提出了一种混合政体,包括君主制、贵族制和民主制元素。在残篇中,我们能够找到与此相应的元素:君主选自由社会所有等级的代表所建议的候选人,并通过神圣认定选出,因此他们被委以公共的善;他和元老院整体一同进行统治。《法义》中的次好的城邦,是从可能关系到一个具体国家建立的特定环境的抽象中发展出来的(745e—746c)。匿名对话也宣称[182]其在这种意义上进行抽象:它并不讨论具体国家的特殊情况(第 27 页,18—21)。

如果匿名对话描述了一个相比于柏拉图《法义》中次好城邦的规划,那么在对话中对柏拉图"共产主义"的批评,即对《理想国》中抛弃精英的个人家庭生活的批评(第 22 页,22—5),就不应当被解读为对柏拉图本人的攻击,而是对最高的、神圣的,事实上对人类来说是不可能的一切共有的城邦的特点的拒斥。在《法义》的城邦中,同样拒斥了这一特点。因此,我并不认为我们应得出这样的结论:尽管对话的作者明显受到新柏拉图主义的启发,但他反对《理想国》的这一特点,因此他不是一个新柏拉图主义者。[①] 我们也不

[①] 正如 Praechter 所宣称的(1900:629)。

应该受到佛提乌斯关于对话中批评柏拉图的报告的消极声音的影响:佛提乌斯并非柏拉图《理想国》的友人,①并且残篇保留下来的第五卷的目录中也暗示了一种更有限的批评。② 我们在对话对神圣化的反驳中,找到进一步反对匿名对话的作者是新柏拉图主义者的论证。③ 但是在此,争议中的观点对于得出这样的结论而言也过于有限。对话反对将神圣化作为政治决策的根基,认为政治根基更应来源于政治知识(参见第 41 页,24—6)。在原理上这并不将在其他语境中对神圣化的应用排除在外。

(6) 结语评论:匿名对话和伪狄奥尼修斯

因此,如果我们考虑到匿名对话中哲学各部分结构与功能的概念,在这一结构中政治哲学的地位,它作为模仿神圣的本质,以及在形而上学秩序中表达的神圣等,匿名对话《论政治学科》与新柏拉图主义政治哲学就是密切相关的。尽管对话的作者像柏拉图在《法义》中一样,没有考虑具体国家的特殊性,他对于其时代的政治问题也是十分清楚的。这些问题被他的哲学前辈柏拉图、亚里士多德以及西塞罗忽略。而这些问题正是由君士坦丁堡的各派造成,由大量失业者、[183]闲散人员以及有失修道士身份的人造成。④ 对话的作者提出一个新的政体秩序,部分与这些问题有关,但更多地关于合适的选举、合法的选举,以及君主的宣布等基本问题。这一改革提议所描述的,并非如柏拉图《理想国》中的神圣乌托邦,而是如同《法义》中雄心更少的模型,其中,法律是至高无上的,并且提议详细说明了一种混合政体。即便这一整体方法并非

---

① 参见佛提乌斯,*Ep*. 187,168—71。
② 第 15 页,17 提到了"反对柏拉图所说的一些事",可能指第 22 页,22—5 的反对公共的生活,也可能是佛提乌斯暗指的文段。
③ Praechter(1900:629)。
④ 第 28 页,15—20;第 29 页,4 以及 9—12;第 33 页,7—26。

全新的,但对话提出的特定安排似乎构成了一个调和多种宣称的新框架。这些宣称包括:政治学科的重要性与表现这一学科的法律的最高统治;按照这一学科与法律,统治者所需的道德和理性优势;按照其利益进行统治的公民;以及人类政治秩序所从属的神圣。

那么,匿名对话的作者是基督徒吗?他对人作为神的形象的提及(第37页,5—6)似乎暗示了其基督徒身份,但这是一种孤立并且相对较弱的说明。① 这种情况使我们想起波爱修,他的基督徒身份在《哲学的慰藉》中并不十分明显。波爱修与我们所研究的对话的作者是同时代人,或者比对话作者更早一些,他是对话作者在哥特国王西奥多里克(Theoderic)朝廷中的同僚。像我们的匿名作者一样,波爱修接受了新柏拉图主义的哲学训练,对希腊和拉丁文化都很熟悉,被柏拉图所提倡的哲学与政治的结合深深吸引,同时他也是帝国行政部门的较高层官员。② 匿名对话的作者很可能是基督徒。但是有趣的是,对话中的一个对话者,托玛士乌斯,可能是一个在公元529年被查士丁尼朝廷清除的异教徒。

匿名对话《论政治学科》的作者,有晚期新柏拉图主义常见的哲学背景,他使我们不仅想起波爱修,也很容易想起伪狄奥尼修斯。③ 伪狄奥尼修斯似乎比他更早,如果对匿名对话的后一种时期确定正确的话,伪狄奥尼修斯可能比他早几代。狄奥尼修斯似乎仅仅关注精神的得救,而匿名对话则回应了具体的政治问题。此外,在其柏拉图主义的教会翻版中,狄奥尼修斯描述了一种[184]柏拉图《理想国》中的改革理想;而匿名对话似乎提出了一种比《法义》中的改革更缺乏雄心的改革。尽管有这些不同,将这两种方案进行比较是很吸引人的。在伪狄奥尼修斯中,人的神圣化

---

① 正如 Praechter(1990:631)所说的那样。参见本书第97页注释5。
② 上文,第七章,第1节。
③ 参见 Praechter(1900)。

通过天堂和教会的等级得以实现。但奇怪的是,他没有给政治秩序和国家留下神圣化功能。而正如上文所述(参见第1节,5),狄奥尼修斯确实也认为政治秩序从属于教会。然而,在匿名对话中,人的神圣化实现于政治秩序中的合并的生活层面,正如在晚期新柏拉图主义哲学中所主张的那样,教会与政体立法和政治秩序相结合(正如柏拉图《法义》中的宗教),并且成为君主责任的一部分(第27页,31—第28页,13)。因此,与伪狄奥尼修斯的暗示相比,匿名对话的作者似乎对教会和国家之间的关系有不同的看法,即一个更接近于晚期新柏拉图主义者的观点。

第十四章　伊斯兰教中的柏拉图式政制：
阿尔·法拉比的完美国家

[185]在第十二章和第十三章中，我探究了在说拉丁语的西罗马帝国以及希腊和拜占庭世界中，一些有影响力的思想家的著作里出现的新柏拉图主义政治思想的例子。在本章中，我将最终提出来自伊斯兰教的东部帝国的例子。这一例子是阿尔·法拉比(al-Farabi)在其著作《论完美城邦公民意见诸法则》(*Principles of the Views of the Citizens of the Best State*)中提出的。① 他于晚年进行这本书的写作。根据一些文献记载，阿尔·法拉比在他留在巴格达的最后一段时间(公元 941 年)开始写作本书，并于公元 942 年或者 943 年完成写作。②

当然，这一例子在大体上，无论如何也不是中世纪伊斯兰教政治哲学的代表。我也并非试图讨论阿尔·法拉比整体的政治哲学，也不会讨论他的其他著作和这些著作与《论完美城

---

① 后文中我将用《论完美城邦》来指代这本书。我十分感激 Walzer 的翻译(是我在文中所引用的)和他绝佳的评论，他的版本附有阿拉伯文的文本，在其去世后出版。我将用"W."来指代他的评论。[译按]中译本可以参看董修元译本(法拉比著，《论完美城邦》，华东师范大学出版社，2016 年版)。
② 关于《论完美城邦》的时代，参见 Galston(1990:3 n. 1)；关于阿尔·法拉比的传记，参见 W. 2—5。

邦》的关系。① 然而，我所选择的例子并非没有显著性。阿尔·法拉比通常被描述为伊斯兰教政治哲学的"创建者"，而其《论完美城邦》是一部非常重要且有影响力的著作。② 在这一章节中，我将展示在《论完美城邦》中，伊斯兰教语境下表达的，本书前两部分所重建的理想国家的新柏拉图主义观点。

[186]在7世纪三四十年代，阿拉伯人占领了罗马帝国的东部，这不仅涉及埃及和叙利亚，在那里尽管有一些措施反对新柏拉图主义者，例如查士丁尼的措施，他们也努力存活下来；阿拉伯的占领也意味着在其伊斯兰文化中的教学被保护、整合和拓展。叙利亚的基督教徒与穆斯林合作，参与到将古希腊文献直接或者通过叙利亚语或波斯语的版本，翻译成阿拉伯语这一卓著的项目中。这一项目主要在8世纪到10世纪之间的巴格达（建立于公元762年）进行，它包括相当一部分古希腊的哲学文献。③ 我们特别能够观察到，在巴格达人们了解晚期希腊新柏拉图主义学园，例如亚历山大的学园的典型课程及其基本原理：阿摩尼乌斯（Ammonius）及其学生给出的哲学定义、德性与学科的等级以及作为代表这些学科和表达新柏拉图主义启示的世界观的亚里士多德和柏拉图的著作合编。④ 人们将柏拉图和亚里士多德的著作的总结及阿拉伯译本，与新柏拉图主义的文本，例如《亚里士多德的神学》（*Theolo-*

---

① 关于调和阿尔·法拉比在其不同著作中观点的困难的有趣、敏锐的讨论，参见 Glaston(1990)，虽然她关于这些困难的探索有时只是纲领性的。在下一个脚注中我将回到这些困难。虽然我的目标并非试图找到阿尔·法拉比关于政治哲学的整体观点，但有时我也会参考除了《论完美城邦》之外的他的其他著作（在引用时，我并不会标注他的名字，并且会列出缩略的名字，例如《格言》[*Aphorisms*]＝阿尔·法拉比，《政治家的格言》[*Aphorisms of the Statesman*]），当这些著作的观点证实或详细说明了《论完美城邦》中所表述的观点。
② 这可能解决 Glaston(1990：59—68)在阿尔·法拉比关于幸福的理论中所面对的困难。她在阿尔·法拉比的篇章中发现关于幸福的"唯一"定义。
③ 参见 Gutas(1998)。
④ 参见 Hein(1985)，一个详细且非常有用的研究。

第十四章 伊斯兰教中的柏拉图式政制：阿尔·法拉比的完美国家

gy of Aristotle）（普罗提诺《九章集》IV—VI 的一个版本）、《原因之书》（Liber de causis）（普罗克洛《神学要义》中部分的版本），与新柏拉图主义中波斐利、辛普里丘（Simplicius）、菲洛泡努斯（Philoponus）以及其他人的著作一起阅读。其中，《亚里士多德的神学》和《原因之书》似乎都是为了 9 世纪巴格达的肯迪（al-Kindi）创作的文献，① 而波斐利、辛普里丘和菲洛泡努斯等人的一些文本，仅在阿拉伯译本中得以保存。②

因此，如果我们可以看到在 5 世纪、6 世纪和 7 世纪早期的新柏拉图主义实践，和 9 世纪以及 10 世纪巴格达的哲学发展之间的的连续性，那么，就会有这样一个重要的方面，即人们一般认为早期伊斯兰教哲学源于古希腊晚期的新柏拉图主义：它的关注点在于政治哲学。阿尔·法拉比对柏拉图的《理想国》有深入的了解，并且写了《法义》的总结。③ 他和他学园中以及后来的伊斯兰教哲学家一样，都写了很多关于政治哲学的著作，特别是阿威罗伊（Averroes），还评论了《理想国》。④

[187]虽然具体的条件和原因导致了伊斯兰世界中对政治哲学的这一强调，但我在本书中提出的新柏拉图主义政治哲学的重建，意味着在晚期希腊新柏拉图主义和早期伊斯兰教哲学之间存在着比迄今为止任何一种假设都要强的连续性。以往的假设，受到古希腊新柏拉图主义者们不关注政治哲学的传统观点的影响。

我将会论证，阿尔·法拉比的《论完美城邦》为这一连续性提

---

① 参见 Endress(1987：428)（关于进一步的文献）。
② 参见 Nicolaus 关于伦理的论文（上文，第四章，第 2 节），被归于扬布里柯和普罗克洛名下的《金诗》的阿拉伯语评价，以及下文本书第 235 页注释 2，我只提及了那些在本书中应用过的文本。
③ 关于 9 世纪《理想国》和《法义》的阿拉伯语版本，参见 W. 第 426 页。关于《治邦者》，参见下条注释。
④ 《格言》29，运用了柏拉图《治邦者》259b。也参见《获得福祉》(Attainment) 54，57，62。

供了说明。在所有可能性中,阿尔·法拉比都受古希腊文献的启发。然而,如果我们假定新柏拉图主义者们没有像柏拉图和亚里士多德那样的政治兴趣,如果我们假设像普罗提诺和普罗克洛那样的哲学家不喜欢"政治柏拉图主义",那么,我们必须得出结论,阿尔·法拉比的原始资料,即使能追溯到古代晚期,也并不属于晚期的古代新柏拉图主义。① 然而,我们应该明确,这些假设并不牢靠,接下来我们将会看到,阿尔·法拉比的政治观点,与在本书前两部分的古希腊晚期新柏拉图主义中找到的观点是非常接近的。

1. 形而上学背景

阿尔·法拉比的《论完美城邦》的开头,详细解释了从第一原理(神),通过由第一原理发散出的不同等级的存在,下降到物质世界的元素和人类本性的现实结构(第1—14章)。在回顾普罗克洛《神学要义》的严谨论证中,阿尔·法拉比首先说明(第1章)事物的第一因必须是绝对完美,在任何方面没有缺陷,居于所有事物之前的,是非物质的,不可分的,并且是独特的,是在行动中思考自身的理性(1,6)。所有的其他事物都在非物质和物质层面的序列中,从这一第一原理中发散出来。这一发散以多种方式反映了第一原理,其中有以下四种值得关注(2,2):

(1) 源自第一原理的事物的发散,是第一原理慷慨(generosity)功能的体现:慷慨是其实质,是从它而来的事物原因的完美性;②

---

① 这是 W. 的推测(8,10,12—13):他参考了罗马帝国时期(6世纪?)对柏拉图《理想国》的一个解释;关于 W. 的具体论证参见下文第 5 节。
② 1,1. W. 359—60 提到了在柏拉图《蒂迈欧》(29e)以及普罗克洛中相对应的文献。在新柏拉图主义中,这一慷慨是至善的自我扩散;参见上文第七章,第 1 节。

第十四章 伊斯兰教中的柏拉图式政制:阿尔·法拉比的完美国家

(2) [188]从第一原理发散出的事物按照等级秩序排布,[①]正如在以下文段中所强调的那样:

> 但是第一原理的实质也是,当所有的存在从其中发散出时,这些存在都是按照等级秩序排列,并且每个存在都从第一原理获得其所分有的位置和存在的等级。它从最完美的存在开始,紧接着是比最完美的存在稍微缺乏一些完美性的事物。而在这之后相继有更加缺乏完美性的存在,直到达到了最终的等级。

文本并没有明确说明,产生按等级排列的各存在的第一原理的实质是什么,但是我们可以假设,第一原理的完美性表现于(必然)不完美的存在需要一系列不完美存在的等级。

(3) 正如上文引用的文段所表明的,等级秩序也是正义的表现:

> 因为所有存在从第一原理中获得他们的排序等级,并且每个存在从第一原理中根据它的排序分有其存在位置,所以第一原理是正义的,它的正义在其实质中。

正如我们已经指出的,[②]这是几何平等(比例)的柏拉图原理:各自有其恰当的排序,或者各司其职。[③] 它适用于阿尔·法拉比的整个形而上学、物理学和政治学领域。他甚至在四种基本元素各自转换的过程中,观察到一种"自然正义":每种成分都有其"权

---

① W. 强调等级秩序的重要性。
② W. 358—9。
③ 参见上文第八章,第 5 节。阿尔·法拉比在其《柏拉图的哲学》(*Compendium Legum Platonis*)第 24 页总结了柏拉图《法义》(757a—b)中关于几何比例的篇章。

利",并且反过来在补偿的化学转换的精妙过程中,获得应得的正义。①

(4)最后,发散出的事物相互联系以构成整体(2,3)。他所给出的例子是,爱(或友爱)将人们联系在一起。② 这种在发散出的事物之间的联系或者共同体,也植根于第一原理的完美性(统一)。

然后,阿尔·法拉比就以下降的顺序,展现了发散出的非物质存在的不同等级,即相应于各天体的理性的十个天使(第 3 章)。第十位是主体理智(the Agent Intellect),[189]他是人类思想的超越的动力因。③ 那么,物质的现世世界就被描述为首先是自然存在(元素、无机物、植物和动物:第 4—9 章),以及"自愿的"存在,即人(第 10—14 章)。

人由灵魂机能的等级代表并构成,每一种机能从属并服务于更高的机能,④在人类中一切的统治者是理性机能(第 10 章,1—5 以及 9)。这一人类本性中的自然秩序意味着,这一本性的终点也是其统治部分的终点,即理性。在理性中,实践理性的终点从属于理性的更高层面,即理论理性(参见第 13 章,7)。而理论理性的终点就如下文描述的那样:

> 福祉(felicity)意味着人类灵魂达到了其存在的完美程度,在那里人们不需要物质来支持,因为它已经成为无形体的事物,有着非物质的本质,并且能够持续地永远停留在那种状态中,但是它的等级仍旧位于主动(主体)理智之下。(第 13 章,5)

---

① 参见 6,1—2;9,1—2 以及 6—7;15,6。
② 参见《政治箴言》(Aphorisms)57 中的重要文段(这一文本必然可追溯到对政治 φιλία 的古希腊解释)。
③ 参见 13,2。"主体理智"是亚里士多德的 De anima(III,5)中相对莫名提出的思考的动力因,在古代晚期一些评论家将其作为一种超越的神圣理性。
④ 每种灵魂的较低机能都由三种构成统治的三分体系(统治者/辅助者/从属者)构成;在第 11—12 章中,政治图景是无所不在的。

第十四章 伊斯兰教中的柏拉图式政制:阿尔·法拉比的完美国家

因此,人们的目标是纯粹理性的生活(正如古希腊新柏拉图主义者的目标那样),①即尽可能靠近超越的非物质理性所享有的生活。② 在这种意义上,人类的目标能够被描述为"近似于神",即晚期新柏拉图主义的评论向伊斯兰教哲学家们传达的定义。这些哲学家们对此非常熟悉。③

2. 作为达成人类目标的方式的最佳城邦

人类终点是通过有道德的行动实践达到的(第 13 章,6),而这种实践发生在社会框架中。因此,人们需要政治组织,这不仅是为了人类的生存和自我保存,也是[190]达到最高完美程度的方式(第 15 章,1)。那么,政治秩序是一种道德启迪的方式,④一种通向幸福的德性进步的结构(第 16 章,2)。这既关乎公民所共有的幸福,也关乎每一群体特定的幸福。这种彼岸的非物质的幸福,既是集体的(第 16 章,3—4),也在达到不同等级时有所不同(第 16 章,5)。因此,人类幸福表明了(上文提及的)三个形而上学原理,联结或共同体(4)、正义(3)以及等级(2)。这些原理也适用于人们借以获得幸福的德性行动的政治语境。⑤ 为了获得最高的德性和最高的幸福,人们需要以最佳的政治结构为方式。⑥ 阿尔·法拉比因此区分了追求最低目标(生存和自我保存)

---

① 上文第四章,第 1 节。
② 也参见《政治箴言》76(最后);《亚里士多德的哲学》93,98;人类的终点是理论理性的完美,靠近人类以之为榜样的主体理性。比较上文第三章,本书第 49 页注释 3 中引用的赫罗克勒斯。
③ 参见 Altmann 和 Stern(1958:16 脚注 29,197);Hein(1985:116—17);Druart (1993:336—7)。
④ 也参见《政治箴言》38 关于统治者(在教学和行动上)的启迪角色。
⑤ 关于集体层面,也参见《格言》22(关于通过整体的善获得部分的善);正如上文讨论的扬布里柯和普罗克洛,第八章,第 1 节。
⑥ 参见《政治箴言》84。

的社会,和那些以通向彼岸幸福为组织方式的卓越社会。①

在谈论卓越或者完美社会时,阿尔·法拉比区分了完全社会和不完全社会。不完全社会是例如家庭和村庄那样的社会群体,它们仅仅是完全的政治政体的一部分;而完全的政治整体则可能是城邦国家(medina : polis)、民族国家或者是普遍国家。② 在完全国家中,能够区分完美与邪恶国家的是它们的终点:完美国家的终点目标如同阿尔·法拉比所描述的,而不完美、邪恶的国家则基于其他目标,例如金钱、快乐或者权力。③

完美或者最佳的国家有其进一步的等级结构特征。阿尔·法拉比将它比作一种有机体,在其中不同部分和器官处于一个从属于统治部分的协作系统中,执行它们各自的恰当功能(第15章,4)。在最佳国家中,公民按照其恰当的能力自愿地执行不同功能。因此就达成了柏拉图的几何平等原理。④

[191]在他的《政治箴言》(53)中,阿尔·法拉比提供了以下构成国家的等级列表:

    有智慧的人
    神父、雄辩家、诗人⑤

---

① 《政治箴言》25 和 84。后来作者的报告中表明,阿尔·法拉比在他对《尼各马可伦理学》的(失佚)评论中,否认了个人的永生(参见 Galston 1990:59—60;Endress 1992:41—2,以及更进一步的参考文献),因此否认了彼岸的幸福。阿尔·法拉比可能认为只有很少一部分人能获得非物质的理性存在的足够等级;他也允许通往最高等级的范围内不同等级的幸福的存在。
② 《论完美城邦》15,2;也参见《政治制度》,第 32 页。
③ 《论完美城邦》18—19;15,15—19。W. 484 提及柏拉图的《法义》(625e ff.),《高尔吉亚》以及《理想国》。参见《论完美城邦》18,2—5,其中作为政治目标的战争概念,与作为所有人反对所有人的战争本性的观点相联系,可能是正确的。也参见《政治制度》,第 42 页—第 53 页。
④ 正如 W. 434 所指出的。也参见《格言》58,61。
⑤ 这一组群在《获得福祉》42—8 中被描述为在政治劝说的任务中辅助统治者(作为与强制的运用的区别)。

第十四章 伊斯兰教中的柏拉图式政制:阿尔·法拉比的完美国家

数学家

士兵

财富创造者

我们可以将前三个等级与柏拉图《理想国》中的护卫者群体相比较,那么这就会让我们发现柏拉图理想城邦的三分结构(护卫者、辅助者和生产者)。①

在《论完美城邦》中,阿尔·法拉比强调了国家的等级、君主结构,②正如已经在现实的形而上学结构中所发现的。③ 而这一现实的形而上学结构则为最佳国家所模仿。在这一国家中,公民在其不同的等级中模仿统治者,正如现实的等级在其合适的层级模仿第一原理(15,6)。然而,这一君主结构并不意味着在数量上国家中只有一位统治者:在最佳国家中,可能会有几个国王,如果他们就像一个灵魂那样保持同一。④ 我们可能想知道,按照柏拉图的《理想国》(上文第七章,第3节),统治者群体中是否包括女性。即使阿尔·法拉比没有在《论完美城邦》中讨论这种可能性,他似乎也没有在原理上排除这种可能,如果考虑到他关于男性和女性有同等认知能力的宣称:"但是就感觉官能、表现机能以及理性能力而言,男性和女性没有区别"(第12章,8)。

3. 最佳国家的统治者(们)

最佳国家的统治者必定是其公民中最好的一个(第15章,

---

① 关于这一比较参见 W. 436—8。
② 在《政治制度》第39页中,他已经暗示了通过等级向下的垂直传递。参见 Glaston (1990:129),以及上文第十三章,第1节(ii)。
③ 15,6,以及在世界的结构中(《获得福祉》20)。
④ 16,1,参见《政治制度》第37页;上文,第八章,第5节。

5),他被神授予了最高等级的本性、道德和理性品质。① 他是其他公民模仿的对象,是在行动中成为理性的完美哲学家(第15章,8)。这样的统治者已经达到人类快乐或福祉的很高等级[192],并接近了超越的主体理智的生活。我们可以将这种生活与新柏拉图主义者所追求的"近似于神"相比较。对于新柏拉图主义者来说,成为像神一样,不仅意味着通过过上有理论智慧的生活也意味着要通过扮演一种按天意的(即政治的)角色来模仿神圣。因为神圣不仅享有完美的思想,也会将福利(天意)施予较低等级者。② 我们可以在早期伊斯兰教哲学中,找到认为神圣同化既是理论的,又是按天意的相同理解。③ 我们也可以在阿尔·法拉比的完美统治者中,找到这一相同理解。阿尔·法拉比的完美统治者不仅拥有完美的理论智慧,也拥有为了他人的利益运用这种智慧的能力。④

在这一点上,我们应当区分完美的统治,在按天意的政治统治上的能力,和对这一能力的实际运用。阿尔·法拉比紧随柏拉图《治邦者》中的观点,将统治者描述成国王,因为无论这一统治是否得到施行,正是君主学科(而非其应用)使国王成为国王。这一宣称使我们能够得出这样的结论,完美统治者个人的快乐(或福祉)将既包括理论智慧,又包括实践智慧,无论这一实践智慧是否找到政治应用的场合。在败坏的社会中,哲学家无法行动,他建议哲学

---

① 15,11—12;W. 445—6 注释了阿尔·法拉比在此处是怎样跟随柏拉图的《理想国》的。
② 上文第七章,第1节。
③ 参见 Altmann 和 Stern(1958:16):"哲学是按照人的能力,通过真理的知识和对善的实践,从而与神近似……"(Ibn at-Tayyib);关于 al-Kindi 参见 Druart(1993:337,344)。Berman(1961)将对神的模仿限定为政治行动。然而,这一限定既不适用于晚期希腊的新柏拉图主义者,也不适用于刚刚引用的伊斯兰教哲学家,同样也不适用于阿尔·法拉比。
④ 参见《获得福祉》54;Glason(1990:82—3)。

第十四章 伊斯兰教中的柏拉图式政制:阿尔·法拉比的完美国家

家们以移民的形式撤退。①

[193]让我们更仔细地考察完美的哲学王所拥有的理论和实践智慧。理论层面包括形而上学知识,例如我们在上文第1节中所总结的知识。这种智慧包括人类本性的目标的知识。完美统治者通过超越的主动理智(Agent Intellect)的作用,在行动中成为理智的,他获得了由主动理智传达或受主动理智启发的知识(第15章,8)。阿尔·法拉比将哲学王描述为能够接受这一超越知识的人,并将其称为先知(prophet)、伊玛目(Imam)、立法者(lawgiver)。② 这意味着,哲学王也拥有实践智慧(第15章,10),这种智慧是关于人类目标得以实现的方式,③包含立法能力,即创制出作为获得幸福的工具的法律的能力。因此,法律构成了部分实践智慧,它解释了与非物质的目标(福祉)相关,即与促进这一目标实现相关的物质事件、时间和空间。④

这样的完美统治者显然是极其少见的。⑤ 然而,对于阿尔·法拉比来说,这样的统治者已经存在过了,即伊斯兰教的先知和立法者穆罕默德(Muhammad)。⑥ 但是也有第二等级的统治者,他们服从更早的立法者定下的法律和习俗,并且能够从第一伊玛目

---

① 《政治箴言》88;参见《柏拉图的哲学》30。关于晚期新柏拉图主义中的这一主题,参见上文第八章,第2节,以及关于它在 Ibn Bajjah 的哲学家的独居生活的提议中,参见 Harvey(1992)。
② 也参见《获得福祉》54,57—9。W. 441—2 讨论了伊玛目的身份,并认为阿尔·法拉比将穆罕默德(Muhammad)视为在《古兰经》中传递这一知识和立法的先知。我们可以比较穆罕默德作为哲学王,犹太教及基督教的摩西作为哲学王(上文,第十三章,1[iii]),以及古希腊新柏拉图主义者的米诺斯作为哲学王(上文第七章,第1节)。
③ 参见《政治箴言》49 和 89;《各科举隅》第 24 页—第 25 页。
④ 参见《获得福祉》56。参见上文第十一章,1—2。
⑤ 《论完美城邦》15,13(参见 W. 447,它提及了柏拉图的《理想国》491a)。
⑥ 参见 W. 447。

(Imams)所给定的原理中推演出新法(第 15 章,13)。然而,他也考虑了接近于完美统治者的更低等级,在这一等级中,一个统治者群体代表了统治的不同品质。① 在这一更完美或更不完美的统治者层级中,我们想到在柏拉图《理想国》中完美的哲学王,和《法义》中次好城邦的政体安排之间的对比。

4. 最佳国家中的宗教

[194]正如在《论完美城邦》中所述,前面的所有知识代表了应该被完美国家中的公民所知晓的真理(第 17 章,1)。然而,这些真理以不同的方式被知晓(第 17 章,2)。哲学统治者和他们的密切追随者,即国家的领导群体,知道这些真理本身;而其他人,社会中较低等级的群体虽然知道同样的真理,但却是以象征表现的形式存在的真理(而非真理本身)。这些象征表现,因国家和理性能力的不同而不同。这些形而上学真理的象征表现则相当于宗教。正如错误的形而上学观点在错误的宗教观点中得以表达,②正确的宗教观点表达了正确的形而上学,并因此被错误世界观的拥护者所反对(18,12)。因此,宗教是一种映像(image),是哲学真理的映像化表达。国家的统治者可能会将宗教用于对不能完全理解这些真理的公民的政治说服。③

阿尔·法拉比在其完美国家中对宗教的政治应用,与柏拉图在《法义》中给出的宗教的政治功能很相似。这种功能在晚期新柏拉图主义中再次出现,例如在皇帝朱利安的著作中(上

---

① 参见《政治制度》,第 37 页以及《政治箴言》54(以及 Dunlop 的评论,86—8),它们给出了更加完善的方案。在公民群体中的统治品质的分布观点受到亚里士多德的启发,并被普罗克洛所应用(上文第十一章,本书第 170 页注释 3)。
② 19,7。
③ 《获得福祉》55;参见《政治制度》第 40 页—第 41 页。

文,第十章)。普罗克洛认为,例如柏拉图《高尔吉亚》、《会饮》和《普罗泰戈拉》中的宗教传说,可以被视为形而上学真理的象征表现,是一种将这些真理向较低等级的传达。这些真理为更高等级所知,被"辩证的"学科,即最高的哲学学科更直接地知晓。[①] 朱利安明确了这种宗教传说,适合于拥有更小甚至"孩童的"理性能力的民众的道德启蒙,强调了它作为现实象征代表的政治重要性(上文第十章,第 3 节)。正如对于柏拉图来说,存在着很多政治败坏的传说,这些传说必须被矫正以表达真实的哲学观点,对于阿尔·法拉比来讲,同样有表达错误的形而上学的错误宗教观点,以及象征着哲学真理的正确宗教观点。基于哲学真理,作为人类获得幸福的方式的完美国家才得以建立。

5. 结 论

[195]阿尔·法拉比的完美国家规划在关于伊玛目、先知以及对先知立法的理解与政治表达等问题上,显然对其时代的伊斯兰世界产生了影响。阿尔·法拉比的形而上学观点,也反映了伊斯兰教哲学的发展,特别是新柏拉图主义实在流溢方案的亚里士多德化。在实在流溢的规划中,第一原理被认为是思考其自身的神圣理性。而在希腊新柏拉图主义中,第一原理超越所有形式的理性的超越性也被重点强调。然而,在所有的主要方面上,阿尔·法拉比的政治规划都符合本书中所重建的晚期希腊新柏拉图主义的政治哲学,并且匿名对话《论政治学科》以及伪狄奥尼修斯的基督教的教会翻版,为其提供例证(上文,第十三章)。我对趋同的主要

[①] 普罗克洛,*Plat Theol*. I, 4, 第 18 页, 15—第 19 页, 5; 第 20 页, 6—25; 第 21 页, 3—第 22 页, 7; 参见 *In Remp*. I, 第 84 页, 21—5; 第 85 页, 12—15,关于传说的教育功能。参见奥米拉(2002b)关于与阿尔·法拉比更详细的比较。

观点大概进行如下总结：

（1）政治结构（最好的形式）反映了人类层级和现实的结构原理，以及它所模仿的形而上学和物理学原理。慷慨的形而上学原理（善的自我扩散性）、等级、正义（几何平等）以及共同体，在阿尔·法拉比和希腊的新柏拉图主义中普遍地发挥作用。阿尔·法拉比的《论完美城邦》特别明晰地阐释了普罗克洛和其他希腊新柏拉图主义者所持有的观点（上文第八章，第3节），即形而上学和物理世界，在它们的组织中，是最佳政治秩序的范式。

（2）政治秩序应作为一种达到超越目标的手段，一种代表人类幸福最高等级的理性生活，这种生活接近于神圣的生活，因此构成一种"近似于神"。这一目标可通过居于政治秩序中的德性生活得以实现。这种政治秩序允许并促进德性的行动。阿尔·法拉比对政治秩序这一功能的重要性的强调，以及对等级范围，即通过这一等级范围能达到更高层级的对幸福的近似的强调，更使我们想起扬布里柯和晚期希腊新柏拉图主义者的渐进方法，而非普罗提诺。与他们相比，普罗提诺更少地强调作为人类完美的一个阶段的政治生活（上文第四章，第1—3节）。

（3）阿尔·法拉比的哲学王，与希腊新柏拉图主义者的哲学王一样（上文第八章，第1节），都是受到超越理性的启发，这种启发在立法中表现自身。达到知识最高等级的哲学家获得了这种启示，过上了幸福等级的生活。这意味着，这些哲学家[196]在对神圣按天意行动的模仿中，来到政治行动。阿尔·法拉比也区分了统治者中完美的不同等级，从（稀少的）完美统治者到从属于被传达的法律，并集体分有统治品质的较低等级的统治者。我们可以将这一点与新柏拉图主义对柏拉图《理想国》和《法义》中城邦的理解相对比。

（4）最后，阿尔·法拉比赋予宗教观点以政治功能，这使我们再一次想起，柏拉图和晚期希腊新柏拉图主义对宗教传说的政治

第十四章　伊斯兰教中的柏拉图式政制：阿尔·法拉比的完美国家

功能和本性的理解。

此外,在前面几页中,我们已经注意到更详细的比较。但是,上文我所总结的这些比较点,足以支持这样的观点:阿尔·法拉比的《论完美城邦》是对希腊新柏拉图主义政治哲学,根据伊斯兰教世界做出相应改编的极佳阐述。然而,有的人仍旧认为,即使阿尔·法拉比借鉴了古代晚期的希腊文献,这一文献也不属于晚期希腊新柏拉图主义的主流。这一观点的主要理由如下:① 阿尔·法拉比(i)并没有展现否定神学:他的第一原理是思想(Mind),而非新柏拉图主义不可言喻的太一;(ii)更倾向于托勒密的天文学,而非普罗克洛的过时的亚里士多德式天文学;(iii)反对新柏拉图主义极端的理想世界和对肉体的轻视;以及(iv)反对新柏拉图主义与神圣的神秘结合,使灵魂的空想力量从属于理性。

然而,这些论证都是没有信服力的。(i)将第一原理认作精神(或理性)而非太一,并不影响政治理论。② 同样的形而上学原理统治着理想城邦(至善作为自我传递、等级、正义、共同体),无论这一第一原理是思想或太一。第二个论证(ii)并不触及阿尔·法拉比关于政治哲学的参考文献问题。③ 对新柏拉图主义理想世界的反对(iii)更适用于更早的新柏拉图主义者,例如普罗提诺和波斐利,而非晚期希腊新柏拉图主义者。晚期希腊新柏拉图主义者们更严肃地看待灵魂与身体的关系,并且更注重统治灵魂回到非物质幸福的物质(因此也是政治)条件。④ 阿尔·法拉比的[197]关

---

① W. 12—13。
② 然而,古代晚期的一些新柏拉图主义者将精神认作第一原理;参见普罗克洛,*Theol. Plato*,II,4。
③ 然而,我们需要注意到托勒密为晚期新柏拉图主义学园提供了天文学的标准教科书,例如,普罗克洛对此进行评论。
④ 上文,第四章,第3节。

于理想世界的争论(参见《论完美城邦》第19章,4和6),与新柏拉图主义(特别是波斐利)中特定的倾向更为相符。最后的论证(iv)也并不充分。对于阿尔·法拉比的政治观点的来源问题,论证(iv)仅关注了重要性有限的认识论问题,并认为对比是相对化的:但新柏拉图主义的神秘结合远超政治神圣化的框架,并且理性也高于新柏拉图主义中的象征表现。①

关于这些论证我们大体上可以说,我们不应当期待《论完美城邦》中的每个细节都符合单一希腊文献的假设。我们必须期待阿尔·法拉比基于其在伊斯兰教哲学历史中的位置,以及其时代的伊斯兰教世界,对他的希腊参考文献进行理解和改编。也许,反对阿尔·法拉比的《论完美城邦》是对这种晚期希腊新柏拉图主义政治哲学进行改编的假设的最强有力的论证是,这种哲学从未存在。但我认为,这一信念必须被抛弃。

---

① 参见上文注50。(原文如此)

结 论

Wenn Tugend und Gerechtigkeit
Der Großen Pfad mit Ruhm bestreut,
Dann ist die Erd'ein Himmelreich,
Und Sterbliche den Göttern gleich.

当德性和正义
散播伟大荣誉于大地
人间就变成天堂
人类变得像神一样

——《魔笛》

在此,将本书主要部分的论证放在一起考察是有益的。论证的目的在于,更清楚地确定新柏拉图主义思想中政治哲学的位置和功能。这包括了对新柏拉图主义政治哲学的重建,或者说是对其主要大纲、基本表达以及主要主题的描绘。这种概览并没有完全成功,我意识到我在此提出的规划需要进一步的发展。主要的困难在于研究新柏拉图主义政治哲学有怎样的结构,并且这反过来帮助我们更好地理解,新柏拉图主义者们在其哲学作为一个整体的语境下,是怎样看待政治理论的。虽然本书是关于一种理论的重建,但我注意到,这一理论在特定历史条件下是非常复杂的。然而,我的目的并不在于提出对因此重建的理论的具体影响(或缺乏影响)。在总结了论证的主要论点后,我会进一步说明新柏拉图主义政治哲学对其后政治思想的影响的研究中的可能性,并以对这一哲学的批评的评论作结。

新柏拉图主义政治哲学的重建,是作为修正现代研究中的一种常见观点的部分论证而提出的。这种现代观点认为,这种政治哲学不可能或事实上不存在。这一观点推论出新柏拉图主义的超脱尘世的指向,必定将对政治事务的兴趣排除在外。我已经论证,这一推论是不可靠的,并且关于神圣化(作为新柏拉图主义的目标)和政治生活之间关系的更确切的观点[199]导向了其他结果。如果总体上在希腊哲学中,人类善,即哲学的目标,能够被描述为某种意义上的神圣化(第三章),那么这种目标通常涉及集体。正如奥古斯丁的正确评论,①哲学家们将人类福祉视为"社会的"。就这一点而言,如果我们相信常见的观点,那么新柏拉图主义者们将政治生活排除在神圣化之外就是异常的。然而,我们已经看到,事实上作为"政治的"德性得以在其中发展的政治生活,能够发挥作为人类灵魂向更高的、超越的神圣生活转变的,作为准备和必要阶段的重要功能。灵魂能够获得"政治的"德性的环境需要改革,即一种由已经达到神圣生活的哲学家们带来的神圣化过程。这些哲学家们承担起传授政治学科的责任,以使政治结构的发展能够允许并促进"政治的"德性,而这种政治德性则是其他灵魂为了达到至善必须具有的。因此,我区分了新柏拉图主义中政治生活和神圣化之间关系的两个层面:通过"政治的"德性的灵魂神圣化(第三至六章);以及通过作为促进"政治"德性的方式的政治学科的国

---

① 上文,第155页。

家神圣化(第七至十一章)。

通过"政治的"德性的灵魂神圣化关注与肉体相关的灵魂,根据新柏拉图主义者在柏拉图中找到的对人的定义,灵魂将肉体用作工具。因此,"政治的"德性是人类德性,并且包含对欲望和一切与身体条件有关事物的理性组织。一旦身体事务处于有序之中,理性就能通过获得更高的德性("净化的"、"理论的"),自由地发展其潜力。这些更高的德性引导灵魂由人类善走向神圣善。在讨论"政治的"德性时,普罗提诺始终铭记灵魂的内在理想国。然而,晚期新柏拉图主义者,例如波斐利、马克洛比乌斯、达玛士基乌斯,也将政治德性与能够并且应该实现这种德性的政治领域联系起来。① 然而,在很多例子中,我们可以假定,这些德性都是在哲学学园内部进行基本的培养,在那里,灵魂的内在理性秩序[200](与肉体相关)会在与其他灵魂的关系中表现自己。学园提供了最好的社会环境,在这种环境中能够发展"政治的"德性。这不仅是通过促进恰当的道德习惯,②也是通过在实践哲学方面的指导,即在"政治的"德性中理性所需要的智慧。这一实践哲学包括伦理学、"家政学"(我们可能叫它家庭伦理),以及政治学。然而,因为这三个实践哲学的分支仅仅是在三个层级(灵魂,家庭和国家)中应用同样的实践智慧,所以新柏拉图主义者们更倾向于区分立法和司法的分支。他们觉得"政治的"德性和智慧,在柏拉图的对话中得以传授,即《高尔吉亚》、《理想国》和《法义》。并且,我们主要通过运用他们对这些对话的评价,来重建他们的政治哲学。然而,他们

---

① 事实上,扬布里柯做出较强的宣称(上文第八章,第1节),即个体善必须通过公共的(政治)善获得。这与由"政治的"德性所代表的善有关。一旦拥有这种善,灵魂是否就会自己上升,到达神圣生活的更高等级呢? 扬布里柯的宣称似乎就是更加深远的,并且人们可以假定(参见第八章,本书第111页注释3),灵魂超出政治的(即与身体相关的)共同体,并在其之上与集体相结合(也参见,普罗克洛, *In Remp*. II,第325页,22—5)。然而,这种超越集体的研究并非本书的研究范围。

② 上文,第60页。

也在其他文本中找到这一哲学,即伪毕达哥拉斯主义的文本和亚里士多德主义的文本。

通过净化和理论的德性,达到更高、更神圣的生活层级后,哲学家可能希望返回政治层面,以实现能够促进其他灵魂"政治"德性生活的改革。根据新柏拉图主义对关于柏拉图《理想国》中的哲学王问题的讨论,我们可以了解哲学家返回到政治生活的方法。对于新柏拉图主义者们来说,哲学家的返回,源于对超越的善的参与。这一善就其自身而言是有交流能力的,所以分有这种善的哲学家们也是如此,他们寻求超越的善的政治表达,例如以法律的形式。更简单地说,他们的观点是,近似于神不仅意味着获得知识,也意味着实践"按天意的",即政治的功能。这一功能在原理上并不影响生活的更高完美性,即哲学家获得的幸福。新柏拉图主义者们严肃考察了柏拉图哲学女王的概念,并且为其辩护,他们的立场与其学园中女性的重要地位相一致。然而,就政治改革中人类可能达到的而言,普罗克洛有更弱的立场,他认为他自己的立场也能被柏拉图的暗示所证实。

回到政治事务的哲学家们,即赫米阿斯所描述的"政治哲学家",①会进行"政治学科"的教学。根据扬布里柯,毕达哥拉斯将政治学科传授给他的学生,而奥林匹奥多罗斯则将政治学科定义为一种在同意的人类共同体中,与行动($\pi\rho\alpha\kappa\tau\grave{\alpha}$)中的道德提升有关的统治(组织的)学科,[201]是依赖于政治智慧($\phi\rho\acute{o}\nu\eta\sigma\iota\varsigma$)并寻求达到公共的和谐与统一的学科。② 政治目标也在其他地方被奥林匹奥多罗斯定义为"政治幸福",③它自身也从属于更高的善,即神圣化的更高等级。因此,政治目标是共同体为了(在"政治的"德性中)道德提升进行组织的目标,它提供了人类灵魂进一步神圣化

---

① 上文,本书第96页注释4。
② 上文,第55页。
③ 上文,第90页。

的条件。我们可以设想在政治改革中尝试达到的不同等级,即从柏拉图《理想国》中的城邦等级,到《法义》中次好的规划,再到更低等级的理想。柏拉图在《法义》中所提及的众神之城就是《理想国》中的规划。因此,对于普罗克洛来说,针对有益和可能的目标,柏拉图《理想国》中的规划几乎不可能是政治学科的现实抱负。[①] 因此,《法义》中的规划是更相关的,它是野心更小的改革理想。这造成的结果是对法作为政治学科的表达的重要性的进一步强调。统治者成为在道德和知识上完美的哲学家这一令人怀疑的预期,意味着统治者,例如朱利安,按照哲学家的建议,应该成为法的护卫者,服务于表达道德价值以及发展公民的"政治"德性。

哲学家(作为统治者或参谋者)的政治学科,依赖于政治智慧。这种智慧,正如扬布里柯所描述的,受到神圣来源的启发。这意味着在根本上,政治学科的立法分支是在宇宙秩序、形而上学原理或是成为创制宇宙原因的神圣秩序中找到的政体秩序的模型。这些模型表现了几何平等原理所应用的等级结构,即由相应能力决定的等级和功能。在政治术语中,这意味着"君主制"或"贵族制"政体,正如柏拉图的术语,即那些有着必备的道德和理性品质的统治。然而,《法义》提出一种实现几何平等原理的,更不乌托邦的结构,即一种混合政体的结构。我们可以找到很多关于这种混合政体的例子,特别是在匿名对话《论政治学科》中。

政治学科的司法分支则是关于对违反法律的矫正和法律秩序的恢复。新柏拉图主义者运用柏拉图的末世传说作为司法学科的表现,他们将这些传说理解为代表治疗性和革新性,而非再分配性的惩罚:惩罚应该寻求那些违法之人的道德革新。[202]骚帕特给西莫瑞乌斯的信中提出一种人类正义管理的灵活方法,即一种考虑到个人品质的方法。他的信也是关于当权者寻求公民的道德

---

① 上文,第八章,第1节。

善,同时使他们免于服从他所从属的独裁统治者的非道德要求的方式的有趣文件。

我们也看到,对于新柏拉图主义者来说,宗教有重要的政治功能,正如在柏拉图的《法义》中一样。公共信仰发展了与超越的神性之间的关系;它代表并巩固了作为神圣化形式的政治生活中的道德价值。政治生活和公共信仰在人类本性的神圣化中的重要性,对于扬布里柯来说,更清楚地出现于灵魂神圣化过程中,对灵魂与肉体关系的相关性的强调,这也是对普罗提诺相对忽略人类条件的物质层面的批评。① 我认为,在朱利安那里,我们找到了晚期新柏拉图主义将宗教用作政治改革一部分的例子。

最后,新柏拉图主义政治哲学的概览表明,它包括政治决策中涉及的实践理性层面的反思,这一理性的不足意味着人们进行行动的他律和失败的原因。

在第十二至十四章中,我提出了基督教和伊斯兰教的不同思想者,受到新柏拉图主义哲学的影响,并以不同的方式回应它。尤西比乌斯的神权政治思想可以被描述为一种基督教的近似版本:哲学王和异教神圣等级,被君士坦丁和基督教的三一组(Christian Trinity)所取代,但是国家仍旧是德性准备的学园,人们在皇帝的统治和教育下,达到更高的存在。奥古斯丁起初似乎被新柏拉图主义的政治观点所打动,但是最终却完全反对它们:国家(即使是基督教国家)也不是人类神圣化级别中的一个阶段。我们在后来的伪狄奥尼修斯的(理想)教会中找到这种神圣化级别。我已经论证了,这是新柏拉图主义政治哲学的基督教近似的另一个例子。我认为在查士丁尼时期匿名对话《论政治学科》的残篇中,我

---

① Ehrhardt(1953)观察到新柏拉图主义对政治哲学越来越感兴趣,这本书证实了这一观察。然而,他将这种兴趣解释为对基督教的回应,然而我认为这(至少首先)与扬布里柯反对普罗提诺,强调灵魂神圣化过程中其具身条件的重要性有关,而在他做出这一强调时,基督教还未成为政治主流。

们可以读到新柏拉图主义政治思想的一个重要表达。

[203]最后,阿尔·法拉比的《论完美城邦》在很多方面与本书中所描绘的晚期希腊新柏拉图主义者的观点相一致,这些在阿尔·法拉比的著作中找到的观点,是一种伊斯兰教的改编。这一例子更广泛地说明,中世纪伊斯兰教世界的政治哲学源自古代晚期的哲学,这与常见的观点相反。

在此,我们可能要简要提及政治思想历史中的另外两个例子,我们可以从中研究新柏拉图主义影响的可能性。第一个例子是乔治·格弥斯托斯·柏莱图(George Gemistos Plethon, 1360—1452),被称为"最后一位古希腊人",①他在奥斯曼土耳其人攻陷君士坦丁堡的前一年去世。成就于离斯巴达不远的米斯特拉(Mistra),柏莱图是一位柏拉图主义哲学家,他认为在政治改革中有拯救古希腊文化,使其免于被摧毁的最后希望。在两份研究报告中(一份写给摩里亚的泰奥多罗[Theodore despot of the Morea],另一份写给拜占庭皇帝曼纽埃尔·帕里奥洛加斯[Byzantine Emperor Manuel Palaeologus]),他提出了受柏拉图《理想国》启发的改革:社会功能的分化,全职专业的军人和统治者,土地的公共所有。② 柏莱图也暗示了关于神圣性的正确观点的政治重要性,并隐晦地批评了基督教教会。宗教维度的重要性在柏莱图的重要且非凡的著作《法律之书》中,变得更为明晰。在柏莱图死后,这部著作作为他的反对者君士坦丁堡的主教司考拉瑞奥斯(Scholarios),现称盖纳迪奥斯(Gennadios)所有。司考拉瑞奥斯毁掉了这部著作。即使此书内容的一些迹象和摘录得以幸存,③现在却很难得知其整体的观点,以及留存的摘录对整体的重要性。我们

---

① 参见 Woodhouse(1986)。
② 我们可以在 Barker(1957:198—212)中找到这些文本的摘录和段落;也参见 Woodhouse(1986:第 vi 章)。
③ 参见版本以及 Woodhouse(1986:第 xvii 章)。

可能在第二章中注意到,柏莱图将以毕达哥拉斯、柏拉图,以及新柏拉图主义者普罗提诺、波斐利和扬布里柯等为首的一系列古代有智慧的人和立法者,列为真理的指导。① 根据这些指导,柏莱图详细说明了一种表达新柏拉图主义形而上学原理的多神论神学。这一政治重要性源自圣歌和祷辞的摘录,②这种日常的朗诵促进了虔诚、德性,并且有助于通过对秩序和神的本性的正确理解,达到对神圣的近似。因此,(正如法拉比的《论完美城邦》)正确的形而上学和哲学神学似乎[204]提供了在针对于神圣化的意义上的政治改革模型。那么,在本书中所尝试的新柏拉图主义政治哲学的重建,似乎可能有助于阐明柏莱图《法律之书》中,这一哲学最后的、被严重损毁的古希腊图景下的政治规划。③

当柏莱图在 1439 年参加佛罗伦萨大公会(the Council of Florence)时,他给意大利的人文主义者,特别是柯西莫·德·梅第奇(Cosimo de'Medici)留下了深刻的印象。马西里奥·斐奇诺(Marsilio Ficino)认为,正是在这次会议中,柯西莫产生了建立佛罗伦萨的"学园"的想法,特别是支持斐奇诺通过翻译和评论柏拉图、普罗提诺和其他新柏拉图主义者的文本,使之拥有拉丁语译本。在此,对斐奇诺评论柏拉图《理想国》和《法义》的初步研究,也显示出他将政治生活视为通向更高的神圣生活的道德改革环境,以及将新柏拉图主义形而上学的神学功能视为政治改革模型的观点。④ 然而,我们需要更进一步的研究,以确定斐奇诺究竟在多大程度上、以何种方式,将新柏拉图主义政治思想的方面传达给文艺复兴人文主义者。

---

① 普罗克洛在这一列表中并未被提及,但是对于柏莱图来说,他以及其他新柏拉图主义者似乎是重要的文献来源;参见 Woodhouse(1986: 68,73—7)。
② 参见例如 III,34。
③ 也参见柏莱图的论文《论德性》,特别是 II,11。这一文本的编辑者 Tambrun-Krasker 将柏莱图的政治柏拉图主义与新柏拉图主义做对比,
④ 参见 Neschke(1999b:227—30)。

结 论

最后,我想回到对柏拉图主义政治理论家的批评,这一批评由关注这一主题的极其有限的学者之一,阿诺德·埃哈特(Arnold Ehrhardt)提出。[①] 埃哈特认为新柏拉图主义的"在政治领域中"是"完全失败的"。他并没有具体说明这种失败是理论中的还是政治实践中的,但是他很可能意谓后者。他宣称,这种失败的理由是,新柏拉图主义没有找到"在其形而上学与其实践哲学之间的有效联系"。新柏拉图主义者(错误地)相信

> 纯粹理性拥有超越所有伦理决定的至高无上性。他们认为,起始点是对纯粹的、不变的和永恒的法的研究,这种法是黄金时代乌托邦信念的核心……存在于假设中的错误是,有这样的可知的永恒的法,并且如果它被正确地理解,它就会影响人类的行为。(埃哈特 1953:476—7)

因此,根据埃哈特所言,无论在现实政治中的失败是什么,其根源都在于理论上的错误。他提到了很多关于[205]这种理论上错误的观点,我将会对此进行区分和评价。正如我将会说明的,其中的一些观点与新柏拉图主义具体相关,但是其他的观点通常来讲也能更广泛地应用于希腊政治哲学。

我们可以用多种方式来理解,埃哈特对新柏拉图主义者的形而上学和政治哲学之间存在"有效联系"的否认。(1)他可能认为事实上没有任何从形而上学到政治领域的法和结构的转化或派生。然而,情况并非如此。[②] (2)他可能认为这种派生,如果确实存在的话,也不是"有效的"。它并非是有效的是因为(i)我们无法从永恒的、可知的、形而上的法中得到这种派生物。然而这一批评

---

① Ehrhardt(1953:476—7)。
② 参见上文第八章、第十三章和第十四章。

也可以应用于柏拉图和斯多亚学派。它包含了对特定形而上学立场的反对。我们可能感觉到新柏拉图主义有等级的超越形而上学,与当代扁平的还原主义者的物理主义相反。(ii)或者他可能认为伦理的/政治的准则(应当做什么)不能从物理的/形而上学的事实(事实是怎样)中演绎出来。这也是与柏拉图和斯多亚学派有关的问题。(iii)或者也许正如埃哈特所说,我们不应当假定(理论的)理性能够被直接转化为伦理和政治的决策与行动。这一假设,即苏格拉底的"德性即知识"信念,并非是新柏拉图主义者做出的:参考柏拉图的文本,(并且在亚里士多德的影响下)他们注意到习惯的重要性,①并且将实践智慧和审慎的概念融入到政治哲学中(再一次受到亚里士多德的影响)。② 他们也严肃地考虑可能的问题,对所尝试之事持有差异化的观点,他们并非乌托邦式的梦想家。③

也许剩下的主要分歧是,关于新柏拉图主义者用作政治哲学范式的特定形而上学理论,以及他们将这一理论作为政治理论规范基础的运用。这种分歧也在其他古代哲学家处发生,特别是柏拉图和斯多亚学派。当代的政治哲学观点也倾向于从本质上排除政治生活的道德主义观点,例如古代新柏拉图主义者所持的观点,即将政治生活视为人们能够借以获得他们的善的德性学园。④ 但在此,这一例子中涉及的困难也是更加普遍的,它超出了新柏拉图主义学园,而在古代哲学中普遍地存在。这是一种展现古典与现代不同立场之间距离的困难。

---

① 参见上文第 60 页。
② 参见上文第十一章。
③ 参见上文第 93 页。
④ 参见上文第一章,第 2 节。

附录 1　泰米斯提乌斯和新柏拉图主义政治哲学

出于重建新柏拉图主义政治哲学的目的,我并没有将公元 4 世纪的主要政治作家和政治家泰米斯提乌斯(Themistius),包含在本书所用文献中。现代学者通常并不将泰米斯提乌斯看作是新柏拉图主义哲学的代表人物。然而,这一观点是可以被质疑的。[①] 考虑到这一争论,出于方法的考量,不将泰米斯提乌斯的著作用于构建新柏拉图主义政治思想的大纲,似乎是更为谨慎的。然而,一旦这一大纲被确立起来,我们就可以再一次提出泰米斯提乌斯的立场问题:泰米斯提乌斯是否应该被视为符合我们所重建的新柏拉图主义政治哲学? 或者他是否应该被视为独立于新柏拉图主义政治哲学,并提供了不同的政治方法? 我会在接下来的段落中提出回答这一问题的一些要素。无论泰米斯提乌斯有着怎样的立场,我们都可以假定,他不仅了解普罗提诺和波斐利的著作,也了解扬布里柯和皇帝朱利安曾拜访过的扬布里柯学园的思想。[②]

在其修辞学著作中,泰米斯提乌斯提倡一种保持不变的政治理论,我们可以对其进行如下总结。国王(或罗马皇帝)是神的显

[①] 参见 Ballériaux(1994),他特别地反对了 Blumenthal 的观点。
[②] 参见 Ballériaux(1994);Guldentops(2001a:110—11,114)。

灵,是神在尘世的代表,是神授予人的活着的法。国王被看作对神的模仿,即尽最大可能近似于神,特别是通过他的德性近似于神。他强调了博爱的皇家德性:它是基础的德性,通过它国王能够模仿神圣统治。国王应试着使其统治成为神宇宙统治的映像,使其统治具有秩序、和平和善等特点。① 泰米斯提乌斯认为其演讲中所表扬的历任罗马皇帝,促进了这种神圣的宇宙秩序。② 其中,他的关注点在于君士坦丁堡,即他的"美丽城"(*Kallipolis*)。③ 他不知疲倦地发展这座美丽城的政治的、经济的和文化的兴趣。

[207]除了君士坦丁堡的主题,这一政治理论也和希腊和罗马帝国早期时代的君主制思想相符。例如,我们可以在伪毕达哥拉斯关于王权的文本,和狄奥·克里索斯托的演讲,以及尤西比乌斯(基督教改编版)中看到这一点。④ 泰米斯提乌斯似乎在罗马帝国早期的王权理论中,找到了解决其时代问题的模式,即解决4世纪内外战争和宗教冲突的方式。据我所知,在泰米斯提乌斯的理论中,没有明确出现对政治主题的特定的新柏拉图主义解读,因为这些解读在这本书的前半部分中已经描述过了。有的人可能有这样的印象,即泰米斯提乌斯隐晦地反对其所在时代的新柏拉图主义者的立场,并且他所唤起的罗马帝国历史早期的思想观念,与当时

---

① *Or*. I,第11页,26—第12页,9;第13页,14—24;*Or*. V,第93页,19—第94页,11;*Or*. VI,第116页,19—第117页,9;*Or*. IX,第191页,17—23;*Or*. XI,第217页,17—28;*Or*. XV,第273页,2—3以及14—15;*Or*. XVIII,第315页,17—19;参见*Or*. XXXIV,第215页,17—21(参考Plato),第232页,11—21(提及泰米斯提乌斯自己作为设想的官员);Dvornik(1966:623—6);Dagron(1968:85—6,135,138);de Romilly(1979:322—3)。

② 参见*Or*. VI,第108页,12—第109页,3(否认了克里特岛的米诺斯或斯巴达的莱克格斯达到了这种程度)。

③ 参见Guldentops(2001b:131—2);这是柏拉图的美丽城,《理想国》527c2的乌托邦。

④ 参见上文第十二章,1—2;关于泰米斯提乌斯对狄奥·克里索斯托的运用,参见Colpi(1987:149—63)。

附录1 泰米斯提乌斯和新柏拉图主义政治哲学

所面临的局势的处理方法的分歧有关。在以下他所选择的立场中,我们可以看到对这种观点的回应。

泰米斯提乌斯强调了政治行动作为模仿神圣的形式的优先性。拥有权力,并且因此拥有达到对神的更完全模仿的统治者,最能够完整地实施这种行动。哲学家有着同样的目标,但是却缺乏必要的权力;和统治者相比,他是"无力的"。[①] 泰米斯提乌斯关于哲学生活,强调了政治行动的至高无上性,这成为他与朱利安产生纷争的主题。朱利安回应了泰米斯提乌斯给他的建议,他坚持认为知识(沉思)的生活有优先性,并且指出行动不仅包括对任务的执行,也包括在知识的启发下,作为行动形式的立法和政治思想。[②] 因此,反对泰米斯提乌斯的朱利安,坚持新柏拉图主义的政治生活从属于知识生活的观点。对神圣的模仿可以在政治行动中达到,但它次于并且依赖于由知识生活构成的对神圣的模仿。

在给朱利安的意见中,泰米斯提乌斯认为,他离开其室内的哲学并来到开放的哲学。[③] 这一对比,符合泰米斯提乌斯所在时代的新柏拉图主义哲学家的态度,和他自己在哲学家的角色的观点之间看到的不同。在其他地方,他提到了苏格拉底、柏拉图主义者的后裔,他们从公共生活中撤退,仿佛将他们自己藏在墙后。[④] 我们认为,这一观点可能参考了新柏拉图主义者,例如教导过朱利安的新柏拉图主义者。[⑤] 泰米斯提乌斯反对这一撤退的观点,他认

[①] *Or.* I, 第13页, 14—22; *Or.* II, 第46页, 12—14。

[②] 朱利安, *Or.* VI, 8—10, 262a—264c;参见上文第八章,第2节。Vanderspoel (1995:244—9)论证了《关于共和制职权的通信》(*Epistula de republica gerenda*),以阿拉伯语留存下来的一个文本(参见泰米斯提乌斯的版本,III,第83—119页),是泰米斯提乌斯写的,并且是写给朱利安的。

[③] 朱利安, *Or.* VI, 9, 262d。

[④] 泰米斯提乌斯 *Or.* XXVI, 第139页, 2—15;第143页, 6—14;*Or.* XXVIII, 第170页, 17—第171页, 24;参见 *Or.* VIII, 第158页, 12—第159页, 7。关于墙的形象,参见上文第93页。

[⑤] 参见 Dagron(1968:43)。

为现实条件并不像苏格拉底时期的雅典那样危险,并且怀有好意的统治者愿意倾听哲学的声音,哲学家应该[208]使其自身出现在公众视野,结合修辞学和哲学以寻求用自己的建议影响事件。这种建议,就比如泰米斯提乌斯给皇帝的继任者提出的,关乎宇宙神圣秩序图景中的德性统治。①

我们可能得到的结论是,泰米斯提乌斯与其时代的新柏拉图主义哲学家,既没有共同的形而上学和政治学理论,也没有相同的哲学家应参与政治生活的态度。泰米斯提乌斯被一种传统的君主制思想所吸引,就像狄奥·克里索斯托在公元2世纪所提倡的那样。泰米斯提乌斯的哲学家政治天职的观点,如果并非虚伪的,那么就似乎是比新柏拉图主义者更满怀希望的、乐观的。而他的哲学家从属于国王,知识从属于行动的观点,则确实与新柏拉图主义的德性层级相反。

---

① 参见 *Or*. VIII,第162页,20—第163页,1。关于泰米斯提乌斯的非柏拉图主义形而上学,参见 Guldentops(2001a)。

附录 2　关于柏拉图主义修辞学者骚帕特三世的注释

除了扬布里柯的学生("骚帕特一世")和他的儿子,还有写信给西莫瑞乌斯的作者("骚帕特二世"),我们可能还要再加入第三位骚帕特("骚帕特三世")。① 他是"在公元 4 世纪的新柏拉图主义圈子中工作的雅典修辞学者",并且可能也是骚帕特一世的孙子,②似乎也是杰出的修辞学者西莫瑞乌斯的学生。③ 第三个骚帕特似乎是很多修辞学著作的作者,特别是一系列对赫摩格奈斯(Hermogenes)的评注的作者。④ 他对柏拉图主义有着同情的理解,并且他还为阿里司提戴斯(Aristides)做了很多《导言》(*Prolegomena*)和注解。在古代晚期研究柏拉图主义政治思想的环境中,阿里司提戴斯的著作受到格外关注,因为他在理解柏拉图《高尔吉亚》和《治邦者》的基础上,处理了政治学科和修辞学的关系问题。因为我们很少注意到这一素材,并且人们并未识别出他对柏拉图《治邦者》的运用,所以我们应当关注与之相关的注释。

---

① *PLRE* II,1020(= "Sopatros 2")。
② Kennedy(1983:104—5)。
③ 不要与"Sopatros 2"的兄弟 Himerius 相混淆。修辞学者 Himerius 和新柏拉图主义者的联系,参见 *DPA* iii. 721—2 中的 Schamp。
④ Walz(1832—6;v. 1—211)。

在新柏拉图主义者的事业和教育中,修辞学和哲学经常被结合起来。如波斐利、扬布里柯和叙利亚努斯等哲学家都是熟练的修辞学者,并且写了很多关于修辞学的问题。[①] 虽然柏拉图在《高尔吉亚》中攻击了修辞学,但新柏拉图主义者们在同一篇对话中,找到了坏的或错误的修辞学和真正的修辞学之间的区分。其中,错误的修辞学以快乐为目标;而正确的修辞学则服务于与哲学相同的目标:善。[②]

> 大体上对于哲学家而言,无论何时当他朝向可知的存在和关于可知和神的知识,拥有了朝上看的理性之眼时,他就是第一(即理论的)哲学家;但当他从知识转向根据知识对城邦和秩序的关怀时,他就成为政治哲学家;但是当他向共同体发表演讲,劝说他们做应当做的事,那么他就成为真正的修辞家,因为他知道从知识而来的真理,所以他劝说人们做真实且适合他们的事。[③]

[210]在柏拉图的《治邦者》(304c—305e)中,修辞学似乎是从属于并服务于统治技艺或技巧之一,即政治学科的技艺之一。

公元2世纪的修辞学家阿里司提戴斯在一组著作中,站在修辞学的立场回应了柏拉图在《高尔吉亚》中对修辞学的批评。这些著作包括了演讲《为四位政治家辩护》(*In Defence of the Four*),即四位被《高尔吉亚》批评的雅典政治家(忒米斯托克勒斯[Themistocles],西蒙[Cimon],米提阿德斯[Miltiades],以及伯里

---

① 在此有很多材料从未被完全考察,Walz(1832—6)将其出版。
② 参见《高尔吉亚》503a;奥林匹奥多罗斯, *In Gorg*. 第14页,4—7;第73页,1—4。也参见柏拉图《斐德若》259e—260a;"Sopatros 2"(给 Himerius 的信)在 Stobaeus, *Anth*. IV,第215页,2—10(关于好的修辞和坏的修辞之间的区别)。
③ Hermias, *In Phaedr*.,第221页,11—24;参见第219页,3—9。

克利[Pericles])。波斐利在一部佚失的著作中,反过来回应了阿里司提戴斯。而骚帕特三世在他的《前言》中,继续了这一关于阿里司提戴斯的演讲的讨论,展示并比较了柏拉图和阿里司提戴斯的立场。

在这一比较的初级阶段,骚帕特提出了关于真正的"政治(人)"(πολιτικός)的描述,即一种从柏拉图的《治邦者》中获得具体细节的描述。真正的政治家掌握政治学科,① 拥有所有关于统治城邦、统治其他人而非表现自己的知识,他是其皇家天意中的国王(πολιτικός)。② 他的学科是立法的和构造的:其他的技艺和技巧,包括司法技艺的目标都从属于它的终点。③ 正如他的皇家学科所确定的那样,真正的政治人是城邦的终点,并且代表着完美的德性和幸福,是其他所有技艺和技巧的目标。④

在这一对真正的政治家的解释后,骚帕特大量引用了柏拉图在《高尔吉亚》中对修辞学的描述,即将修辞学描述为奉承。并且骚帕特根据方法上的不同,分别解释了柏拉图和阿里司提戴斯的论证。柏拉图从说明的必要性进行论证;而阿里司提戴斯则运用特定情况下选择的说服的论证,这种方法可与伊索克拉底给出的道德化建议相比。⑤

骚帕特《导言》中的这些篇章提供了在4世纪雅典修辞学教学中运用柏拉图《治邦者》连同《高尔吉亚》的例子。它们表现出对柏拉图主义有着同情理解的修辞学学者,是怎样看待哲学,特别是政治哲学,与其他包括修辞学在内的技艺和技巧之间的关系。

骚帕特对阿里司提戴斯的一个注解,提供了关于这一环境的

---

① Sopatros, *Prol.* 第128页,5—6;柏拉图《治邦者》259d。
② *Prol.* 第127页,9—11;参见130页,5—7;《治邦者》258e,260c。
③ 参见 *Prol.*,第128页,1—2,《治邦者》304d—305e。
④ *Prol.*,第128页,14—15;参见第129页,13—14。
⑤ 参见第127页,2—5;第139页,4—12;第140页,1—第141页,2。关于伊索克拉底参见上文第六章,第3节。

有趣见解。这一注解是宣称进入柏拉图学园须遵守铭文"不是几何学者,不可进入"的最早报告。[1] 骚帕特解释到,不是几何学者,意味着"不平等和不正义。因为几何寻求平等和正义"。[2] 我们已经看到,骚帕特提及了几何平等(或比例),正如在柏拉图《高尔吉亚》中引入,并被柏拉图和晚期柏拉图主义者与正义联系在一起。[3] 因此,根据骚帕特,[211]进入柏拉图学园所需的是道德品质,即正义的德性。这一理解可能是对学园传说的铭文是怎样和哲学可能的合适起点,道德教育或数学,建立联系的讨论的回应。[4]

我们不清楚在骚帕特三世和"智者"骚帕特之间的联系。普罗提诺描述了"智者"骚帕特对十二本书的摘录集。[5] 佛提乌斯写到,这一摘录集在第 XII 卷中包含了对亚里士多德《政制》(*Constitutions*)中关于五种城邦的政体的摘录,以及亚里士多德《政治学》中讨论的那些城邦的政体的摘录。

---

[1] Saffrey(1968:72—4)已经讨论了这一注解,他也呈现了关于这一铭文的其他报告,包括在皇帝朱利安处出现的其他最早的报告。
[2] 阿里司提戴斯 III,第 464 页,11—15。
[3] Saffrey(1968:74);参见上文第八章,第 5 节。
[4] 参见 Saffrey(1968:77—84)以及上文第五章,第 3 节。
[5] *Bibliotheca* 161,II,第 123—8 页。

参考文献

1. 古代作者

Agapetus, *Ekthesis*, in Migne, *Patrologia graeca*, lxxxvi, 1164—85 (trans.: Frohne 1985).

Albinus, *Prologue*, ed. C. Hermann, *Platonis opera*, vi (Leipzig, 1853).

Alcinous, *Didaskalikos*, ed. and trans. J. Whittaker and P. Louis, *Alkinoos: Enseignement des doctrines de Platon* (Paris, 1990; trans.: Dillon 1993).

Al-Farabi, *The Attainment of Happiness*, trans. M. Mahdi, *Alfarabi's Philosophy of Plato and Aristotle* (Ithaca, 1969), 13—15.

—— *Compendium Legum Platonis*, ed. F. Gabrieli (London, 1952).

—— *The Enumeration of the Sciences*, trans. F. Najjar, in R. Lerner and M. Mahdi (eds.), *Medieval Political Philosophy* (Ithaca, 1963), 24—30.

—— *The Fusal al-Madani. Aphorisms of the Statesman*, ed. and trans. D. M. Dunlop (Cambridge, 1961).

—— *On the Perfect State*, ed., trans. R. Walzer (Oxford, 1985).

—— *The Philosophy of Aristotle*, trans. M. Mahdi, *Alfarabi's Philosophy of Plato and Aristotle* (Ithaca, 1969), 71—130.

—— *The Philosophy of Plato*, trans. M. Mahdi, *Alfarabi's Philosophy of Plato and Aristotle* (Ithaca, 1969), 53—67.

—— *The Political Regime*, trans. F. Najjar, in R. Lerner and M. Mahdi (eds.), *Medieval Political Philosophy* (Ithaca, 1963), 32—56.

Ammianus Marcellinus, *Res gestae*, ed. W. Seyfarth (Leipzig, 1970—1).

Ammonius, In *Porphyrii Isagogen*, ed. A. Busse (*CAG* IV 3; Berlin, 1891).

—— In *Aristotelis Categorias commentarius*, ed. A. Busse (*CAG* IV 4; Berlin, 1895).

—— *In de interpretatione*, ed. A. Busse (*CAG* IV 5; Berlin, 1897).

Anonymous, *On Political Science*, ed. and trans. C. Mazzucchi, *Menae patricii cum Thoma referendario de scientia politica dialogus* (Milan, 1982).

—— *Prolegomena to Platonic Philosophy*, ed. and trans. L. G. Westerink, J. Trouillard, and A. Segonds, *Prolégomènes à la philosophie de Platon* (Paris, 1990).

Aristides, *Orationes*, ed. W. Dindorf (Leipzig, 1829).

Augustine, *The City of God*, ed. B. Dombart and A. Kalb (Turnhout, 1955).

—— *Confessions*, ed. and trans. P. de Labriolle (Paris, 1950).

—— *Contra Academicos*, ed. and trans. R. Jolivet, *Œuvres de saint Augustin* 4/1 (Paris, 1939).

Augustine, *De ordine*, ed. and trans. J. Doignon, *Œuvres de saint Augustin* 4/2 (Paris, 1997).

—— *Retractationes*, ed. and trans. G. Bardy, *Œuvres de saint Augustin* 12 (Paris, 1950).

Boethius, *The Consolation of Philosophy*, ed. and trans. H. Stewart, E. Rand, and S. Tester (Cambridge, Mass., 1973).

Calcidius, *Commentarium in Timaeum*, ed. J. H. Waszink (London and Leiden, 1975).

Damascius, *Commentary on Plato's Phaedo*, ed. and trans. L. G. Westerink, *The Greek Commentaries on Plato's Phaedo*, ii (Amsterdam, 1977).

―― *In Philebum*, ed. and trans. L. G. Westerink (Amsterdam, 1959).

―― *On First Principles*, ed. and trans. L. G. Westerink, J. Combès, *Damascius Traité des premiers principes* (Paris, 1986—91).

―― *Vitae Isidori reliquiae*, ed. C. Zintzen (Hildesheim, 1967; trans. : Athanassiadi 1999).

David, *Prolegomena*, ed. A. Busse (*CAG* XVIII 2; Berlin, 1904).

Dio Chrysostom, *Orations*, ed. and trans. J. Cohoon (Cambridge, Mass. , 1932).

Diogenes of Oinoanda, *Fragments*, ed. and trans. M. F. Smith, *Diogenes of Oinoanda the Epicurean Inscription* (Naples, 1993).

(Pseudo―)Dionysius, *Corpus Dionysiacum*, ed. G. Heil and A. Ritter (Berlin, 1991; trans. : Luibheid 1987).

Elias, *In Porphyrii Isagogen et Aristotelis Categorias commentaria*, ed. A. Busse (*CAG* XVIII; Berlin, 1900).

―― *Prolegomena*, ed. A. Busse (*CAG* XVIII 1; Berlin, 1900).

Pseudo―Elias (Pseudo―David), *Lectures on Porphyry's Isagoge*, ed. L. G. Westerink (Amsterdam, 1967).

Eunapius, *Lives of the Philosophers and Sophists*, ed. and trans. W. C. Wright, *Philostratus and Eunapius, The Lives of the Sophists* (Cambridge, Mass. , 1921).

Eusebius, *Praise of Constantine*, ed. I. Heikel (Leipzig, 1902; trans. : Drake 1976).

―― *Life of Constantine*, ed. F. Winkelmann (Berlin, 1975; trans. : Cameron and Hall 1999).

―― *Praeparatio evangelica*, ed. K. Mras (Berlin, 1954—6).

Hermias, *In Platonis Phaedrum Scholia*, ed. P. Couvreur (Paris, 1901; repr. with additions by C. Zintzen, Hildesheim, 1971; trans. : Bernard 1997).

Hierocles, *In Aureum Pythagoreorum carmen commentarius*, ed. F. Köhler (Stuttgart, 1974; trans. : Köhler 1983, Schibli 2002).

Iamblichus, [?]*Commentary on the Pythagorean Golden Verses*: see Daiber

(1995).

—— *De mysteriis*, ed. G. Parthey (Berlin, 1857; repr. Amsterdam, 1965; trans.: des Places 1966).

—— *Fragments*: *Commentaries on Plato*: cf. Dillon (1973); *Commentaries on Aristotle*: cf. Larsen (1972); *De anima*: cf. Stobaeus; *Letters*: cf. Stobaeus.

—— *On Pythagoreanism*: Book I. *De Vita Pythagorica*, ed. L. Deubner (Leipzig, 1937, repr. Stuttgart, 1975; trans.: Clark 1989, Brisson and Segonds 1996).

Book II. *Protrepticus*, ed. L. Pistelli, Leipzig (1888), repr. Stuttgart, 1967 (trans.: des Places 1989).

Book III. *De communi mathematica scientia*, ed. N. Festa (Leipzig, 1891; repr. Stuttgart, 1975).

Book IV. *In Nicomachi Arithmeticam introductionem*, ed. H. Pistelli (Leipzig, 1894, repr. Stuttgart, 1975).

Books V—VII. *Fragments*, ed., trans. O'Meara, PR 218—29 (*Phys. arith.*, *Eth. arith.*, *Theol. arith.*).

Isocrates, *Ad Nicoclem*, *Nicocles*, *Ad Demonicum*, ed. and trans. G. Mathieu and E. Brémond, *Isocrate Discours*, i—ii (Paris, 1929).

Jerome, *Epistula adversus Rufinum*, ed. P. Lardet, S. Hieronymi... Opera III 1 (Turnhout, 1982).

Julian the Emperor, *Opera*, ed. and trans. J. Bidez et al., *L'Empereur Julien Œuvres complètes* (4 vols.) (Paris, 1924—64).

—— *Contra Christianos*, ed. C. Neumann (Leipzig, 1880).

Lydus, *De mensibus*, ed. R. Wünsch (Leipzig, 1898).

Macrobius, *Commentarii in somnium Scipionis*, ed. J. Willis (Leipzig, 1970).

Marinus, *Proclus, ou sur le Bonheur* (*Vita Procli*), ed. and trans. H. —D. Saffrey and A. Segonds (Paris, 2001; Engl. trans.: Edwards 2000).

Olympiodorus, *Commentary on Plato's Phaedo*, ed., trans. L. G. Westerink, *The Greek Commentaries on Plato's Phaedo*, i. (Amsterdam,

1976).

—— *In Alcibiadem*, ed. L. G. Westerink (Amsterdam, 1982).

—— *In Platonis Gorgiam commentaria*, ed. L. G. Westerink (Leipzig, 1970; trans.: Jackson, Lykos, and Tarrant 1998).

—— *Prolegomena*, ed. A. Busse (*CAG* XII 1; Berlin, 1902).

Philoponus, *De aeternitate mundi*, ed. H. Rabe (Leipzig, 1899).

—— *In Aristotelis Categorias commentarium*, ed. A. Busse (*CAG* XIII 1; Berlin, 1898).

Photius, *Epistulae*, ed. B. Laourdas and L. G. Westerink (Leipzig, 1983—5).

—— *Bibliotheca*, ed. , trans. R. Henry (Paris, 1959—77).

Plethon, *Traité des lois*, ed. and trans. C. Alexandre 2nd edn. (Paris, 1982).

—— *Traité des vertus*, ed. and trans. B. Tambrun — Krasker (Athens, 1987).

Plotinus, *Enneads*, ed. P. Henry and H. —R. Schwyzer (Brusselles, Paris, and Leiden, 1951—73; revised study edn. , Oxford, 1964—82; trans.: Armstrong 1966—88).

Porphyry, *De abstinentia*, ed. and trans. J. Bouffartigue, M. Patillon, A. Segonds, L. Brisson, 3 vols. (Paris, 1977—95).

—— *Fragments*, ed. A. Smith (Stuttgart and Leipzig, 1993).

—— *Opuscula Selecta*, ed. A. Nauck (Leipzig, 1886; repr. Hildesheim, 1963).

—— *Sentences*, ed. F. Lamberz (Leipzig, 1975).

—— *Vita Plotini*, edited at head of Plotinus' *Enneads*.

Proclus, *Commentaria in Parmenidem*, in Proclus, *Opera inedita*, ed. V. Cousin (Paris, 1864; trans.: Morrow and Dillon 1987).

—— *Commentary on the First Alcibiades of Plato*, ed. L. G. Westerink (Amsterdam, 1954; trans.: O'Neill 1965, Segonds 1985).

Proclus [?]*Commentary on the Pythagorean Golden Verses* (Extracts made by Ibn at—Tayyib), ed. and trans. N. Linley (Buffalo, 1984).

—— *The Elements of Theology*, ed. and trans. E. R. Dodds, 2nd edn. (Oxford, 1963).

—— *In Platonis Cratylum commentaria*, ed. G. Pasquali (Leipzig, 1908).

—— *In Platonis Rempublicam*, ed. W. Kroll (Leipzig, 1899; trans. : Festugière 1970).

—— *In Platonis Timaeum*, ed. E. Diehl (Leipzig, 1903; trans. : Festugière 1966—8).

—— *In Primum Euclidis Elementorum librum commentarii*, ed. G. Friedlein (Leipzig, 1873, repr. 1967; trans. : Morrow 1970).

—— *Théologie Platonicienne*, ed. and trans. H. — D. Saffrey and L. G. Westerink (Paris, 1968—97).

—— *Tria opuscula* (= *X dub.*, *De prov.*, *De mal.*), ed. H. Boese (Berlin, 1960).

Michael Psellus, *Philosophica minora*, ed. J. M. Duffy and D. J. O'Meara; vol. ii, ed. D. J. O'Meara (Leipzig, 1989).

—— *De omnifaria doctrina*, ed. L. G. Westerink (Utrecht, 1948).

Sallustius, *De dis et de mundo*, ed. , trans. A. Nock (Cambridge, 1926).

Simplicius, *Commentaire sur le Manuel d'Epictète*, *ch. I à XXIX*, ed. and trans. I. Hadot (Paris, 2001).

—— *In De anima*, ed. M. Hayduck (*CAG* XI; Berlin, 1882).

—— *In De caelo*, ed. I. Heiberg (*CAG* VII; Berlin, 1894).

—— *In Aristotelis Categorias commentarium*, ed. C. Kalbfleisch (*CAG* VIII; Berlin, 1907). (partial trans. : I. Hadot et al. 1990 and in P. Hoffmann et al. 2001).

—— *In Aristotelis Physicorum libros*, ed. H. Diels (*CAG* IX—X; Berlin, 1882—95).

—— *In Epictetum*, ed. I. Hadot (Leiden, 1996).

Socrates Scholasticus, *Historia ecclesiastica*, ed. G. C. Hansen (Berlin, 1995).

Sopatros, *Prolegomena*, ed. F. Lenz, *The Aristeides Prolegomena* (Leiden, 1959), 127—51.

Stobaeus, *Anthologium*, ed. C. Wachsmuth and O. Hense, 4 vols. (Berlin, 1884—1912).

Stoicorum veterum fragmenta, ed. H. von Arnim, 4 vols. (Leipzig, 1905—24; repr. Stuttgart, 1978).

Synesius, *Opuscula*, ed. N. Terzaghi (Rome, 1944).

Syrianus, *In Metaphysica commentaria*, ed. W. Kroll (*CAG* VI; Berlin, 1902).

Themistius, *Orationes* ed. H. Schenkl and G. Downey (Leipzig, 1965—70).

2. 现代作者

Aalders, G. (1968), *Die Theorie der gemischten Verfassung im Altertum*, Amsterdam. —— (1969), 'ΝΟΜΟΣ ΕΜΨΧΟΣ', in Steinmetz (1969: 315—29).

Abbate, M. (1995), *Proclo. Commento alla Repubblica Dissertazioni I, III, IV, V* (Pavia).

—— (1998), *Proclo. Commento alla Republica Dissertazioni VII, VIII, IX, X* (Pavia).

—— (1999), 'Gli aspetti etico—politici della Repubblica nel Commento di Proclo (dissertazioni VII/VIII e XI)', in Vegetti and Abbate (1999: 207—18).

Alekniene, T. (1999), 'Kosmios kai theios. La justice divine de l'âme selon Platon', *Freiburger Zeitschrift für Philosophie und Theologie* 46: 369—87.

Altaner, B. (1967), *Kleine Patristische Schriften* (Berlin).

Altmann, A. and Stern, S. (1958), *Isaac Israeli. A Neoplatonic Philosopher of the Early Tenth Century* (Oxford).

Andia, Y. de (1996), *Henosis. L'union à Dieu chez Denys l'Aréopagite* (Leiden).

—— (1997) (ed.), *Denys l'Aréopagite et sa postérité en orient et en occident* (Paris).

Annas, J. (1992), *Hellenistic Philosophy of Mind* (Berkeley).

—— (1999), *Platonic Ethics, Old and New* (Ithaca).

Armstrong, A. H. (1966—88), *Plotinus*, Cambridge, Mass. (trans.)

Athanassiadi—Fowden, P. (1981), *Julian and Hellenism. An Intellectual Biography* (Oxford).

—— (1999), *Damascius: The Philosophical History. Text with Translation and Notes* (Athens).

Balaudé, J. — F. (1990), 'Communauté divine et au—delà : les fins du dépassement selon Plotin', *Philosophie* 26: 73—94. Ballériaux, O. (1994), 'Thémistius et le néoplatonisme. Le Νοῦς παθητικός et l'immortalité de l'âme', *Revue de philosophie ancienne* 12: 171—200.

Barker, E. (1957), *Social and Political Thought in Byzantium* (Oxford).

—— (1959), *The Political Thought of Plato and Aristotle* (New York).

Barnes, T. (1981), *Constantine and Eusebius* (Cambridge, Mass).

Baynes, N. (1934), 'Eusebius and the Christian Empire', *Annuaire de l'Institut de philologie et d'histoire orientales*, 2 =*Mélanges Bidez* 1, 13—18, repr. in Baynes, *Byzantine Studies and other Essays* (London, 1955).

Beierwaltes, W. (1972), 'Johannes von Skythopolis und Plotin', *Studia patristica* 11.2 (Berlin), 3—7.

—— (1979), *Proklos Grundzüge seiner Metaphysik*, 2nd rev. edn. (Frankfurt).

—— (1985), *Denken des Einen* (Frankfurt).

Beretta, G. (1993), *Ipazia d'Alessandria* (Rome).

Berman, L. (1961), 'The Political Interpretation of the Maxim: The Purpose of Philosophy is the Imitation of God', *Studia Islamica* 15: 53—61.

Bernard, H. (1997), *Hermeias von Alexandrien. Übersetzung seines Kommentars zu Platons "Phaidros"* (Tübingen). (trans.) Bidez, J. (1913), *Vie de Porphyre* (Ghent; repr. Hildesheim, 1980).

—— (1919), 'Le philosophe Jamblique et son école,' *Revue des études greques* 32: 29—40.

Blumenthal, H. (1978), '529 and its sequel: What happened to the Academy', *Byzantion* 48: 369—85 (= Blumenthal 1993: Essay XVIII).

—— (1984), 'Marinus' Life of Proclus: Neoplatonist Biography', *Byzantion* 54: 469—94 (=Blumenthal 1993: Essay XIII).

—— (1993), *Soul and Intellect. Studies in Plotinus and Later Neoplatonism* (Aldershot).

—— (1996), *Aristotle and Neoplatonism in Late Antiquity. Interpretations of the De anima* (London).

Bonner, G. (1986), 'Augustine's Conception of Deification', *Journal of Theological Studies* 37: 369—86.

Bordes, J. (1982), *Politeia dans la pensée grecque jusqu'à Aristote* (Paris).

Bouffartigue, J. (1992), *L'Empereur Julien et la culture de son temps* (Paris).

Brague, R. (1993), 'Note sur la traduction arabe de la *Politique* d'Aristote: derechef, qu'elle n'existe pas', in P. Aubenque (ed.), *Aristote Politique* (Paris), 423—33.

Braun, R. and Richer, J. (1978) (ed.), *L'Empereur Julien. De l'histoire à la légende (331—1715)* (Paris).

Brisson, L. (1974), *Le même et l'autre dans la structure ontologique du Timée de Platon* (Paris).

—— (1987), 'Proclus et l'Orphisme', in J. Pépin and H. — D. Saffrey (eds.), *Proclus lecteur et interprète des anciens* (Paris), 43—104.

—— (2000), 'La place des oracles chaldaïues dans la théologie platonicienne', in Segonds and Steel (2000: 109—62).

—— et al. (1982—92), *Porphyre: La vie de Plotin*, 2 vols. (Paris).

Brisson, L. and Segonds, A. (1996), *Jamblique Vie de Pythagore* (Paris). (trans.)

Bröker, W. (1966), *Platonismus ohne Sokrates* (Frankfurt).

Brown, P. (1978), *The Philosopher and Society in Late Antiquity.* Center for Hermeneutical Studies Colloquy (Berkeley).

Browning, R. (1976), *The Emperor Julian* (Berkeley).

Brunner, F. (1992), 'L'idée de Kairos chez Proclus', *Méthexis (Mélanges*

E. Moutsopoulos) (Athens), 173—81 = Brunner (1997: Essay XXI).

—— (1993), 'De l'action humaine selon Proclus (*De providentia* VI)', in Y. Gauthier (ed.), *Le dialogue humaniste* (*Mélanges V. Cauchy*) (Montréal), 3—11 = Brunner (1997: Essay XXII).

—— (1997), *Métaphysique d'Ibn Gabirol et de la tradition platonicienne* (Aldershot).

Brunt, P. (1993), *Studies in Greek History and Thought* (Oxford).

Burnyeat, M. (1999), 'Culture and Society in Plato's *Republic*', *The Tanner Lectures on Human Values* 20: 215—324.

—— (2000), 'Utopia and Fantasy: the Practicability of Plato's Ideally Just City', in Fine (2000: 779—90).

Burkert, W. (1987), *Ancient Mystery Cults* (Cambridge, Mass).

Butterworth, C. (1992) (ed.), *The Political Aspects of Islamic Philosophy. Essays in Honor of Muhsin S. Mahdi* (Cambridge, Mass.).

Calderone, S. (1973), 'Teologia politica, successione dinastica e consecratio in età costantina', *Le culte des souverains dans l'empire romain* (Entretiens Hardt 19, Vandœuvres—Genève), 213—61.

Cameron, A. (1969—70), 'Agathias on the Sassanians', *Dumbarton Oaks Papers* 23—4: 69—183.

—— (1985), *Procopius and the Sixth Century* (London).

Cameron, A. and Long, J. (1993), *Barbarians and Politics at the Court of Arcadius* (Berkeley).

Cameron, A. and Hall, G. (1999), *Eusebius* Life of Constantine. *Introduction, Translation and Commentary* (Oxford). Candau Morón, J. (1986), 'La filosofia politica de Juliano', *Habis* 17: 87—96.

Chestnut, G. (1979), 'The Ruler and the Logos in Neopythagorean, Middle Platonic and Later Stoic Political Philosophy', *ANRW* II, 16. 2: 1310—33.

Chuvin, P. (1990), *Chronique des derniers païns* (Paris).

[Engl. trans. (chs. I—X), *A Chronicle of the last Pagans* (Cambridge, Mass., 1990).]

Clark, G. (1989), *Iamblichus: On the Pythagorean Life* (Liverpool). (trans.)

Clarke, E. (1998), 'Communication, Human and Divine: Saloustious Reconsidered', *Phronesis* 43: 326—50.

—— (2001), *Iamblichus' De mysteriis. A Manifesto of the Miraculous* (Aldershot).

Cleary, J. (1999) (ed.), *Traditions of Platonism. Essays in Honour of John Dillon* (Aldershot).

Colpi, B. (1987), *Die παιδεία des Themistios* (Berne).

Cranz, F. E. (1950), '*De Civitate Dei*, XV, 2, and Augustine's Idea of the Christian Society', *Speculum* 25: 215—25.

—— (1952), 'Kingdom and Polity in Eusebius of Caesarea', *Harvard Theological Review* 45: 47—56.

—— (1954), 'The Development of Augustine's Ideas on Society before the Donatist Controversy', *Harvard Theological Review* 47: 255—316.

Dagron, G. (1968), 'L'Empire romain d'Orient au IVe siècle et les traditions politiques de l'hellénisme. Le témoignage de Thémistios', *Travaux et Mémoires* 3: 1—242.

—— (1996), *Empereur et prêtre. Etude sur le 《Césaropapisme》 byzantin* (Paris).

Daiber, H. (1995), *Neuplatonische Pythagorica in arabischem Gewande. Der Kommentar des Iamblichus zu den Carmina Aurea* (Amsterdam).

Dawson, D. (1992), *Cities of the Gods: Communist Utopias in Greek Thought* (New York).

Delatte, A. (1915), *Etudes sur la littérature pythagoricienne* (Paris).

—— (1922), *Essai sur la politique pythagoricienne* (Liège).

Delatte, L. M. (1942), *Les Traités de la Royauté d'Ecphante, Diotogène et Sthénidas* (Liège).

Des Places, E. (1966), *Jamblique: Les mystères d'Egypte* (Paris). (trans.).

—— (1981), *Etudes platoniciennes 1929—1979* (Leiden).

—— (1989), *Jamblique Protreptique* (Paris). (trans.)

Dillon, J. (1973), *Iamblichi Chalcidensis in Platonis dialogos commentariorum fragmenta* (Leiden).

—— (1983), 'Plotinus, Philo and Origen on the Grades of Virtue', in H. — D. Blume and F. Mann (eds.), *Platonismus und Christentum* (*Festschrift H. Dörrie*) (Münster), 92—105 = Dillon (1990: essay XVI).

—— (1990), *The Golden Chain. Studies in the Development of Platonism and Christianity* (Aldershot).

—— (1993), *Alcinous: The Handbook of Platonism* (Oxford). (trans.)

—— (1995), 'The Neoplatonic Exegesis of the *Statesman* Myth', in Rowe (1995: 364—74).

—— (1996), 'An Ethic for the Late Antique Sage', in L. Gerson (ed.), *The Cambridge Companion to Plotinus* (Cambridge), 315—35.

—— (2000), 'The Role of the Demiurge in the *Platonic Theology*', in Segonds and Steel (2000: 339—49).

Dillon, J. (2001), 'The Neoplatonic Reception of Plato's *Laws*', in Lisi (2001: 243—54).

Dodds, E. R. (1959), *Plato Gorgias* (Oxford).

Dörrie, H. and Baltes, M. (1993—6), *Der Platonismus in der Antike*, iii—iv (Stuttgart).

Drake, H. (1976), *In Praise of Constantine: A Historical Study and New Translation of Eusebius' Tricennial Orations* (Berkeley).

Druart, T. —A. (1993), 'Al—Kindi's Ethics', *Review of Metaphysics* 47: 329—57.

Duby, G. (1980), *The Three Orders: Feudal Society Imagined* (Chicago).

Duval, Y. —M. (1966), 'L'éloge de Théodose dans la *Cité de Dieu* (II, 26, 1)', *Recherches augustiniennes* 4: 135—79.

Dvornik, F. (1955), 'The Emperor Julian's Reactionary Ideas on Kingship', in K. Weitzmann (ed.), *Late Classical and Medieval Studies in Honor of A. M. Friend* (Princeton, 71—81).

—— (1966), *Early Christian and Byzantine Political Philosophy. Origins*

and Background (Washington, D. C.).
Dzielska, M. (1995), *Hypatia of Alexandria* (Cambridge, Mass.).
Edwards, M. (1994), 'Plotinus and the Emperors', *Symbolae Osloenses* 69:
137—47.
—— (2000), *Neoplatonic Saints. The Lives of Plotinus and Proclus by their Students* (Liverpool). (trans.)
Ehrhardt, A. (1953), 'The Political Philosophy of Neo — Platonism', *Mélanges V. Arangio—Ruiz* (Naples), i. 457—82.
—— (1959), *Politische Metaphysik von Solon bis Augustin* (Tübingen).
Endress, G. (1987), 'Die wissenschaftliche Literatur', in H. Gätze (ed.), *Grundriss der arabischen Philologie II* (Wiesbaden), 400—506.
—— (1992), 'Die wissenschaftliche Literatur', in W. Fischer (ed.), *Grundriss der arabischen Philologie III*, Supplement (Wiesbaden), 3—152.
Esser, H. (1967), *Untersuchungen zu Gebet und Gottesverehrung der Neuplatoniker* (Diss. Cologne).
Farina, R. (1966), *L'Impero e l'Imperatore cristiano in Eusebio di Cesarea* (Zurich).
Festugière, A. J. (1966), 'Proclus et la religion traditionnelle', *Mélanges André Piganiol* (Paris, 1581—1590) = Festugière (1971: 575—84).
—— (1966—8), *Proclus Commentaire sur le Timée* (Paris). (trans.)
—— (1969), 'L'ordre de lecture des dialogues de Platon aux V/VIe siècles', *Museum Helveticum* 26, 281—96 = Festugière (1971: 535—50).
—— (1970) *Proclus Commentaire sur la République* (Paris). (trans.)
—— (1971), *Etudes de philosophie grecque* (Paris).
Finamore, J. (1985), *Iamblichus and the Theory of the Vehicle of the Soul* (Chico, Calif.).
Fine, G. (2000) (ed.), *Plato* (Oxford).
Flamant, J. (1977), *Macrobe et le néoplatonisme latin, à la fin du IVe siècle* (Leiden).
Flinterman, J. (1995), *Power, Paideia and Pythagoreanism. Greek Identity, Conceptions of the Relationship between Philosophers and Monarchs*

and *Political Ideas in Philostratus' Life of Apollonius* (Amsterdam).

Föllinger, S. (1996), *Differenz und Gleichheit. Das Geschlechterverhältnis in der Sicht griechischer Philosophen des 4. bis 1. Jahrhunderts v. Chr.* (Stuttgart).

Folliet, G. (1962), '"Deificari in otio." Augustin, *Epistula* 10, 2', *Recherches augustiniennes* 2: 225—36.

Fowden, G. (1979), 'Pagan Philosophers in Late Antique Society, with Special Reference to Iamblichus and his Followers' (Oxford, unpublished D. Phil. thesis).

—— (1982), 'The Pagan Holy Man in Late Antique Society', *Journal of Hellenic Studies* 102: 33—59.

Frend, W. (1989), 'Pythagoreanism and Hermetism in Augustine's "Hidden Years"', *Studia Patristica* 22, 251—60.

Frohne, R. (1985), *Agapetus Diaconus: Untersuchungen* (St Gallen).

Fuhrer, T. (1997), 'Die Platoniker und die *civitas dei* (Buch VIII—X)', in Horn (1997: 87—108).

Fuhrer, T. and Erler, M. (1999) (eds.), *Zur Rezeption der hellenistischen Philosophie in der Spätantike* (Stuttgart).

Galston, M. (1990), *Politics and Excellence. The Political Philosophy of Alfarabi* (Princeton).

Ghorab, A. (1972), 'The Greek Commentators on Aristotle quoted in Al—'Amiri's "As—Sa'āda wa'l—Is'ād"', in S. Stern et al. (eds.), *Islamic Philosophy and the Classical Tradition (Festschrift R. Walzer)* (Oxford), 77—88.

Glucker, J. (1978), *Antiochus and the Late Academy* (Göttingen).

Goltz, H. (1970), *HIERA MESITEIA. Zur Theorie der hierarchischen Sozietät im Corpus areopagiticum* (Erlangen).

Goodenough, E. (1928), 'The Political Philosophy of Hellenistic Kingship', *Yale Classical Studies* 1: 55—102.

Goulet—Cazé, M.—O. (1982), 'L'Arrière—plan scolaire de la *Vie de Plotin*', in Brisson et al. (1982—92: i. 231—327).

参考文献

Griffin, M. and Barnes, J. (1989) (eds.), *Philosophia Togata I. Essays on Philosophy and Roman Society* (Oxford).

Grube, G. M. A. (1974), *Plato: The Republic* (Indianapolis). (trans.)

Guldentops, G. (2001a), 'La science suprême selon Thémistius', *Revue de philosophie ancienne* 19: 99—120.

—— (2001b), 'Themistios'καλλίπολιςbetween Myth and Reality', in K. Demoen (ed.), *The Greek City from Antiquity to the Present* (Louvain), 127—40.

Gutas, D. (1998), *Greek Thought, Arabic Culture. The Graeco — Arabic Translation Movement in Bagdad and Early 'Abbāsid Society* (2nd—4th / 8th—10th Centuries) (London and New York).

Hadot, I. (1978), *Le Problème du néoplatonisme alexandrin. Hiérocles et Simplicius* (Paris).

—— (1984), *Arts libéraux et philosophie dans la pensée antique* (Paris).

—— (1987), 'La vie etl'œuvre de Simplicius d'après des sources grecques et arabes', in I. Hadot (ed.), *Simplicius sa vie, son œuvre, sa survie* (Berlin), 3—39.

Hadot, I. et al. (1990), *Simplicius commentaire sur les catégories*, fasc. i, iii; Leiden.

Hadot, P. (1972), 'Fürstenspiegel', *Reallexikon für Antike und Christentum* 8: 555—632.

—— (1979), 'Les Divisions des parties de la philosophie dans l'antiquité', *Museum Helveticum* 36, 201—23

= P. Hadot, *Etudes de philosophie ancienne* (Paris, 1998), ch. 8.

—— (1981), 'Ouranos, Kronos and Zeus in Plotinus' Treatise Against the Gnostics', in H. Blumenthal and R. Markus (eds.), *Neoplatonism and Early Christian Thought (Essays in Honour of A. H. Armstrong)* (London), 124—37.

—— (1987a), *Plotin Traité 38* (Paris).

—— (1987b), *Exercices spirituels et philosophie antique*, 2nd edn. (Paris).

—— (1995), *Qu'est—ce que la philosophie antique?* (Paris).

—— (1997), *Plotin ou la simplicité du regard* (Paris).

Harder, R. (1960),*Kleine Schriften* (Munich).

Harl, K. (1990),'Sacrifice and Pagan Belief in Fifth and Sixth Century Byzantium', *Past and Present* 128: 7—27.

Harl, M. (1984),'Moïe figure de l'évêque dans l'éloge de Basile de Grégoire de Nysse (381). Un plaidoyer pour l'autorité épiscopale', in A. Spira (ed.), *The Biographical Works of Gregory of Nyssa* (Cambridge, Mass.), 71—119.

Harvey, F. (1965),'Two Kinds of Equality', *Classica et Medievalia* 262: 101—46.

Harvey, S. (1992),'The Place of the Philosopher in the City according to Ibn Bājjah', in Butterworth (1992: 199—233).

Hathaway, R. (1969a),'The Neoplatonist Interpretation of Plato: Remarks on its Decisive Characteristics', *Journal of the History of Philosophy* 7: 19—26.

—— (1969b), *Hierarchy and the Definition of Order in the Letters of Pseudo—Dionysius* (The Hague).

Hein, C. (1985), *Definition und Einteilung der Philosophie. Von der spätantiken Einteilungsliteratur zur arabischen Enzyklopädie* (Frankfurt, Bern, and New York).

Henry, Paul (1935),*Recherches sur la "Préparation Evangélique" d'Eusèbe* (Paris).

Henry, Patrick (1967), 'A Mirror for Justinian: The *Ekthesis* of Agapetus Diaconus', *Greek Roman and Byzantine Studies* 8: 281—308.

Hoffmann, P. (1998),'La fonction des prologues exégétiques dans la pensée pédagogique néoplatonicienne', in J. — D. Dubois and B. Roussel (eds.), *Entrer en matière. Les prologues* (Paris), 209—45.

—— (2000), 'Bibliothèques et formes du livre à la fin de l'antiquité. Le témoignage de la littérature néoplatonicienne des Ve et VIe siècles', in G. Prato (ed.), *I manoscritti greci tra riflessione e dibattito* (Florence), 601—32.

—— et al. (2001), *Simplicius Commentaire sur les Catégories d'Aristote Chapitres* 2—4, Paris (continuation of I. Hadot et al. 1990).

Horn, C. (1997) (ed.), *Augustinus: De civitate dei* (Berlin).

Irwin, T. (1979), *Plato* Gorgias (Oxford). (trans.)

Jackson, R., Lykos, K. and Tarrant, H. (1998), *Olympiodorus' Commentary on Plato's Gorgias* (Leiden). (trans.)

Jerphagnon, L. (1981), 'Platonopolis ou Plotin entre le siècle et le rêve', *Cahiers de Fontenay* 19—22 (Mélanges Trouillard), 215—29.

Kalligas, P. (2001), 'Traces of Longinus' Library in Eusebius' Praeparatio Evangelica', *Classical Quarterly* 51: 584—98.

Kennedy, G. (1983), *Greek Rhetoric under Christian Emperors* (Princeton).

Kloft, H. (1970), *Liberalitas principis: Herkunft und Bedeutung. Studien zur Prinzipatsideologie* (Vienna).

Klosko, G. (1986), *The Development of Plato's Political Theory* (New York and London).

Köhler, F. (1983), *Hierokles Kommentar zum Pythagoreischen Goldenen Gedicht* (Stuttgart). (trans.)

Kraut, R. (1989), *Aristotle on the Human Good* (Princeton).

Kremer, K. (1987), 'Bonum est diffusivum sui', *ANRW* II, 36. 2: 994—1032.

Kuttner, S. (1936), 'Sur les origines du terme《droit positif》', *Revue historique de droit français et étranger* 15: 728—39.

Lacombrade, C. (1951a), *Le Discours sur la royauté de Synésios de Cyrène à l'empereur Arcadios* (Paris).

—— (1951b), *Synésios de Cyrène. Hellène et Chrétien* (Paris).

Ladner, G. (1967), *The Idea of Reform. Its Impact on Christian Thought and Action in the Age of the Fathers*, 2nd edn. (New York).

Laks, A. (1990), 'Legislation and Demiurgy. On the Relationship between Plato's *Republic* and *Laws*', *Classical Antiquity* 9: 209—29.

Lamberton, R. (1986), *Homer the Theologian. Neoplatonist Allegorical*

Reading and the Growth of the Epic Tradition (Berkeley).
Lane, M. (1995), 'A New Angle on Utopia: The Political Theory of the Statesman', in Rowe (1995: 276—91).
—— (1998), Method and Politics in Plato's Statesman (Cambridge).
Larchet, J. C. (1996), La Divinisation de l'homme selon saint Maxime le Confesseur (Paris).
Larsen, B. (1972), Jamblique de Chalcis. Exégète et philosophe (Aarhus).
Lauras, A. and Rondet, H. (1953), 'Le thème des deux cités dans l'œuvre de saint Augustin', Etudes augustiniennes: 97—160.
Lerner, R. and Mahdi, M. (1963) (eds.), Medieval Political Philosophy (Ithaca and New York).
Lernould, A. (2001), Physique et théologie. Lecture du Timée de Platon par Proclus (Villeneuve d'Ascq).
Leys, W. (1971), 'Was Plato Non—Political?', in G. Vlastos (ed.), Plato. A Collection of Critical Essays, ii (Garden City, NY), 166—73.
Lewy, H. (1978), Chaldaean Oracles and Theurgy, New Edition by M. Tardieu (Paris).
Lieshout, H. van (1926), La Théorie plotinienne de la vertu (Fribourg).
Lisi, F. (1985), Einheit und Vielheit des platonischen Nomosbegriffes (Königstein).
—— (2001) (ed.), Plato's Laws and its Historical Significance (Sankt Augustin).
Lloyd, A. (1990), The Anatomy of Neoplatonism (Oxford).
Long, A. A. and Sedley, D. N. (1987), The Hellenistic Philosophers (Cambridge).
Lot—Borodine, M. (1970), La Déification de l'homme selon la doctrine des Pères grecs (Paris).
Luibheid, C. (1987), Pseudo—Dionysius: The Complete Works (London). (trans.)
Luna, C. (2001), Review of Thiel (1999), Mnemosyne 54: 482—504.
Lyons, M. C. (1960—1), 'A Greek Ethical Treatise', Oriens 13—14: 35—

57.

Maas, M. (1992), *John Lydus and the Roman Past. Antiquarianism and Politics in the Age of Justinian* (London).

Mackenzie, M. M. (1981), *Plato on Punishment* (Berkeley).

MacMullen, R. (1990), *Changes in the Roman Empire* (Princeton).

Madec, G. (1996), *Saint Augustin et la philosophie* (Paris).

Mahoney, T. (1992), 'Do Plato's Philosopher—Rulers Sacrifice Self—Interest to Justice?', *Phronesis* 37: 265—82.

Majercik, R. (1989), *The Chaldaean Oracles: Text, Translation, and Commentary* (Leiden).

Maraval, P. (1997), 'Sur un discours d'Eusèbe de Césarée (Louanges de Constantin, XI—XVIII)', *Revue des études augustiniennes* 43: 239—46.

Markus, R. (1970), *Saeculum: History and Society in the Theology of St. Augustine* (Cambridge).

Mattéi, J. F. (1982), 'La généalogie du nombre nuptial chez Platon', *Les études philosophiques*: 281—303.

Merki, H. (1952), 'ΟΜΟΙΩΣΙΣ ΘΕΩ. *Von der platonischen Angleichung an Gott zur Gottähnlichkeit bei Gregor von Nyssa* (Fribourg).

Moraux, P. (1984), *Der Aristotelismus bei den Griechen*, ii (Berlin).

Morrow, G. R. (1960), *Plato's Cretan City. A Historical Interpretation of the Laws* (Princeton).

—— (1970), *Proclus. A Commentary on the First Book of Euclid's Elements* (Princeton; 2nd edn. 1992). (trans.)

Morrow, G. R. and Dillon, J. (1987), *Proclus' Commentary on Plato's Parmenides* (Princeton). (trans.)

Narbonne, J. —M. (2003), 'De l'un matière à l'un forme. La réponse de Proclus à la critique aristotélicienne de l'unité du politique dans la *République* de Platon (*In Remp.* II, 361—368)', in J. —M. Narbonne and A. Reckermann (eds.), *Pensées de l'Un dans la tradition métaphysique occidentale* (Festschrift W. Beierwaltes) (Paris and Montréal).

Neschke—Hentschke, A. (1995), *Platonisme politique et théorie du droit naturel*, i (Louvain).

—— (1999a), 'La cité n'est pas à nous. *"Res publica"* et *"civitas"* dans le XIXème livre du *De civitate* d'Augustin d'Hippone', in Vegetti and Abbate (1999: 219—44).

—— (1999b), 'Hierosalem caelestis pro viribus in terris expressa. Die Auslegung der platonischen Staatsentwürfe durch Marsilius Ficinus und ihre "hermeneutischen" Grundlagen', *Würzburger Jahrbücher für die Altertumswissen—schaften* 23: 223—43.

—— (2000), 'Marsile Ficin lecteur des Lois', *Revue philosophique*: 83—102.

—— (forthcoming), *Platonisme politique et théorie du droit naturel*, ii (Louvain).

O'Brien, D. (1981), '"Pondus meum amor meus" Saint Augustin et Jamblique', *Revue de l'Histoire des Religions* 198: 423—8.

O'Daly, G. (1999), *Augustine's* City of God. *A Reader's Guide* (Oxford).

O'Meara, D. (1990), 'La question de l'être et du non—être des objets mathématiques chez Plotin et Jamblique', *Revue de théologie et de philosophie* 122: 405—16 =O'Meara (1998: Essay XV).

—— (1993a), *Plotinus. An Introduction to the Enneads* (Oxford).

—— (1993b), 'Aspects of Political Philosophy in Iamblichus', in H. Blumenthal and E. Clark (eds.), *The Divine Iamblichus* (Bristol), 65—73 =O'Meara (1998: Essay XVIII).

—— (1997), 'Evêques et philosophes — rois: philosophie politique néoplatonicienne chez le Pseudo—Denys', in de Andia (1997: 75—88) = O'Meara (1998: Essay XIX).

—— (1998), *The Structure of Being and the Search for the Good. Essays on Ancient and Early Medieval Platonism* (Aldershot).

—— (1999a), *Plotin Traité* 51 (Paris).

—— (1999b), 'Plato's *Republic* in the School of Iamblichus', in Vegetti and Abbate (1999: 193—205).

—— (1999c), 'Neoplatonist Conceptions of the Philosopher—King', in J.

Van Ophuijsen (ed.), *Plato and Platonism* (Washington, D. C.), 278—91.

—— (2001), 'Intentional Objects in Later Neoplatonism', in D. Perler (ed.), *Ancient and Medieval Theories of Intentionality* (Leiden), 115—25.

—— (2002a), 'The Justinianic Dialogue *On Political Science* and its Neoplatonic Sources', in K. Ierodiakonou (ed.), *Byzantine Philosophy and its Ancient Sources* (Oxford), 49—62.

—— (2002b), 'Religion als Abbild der Philosophie. Zum neuplatonischen Hintergrund der Lehre al — Farabis', in M. Erler and T. Kobusch (eds.), *Metaphysik und Religion. Zur Signatur des spätantiken Denkens* (Stuttgart), 343—53.

—— (2003a), 'Neoplatonic Cosmopolitanism: Some Preliminary Notes', in P. Manganaro, M. Barbanti and G. Giardina (eds.), *Henosis kai philia. Ommagio a Francesco Romano* (Naples), 311—19.

—— (2003b), 'A Neoplatonist Ethics for High—Level Officials: Sopatros' Letter to Himerios', in Smith (2003).

O'Meara, J. (1961), *Charter of Christendom: The Signifiance of the City of God* (New York), = J. O'Meara, *Understanding Augustine* (Dublin, 1997), pt. ii.

Oort, J. van (1991), *Jerusalem and Babylon. A Study into Augustine's City of God and the Sources of his Doctrine of the Two Cities* (Leiden).

O'Neill, W. (1965), *Proclus: Alcibiades I* (The Hague). (trans.)

Opsomer, J. (2000), 'Proclus on Demiurgy and Procession: a Neoplatonic Reading of the *Timaeus*', in M. R. Wright (ed), *Reason and Necessity. Essays on Plato's Timaeus* (London), 113—43.

Parma, C. (1968), 'Plotinische Motive in Augustins Begriff der Civitas Dei', *Vigiliae Christianae* 22: 45—8.

Penella, R. (1990), *Greek Philosophers and Sophists in the Fourth Century A. D. Studies in Eunapius of Sardis* (Leeds).

—— (2000), *The Private Orations of Themistius* (Berkeley). (trans.)

Pertusi, A. (1990), *Il pensiero politico bizantino* (Bologna).

Peterson, E. (1935), *Der Monotheismus als politisches Problem. Ein Beitrag zur Geschichte der politischen Theologie im Imperium Romanum* (Leipzig).

Piccione, R. (2002). 'Encyclopédisme et *enkyklios paideia*? A propos de Jean Stobée et de l'*Anthologion*', *Philosophie antique* 2.

Piérart, M. (1974), *Platon et la cité grecque: théorie et réalité dans la constitution des "Lois"* (Brussels).

Pines, S. (1986), *Studies in Arabic Versions of Greek Texts and in Medieval Science (Collected Works*, ii; Jerusalem).

Plessner, M. (1928), *DerOIKONOMIKOΣ des Neupythagoreers 'Bryson' und sein Einfluss auf die islamische Wissenschaft* (Heidelberg).

Praechter, K. (1900), 'Zum Maischen Anonymus περὶ πολιτικῆς ἐπιστήμης', *Byzantinische Zeitschrift* 9: 621—32.

Rashed, M. (2000), 'Menas, préfet du prétoire (528—9) et philosophe: une épigramme inconnue', *Elenchos* 21: 89—98.

Rawson, E. (1989), 'Roman Rulers and the Philosophic Adviser', in Griffin and Barnes (1989: 233—57).

Reverdin, O. (1945), *La Religion de la cité platonicienne* (Paris).

Ricken, F. (1967), 'Die Logoslehre des Eusebios von Caesarea und der Mittelplatonismus', *Theologie und Philosophie* 42: 341—58.

—— (1978), 'Zur Rezeption der platonischen Ontologie bei Eusebios von Kaisareia, Areios und Athanasios', *Theologie und Philosophie* 53: 321—52.

Riedweg, C. (1987), *Mysterienterminologie bei Platon, Philon und Klemens von Alexandrien* (Berlin).

—— (1999), 'Mit Stoa und Platon gegen die Christen: philosophische Argumentations—strukturen in Julians *Contra Galilaeos*', in Fuhrer and Erler (1999: 55—81).

Rist, J. (1962), 'Theos and the One in some Texts of Plotinus', *Medieval Studies* 24: 169—80.

―― (1964), *Eros and Psyche. Studies in Plato, Plotinus and Origen* (Toronto).

Roloff, D. (1970), *Gottähnlichkeit, Vergöttlichung und Erhöhung zu seligen Leben. Untersuchung zur Herkunft der platonischen Angleichung an Gott* (Berlin).

Romilly, J. de (1971), *La Loi dans la pensée grecque des origines à Aristote* (Paris).

―― (1972), 'Les différents aspects de la concorde dans l'œuvre de Platon', *Revue de Philologie* 46: 7―20.

―― (1979), *La Douceur dans la pensée grecque* (Paris).

Roques, R. (1954), *L'Univers dionysien. Structure hiérarchique du monde selon le Pseudo―Denys* (Paris).

―― (1962), *Structures théologiques. De la gnose à Richard de Saint―Victor*, Paris.

Roques, R., Heil, G., and de Gandillac, M. (1970), *Denys l'Aréopagite. La hiérarchie céleste* (Paris).

Rorem, P. and Lamoreaux, J. (1998), *John of Scythopolis and the Dionysian Corpus* (Oxford).

Rouche, M. (1996), *Clovis* (Paris).

Rowe, C. (1995) (ed.), *Reading the Statesman* (Sankt Augustin).

Rowe, C. and Schofield, M. (2000) (eds.), *The Cambridge History of Greek and Roman Political Thought* (Cambridge).

Saffrey, H. (1968). 'ΑΓΕΩΜΕΤΡΗΤΔΣ ΜΗΔΕΙΣ ΕΙΣΙΤΩ. Une inscription légendaire', *Revue des études grecques* 81: 67―87 = Saffrey (1990: 251―71).

―― (1971), 'Abamon, pseudonyme de Jamblique', in R. Palmer et al. (eds.), *Philomathes. Studies and Essays in the Humanities in Memory of Philip Merlan* (The Hague), 227―39 = Saffrey (1990: 95―107).

―― (1975), 'Allusions antichrétiennes chez Proclus le diadoque platonicien', *Revue des sciences philosophiques et théologiques* 59: 553―63 = Saffrey (1990: 201―11).

—— (1984), 'Quelques aspects de la spiritualité des philosophes néoplatoniciens de Jamblique à Proclus et Damascius', *Revue des sciences philosophiques et théologiques* 68, 169—82 = Saffrey (1990: 213—26.

—— (1990), *Recherches sur le néoplatonisme après Plotin* (Paris).

—— (1992), 'Pourquoi Porphyre a—t—il édité Plotin?', in Brisson et al. (1982—92: ii, 31—57) = Saffrey (2000b: 3—26).

—— (1998), 'Le lien le plus objectif entre le pseudo—Denys et Proclus', *Roma, magistra mundi* (*Mélanges... L. Boyle*) (Louvain), 791—810 = Saffrey (2000b: 239—52).

—— (2000a), 'Analyse de la réponse de Jamblique à Porphyre, connue sous le titre *De mysteriis*', *Revue des sciences philosophiques et théologiques* 84: 489—511 = Saffrey (2000b: 77—99).

—— (2000b), *Le Néoplatonisme après Plotin* (Paris).

Saunders, T. (1995), 'Plato on Women in the *Laws*', in A. Powell (ed.), *The Greek World* (London), 591—609.

Schall, J. V. (1985), 'Plotinus and Political Philosophy', *Gregorianum* 66: 687—707.

Schibli, H. (2002), *Hierocles of Alexandria* (Oxford).

Schissel von Fleschenberg, O. (1928), *Marinos von Neapolis und die neuplatonischen Tugendgrade* (Athens).

Schofield, M. (1991), *The Stoic Idea of the City* (Cambridge).

—— (1999), *Saving the City. Philosopher—Kings and Other Classical Paradigms* (London).

Schöpsdau, K. (1991), 'Der Staatsentwurf der Nomoi zwischen Ideal und Wirklichkeit. Zu Plato leg. 739a 1—e 7 und 745 e 7—746 d 2', *Rheinisches Museum* 134: 136—52.

Schulte, J. M. (2001), *Speculum Regis. Studien zur Fürstenspiegel—Literatur in der griechisch-römischen Antike* (Münster).

Sedley, D. (2000), 'The Ideal of Godlikeness', in Fine (2000: 791—810).

Segonds, A. (1985), *Proclus sur le premier Alcibiade de Platon* (Paris). (trans.)

Segonds, A. and Steel, C. (2000) (eds.), *Proclus et la théologie platonicienne* (Leuven and Paris).

✓ Sev✓cenko, I. (1978), 'Agapetus East and West', *Revue des Etudes Sud—Est Européennes* 16: 3—44＝I.✓ Sev✓cenko, *Ideology, Letters and Culture in the Byzantine World* (London, 1982), essay III.

Shaw, G. (1993), 'The Geometry of Grace: A Pythagorean Approach to Theurgy', in H. Blumenthal and E. Clark (eds), *The Divine Iamblichus* (Bristol), 116—37.

—— (1995), *Theurgy and the Soul. The Neoplatonism of Iamblichus* (University Park, Pa.).

Sheppard, A. (1980), *Studies on the 5th and 6th Essays of Proclus' Commentary on the Republic* (Göttingen).

Silvestre, M. L. (1996), 'Forme di governo e proporzioni matematiche: Severino Boezio e la ricerca dell' *Aequum ius*', *Elenchos* 17: 95—109.

Sinclair, T. (1951), *A History of Greek Political Thought* (London).

Siorvanes, L. (1996), *Proclus* (Edinburgh).

Smith, A. (1974), *Porphyry's Place in the Neoplatonic Tradition* (The Hague).

—— (2003) (ed.), *The Philosopher and Society in Late Antiquity* (Bristol).

Smith, R. (1995), *Julian's Gods* (London).

Sorabji, R. (1990) (ed.), *Aristotle Transformed* (London).

Spicq, C. (1958), 'La philanthropie hellénistique, vertu divine et royale', *Studia Theologica* (Lund) 12: 169—91.

Squilloni, A. (1991), *Il concetto di 'regno' nel pensiero dello ps. Ecfanto. Le fonti e i trattati ΠΕΡΙ ΒΑΣΙΛΕΙΑΣ* (Florence).

Staab, G. (2002), *Pythagoras in der Spätantike. Studien zu De Vita Pythagorica des Iamblichos von Chalkis* (Munich and Leipzig).

Stalley, R. (1983), *An Introduction to Plato's Laws* (Indianapolis).

—— (1995), 'The Unity of the State: Plato, Aristotle and Proclus', *Polis*

(Newsletter of the Society for the Study of Greek Political Thought) 14: 129—49.

—— (1999), 'Plato and Aristotle on Political Unity', in Vegetti and Abbate (1999: 29—48).

Steel, C. (1978), *The Changing Self. A Study on the Soul in Later Neoplatonism: Iamblichus, Damascius and Priscianus* (Brussels).

—— (1997), 'Denys et Proclus: de l'existence du mal', in de Andia (1997: 89—116).

Steinmetz, P. (1969) (ed.), *Politeia und Res publica* (Wiesbaden).

Straub, J. (1939), *Vom Herrscherideal in der Spätantike* (Stuttgart).

Taormina, D. (1999), *Jamblique critique de Plotin et de Porphyre* (Paris).

Tarrant, H. (1999), 'The *Gorgias* and the Demiurge', in Cleary (1999), 369—73.

Taylor, A. E. (1934), *The Laws of Plato* (London). (trans.)

Theiler, W. (1929), Review of Schissel (1928), *Gnomon* 5: 307—17.

—— (1960), 'Plotin zwischen Platon und Stoa', *Les Sources de Plotin* (Entretiens sur l'antiquité classique V; Vandœvres—Geneva), 63—103.

Thériault, G. (1996), *Le Culte d'homonoia dans les cités greques* (Lyons and Québec).

Thesleff, H. (1961), *An Introduction to the Pythagorean Writings of the Hellenistic Period* (Å bo).

Thiel, R. (1999), *Simplikios und das Ende der neuplatonischen Schule in Athen* (Stuttgart).

Trampedach, K. (1994), *Platon, die Akademie und die zeitgenössische Politik* (Stuttgart).

Trédé, M. (1992), *Kairos. L'à—propos et l'occasion (le mot et la notion, d'Homère à la fin du IVe siècle avant J.—C.)* (Paris).

Tredennick, H. (1954), *Plato. The Last Days of Socrates. Euthyphro, The Apology, Crito, Phaedo* (Harmondsworth). (trans.)

Trombley, F. (1993—4), *Hellenic Religion and Christianization c. 370—529*, 2 vols. (Leiden).

Valdenberg, V. (1925), 'Les idées politiques dans les fragments attribués à Pierre le Patrice', *Byzantion* 2: 55—76.

Van den Berg, B. (1999),'Plotinus' Attitude to Traditional Cult: A Note on Porphyry VP c. 10', *Ancient Philosophy* 19: 345—60.

—— (2001), *Proclus' Hymns. Essays, Translation, Commentary* (Leiden).

—— (2003), 'Live Unnoticed! The Invisible Neoplatonic Politician', in Smith (2003).

Vanderspoel, J. (1995),*Themistius and the Imperial Court* (Ann Arbor).

Van Liefferinge, C. (1999),*La Théurgie. Des Oracles Chaldaïques à Proclus* (Liège).

Vatai, F. (1984),*Intellectuals in Politics in the Greek World. From Early Times to the Hellenistic Age* (London).

Vegetti, M. (1999),'L'autocritica di Platone: il *Timeo* ele *Leggi*', in Vegetti and Abbate (1999: 13—27).

Vegetti, M. and Abbate, M. (1999) (eds.), *La Repubblica di Platone nella tradizione antica* (Naples).

Vorwerk, M. (2001), 'Plato on Virtue: Definitions of ΣΩΦΡΟΣΓΝΗ in Plato's *Charmides* and in Plotinus *Enneads* 1. 2(19)', *American Journal of Philology* 122: 29—47.

Walz, C. (1832—6), *Rhetores graeci*, 9 vols. (Stuttgart).

Wenger, A. (1957), 'Denys l'Aréopagite: en orient', *Dictionnaire de spiritualité*, iii (Paris), 304—9.

Westerink, L. G. (1981),'The Title of Plato's *Republic*', *Illinois Classical Studies* 6: 112—15.

—— (1987), 'Proclus commentateur des *Vers d'Or*', in G. Boss and G. Seel (eds.), *Proclus et son influence* (Zurich), 61—78.

—— (1990), 'The Alexandrian Commentators and the Introduction to their Commentaries', in Sorabji (1990: 325—48).

Wilhelm, F. (1917—18), 'Der Regentenspiegel des Sopatros', *Rheinisches Museum* 72: 374—402.

—— (1930), 'Zu Iamblichs Briefan Sopatros, περὶ παίδων ἀγωγῆς,' *Philologische Wochenzeitschrift*:427—31.

Woodhouse, C. (1986),*George Gemistos Plethon* (Oxford).

Zintzen, C. (1969),'Römisches und Neuplatonisches bei Macrobius (Bemerkungen zur πολιτικὴ ἀρετή im *Comm. in Somn. Scip.* I 8)', in Steinmetz (1969:357—76).

译后记

我们之前出版的《柏拉图与城邦》是对柏拉图政治理论的整体介绍,本书则是整体介绍柏拉图主义政治哲学的研究经典。从内容中我们可以看到柏拉图主义如何真实地提供一套政治秩序构想,又如何历史性地发挥其作用。奥米拉反对学界一般的意见,认为柏拉图主义政治理论的失败在于其形而上学理论的贯彻,他认为柏拉图主义政治理论有理想坚持,也有对政治现实的妥协,是融贯的古代政治理论,有其独特的思想魅力和时代影响。本书也弥补了柏拉图主义研究的一个薄弱环节,因为我们可以看到很多研究柏拉图主义形而上学和认识论的文献,却难得遇到柏拉图主义政治哲学。奥米拉是著名古典学者,瑞士弗里堡大学荣休教授,他和他的世交狄龙(John Dillon)等是西方复兴柏拉图主义研究的先驱和领军人物,他精通毕达哥拉斯主义、普罗提诺等新柏拉图主义哲学史,他的这部作品也是目前唯一一部该研究领域的经典,因此我们译介过来,权作教学和深入柏拉图和柏拉图主义政治理论研究之用。

译者彭译莹,本科在四川大学吴玉章学院毕业,是望江柏拉图学园学员,中国人民大学哲学硕士,现为加拿大安大略大学哲学博士生。全书由她独立译出,由我校订,因为该领域缺少现成的中文资料,我们学力有限,故错讹难免,望方家不吝指正(liangzhonghe@foxmail.com)!

梁中和
成都·望江柏拉图学园
辛丑年仲夏

图书在版编目(CIP)数据

柏拉图式政制:古代晚期柏拉图主义政治哲学/(爱尔兰)多米尼克·奥米拉著;彭译莹译.
——上海:华东师范大学出版社,2022
ISBN 978-7-5760-3156-0

Ⅰ.①柏… Ⅱ.①多… ②彭… Ⅲ.①柏拉图(Platon 前 427—前 347)—政治哲学—哲学思想—研究 Ⅳ.①B502.232

中国版本图书馆 CIP 数据核字(2022)第 150386 号

华东师范大学出版社六点分社
企划人 倪为国

本书著作权、版式和装帧设计受世界版权公约和中华人民共和国著作权法保护

望江柏拉图研究论丛

柏拉图式政制

著　　者	[爱尔兰]多米尼克·奥米拉
译　　者	彭译莹
责任编辑	彭文曼　王寅军
责任校对	王　旭
封面设计	吴元瑛

出版发行	华东师范大学出版社
社　　址	上海市中山北路 3663 号　邮编　200062
网　　址	www.ecnupress.com.cn
电　　话	021-60821666　行政传真　021-62572105
客服电话	021-62865537　门市(邮购)电话　021-62869887
地　　址	上海市中山北路 3663 号华东师范大学校内先锋路口
网　　店	http://hdsdcbs.tmall.com

印刷者	上海盛隆印务有限公司
开　　本	890×1240　1/32
印　　张	9.5
字　　数	135 千字
版　　次	2023 年 1 月第 1 版
印　　次	2023 年 1 月第 1 次
书　　号	ISBN 978-7-5760-3156-0
定　　价	48.00 元

出版人　王　焰

(如发现本版图书有印订质量问题,请寄回本社客服中心调换或电话 021-62865537 联系)

PLATONOPOLIS: *PLATONIC POLITICAL PHILOSOPHY IN LATE ANTIQUITY*, *FIRST EDITION*
by Dominic J. O'Meara
ISBN: 9780199257584
Copyright © Dominic O'Meara 2003
PLATONOPOLIS: PLATONIC POLITICAL PHILOSOPHY IN LATE ANTIQUITY, FIRST EDITION was originally published in English in 2003. This translation is published by arrangement with Oxford University Press. East China Normal University Press Ltd. is solely responsible for this translation from the original work and Oxford University Press shall have no liability for any errors, omissions or inaccuracies or ambiguities in such translation or for any losses caused by reliance thereon.
本书英文原版于 2003 年由牛津大学出版社出版。华东师范大学出版社对原作的翻译全权负责，牛津大学出版社对翻译中的任何错误、遗漏、不准确、含糊不清或因依赖翻译造成的损失概不负责。
Simplified Chinese Translation Copyright © 2023 by East China Normal University Press Ltd.
All rights reserved.
上海市版权局著作权合同登记 图字：09－2017－953